W0192698

Ueberschaer
Mit Teamarbeit zum Erfolg

Norbert Ueberschaer

Mit Teamarbeit zum Erfolg

So steigern Sie die Effizienz
im Unternehmen

2., vollständig überarbeitete
und erweiterte Auflage

HANSER

Die Deutsche Bibliothek – CIP-Einheitsaufnahme

Ein Titeldatensatz für diese Publikation
ist bei Der Deutschen Bibliothek erhältlich.

© 2000 Carl Hanser Verlag München Wien
Internet: http://www.hanser.de
Redaktionsleitung: Martin Janik
Herstellung: Ursula Barche
Umschlaggestaltung: Parzhuber & Partner GmbH, München
Druck und Bindung: Druckhaus „Thomas Müntzer" GmbH, Bad Langensalza
Printed in Germany

ISBN 3-446-21485-2

Vorwort

Die Zeit ist reif zur weltweiten Vernetzung. Das ist der normale Gang der Evolution: Vom Einzeller über Mehrzeller zu vernetzten Strukturen. Ihr eigener Körper entstand so, genauso wie Ihre Familie, die Sippen, Dörfer, Städte, Staaten und letztendlich die Welt. Ohne Teams keine höheren Lebensformen auf dieser Welt. Wen wundert es da, daß sich auch die Unternehmen so entwickeln. Vom Firmengründer über ein kleines erstes Team zu weltweit vernetzten Strukturen.

In einer Zeit der vielfachen Umbrüche und rapiden Veränderungen sind flexible, vernetzte Teams der Garant für eine überlebensfähige Weiterentwicklung.

Der einzelne Mensch tritt jeden Tag an, seine persönliche Meisterschaft zu verwirklichen und erlebt dabei Teams in zweifacher Hinsicht. Er kann sich in ihnen einerseits entfalten, seine Ideen zum Schwingen bringen, durch das Team zu neuen persönlichen und gemeinsamen Höchstleistungen kommen. Andererseits erlebt er Teams als Begrenzung auf seinem Weg zur eigenen persönlichen Meisterschaft. Wird seine Genialität und Einzelleistung wirklich wahrgenommen? Zweifel kommt auf, Ehrgeiz, Angst. Er wird das Team wieder verlassen, in neuen Teams wirken oder auf höheren Managementebenen - meist ohne große Teamerlebnisse als Einzelkämpfer. Einsam. Erfreut sich seiner Macht und sehnt sich häufig nach der Geborgenheit eines Teams.

Einmal oben angekommen, ist jeder ein Vertreter des Systems und der Organisation als Ganzes. Die Teams haben aus der Sicht der Etablierten zwei Gesichter. Sie sind einerseits ausgezeichnete Instrumente, um Veränderungen im Unternehmen zu ermöglichen. Sie werden eingesetzt, um neue Ideen, Abläufe, Strukturen gemeinsam zu erarbeiten. Die neuen Meisterschaften des Unternehmens zum Überleben und Wachsen werden vielfach in Teams geboren.

Neue Strukturen, Abläufe ermöglichen zwar neue Wettbewerbsvorteile, neue Kundenvorteile verändern aber andererseits die bestehenden Machtverhältnisse. Das macht angst. Bin ich nachher noch wer? Wie verändert sich meine Macht? Mein Einfluß? Widerstände werden mobilisiert, wenn der eigene Vorteil nicht sichtbar wird.

In diesem Spannungsfeld zwischen den Ängsten und Trieben der Einzelpersonen an der Basis und an der Spitze der Hierarchie arbeiten die Teams. Sie führen zu neuen Ufern oder verkümmern in den beschriebenen Spannungen.

Die top-Bewegung bei Siemens, ein weltweites Programm mit mehreren hundert Projekten zur Mobilisierung und Verbesserung der Produktivität, Innovation, Erschließung neuer Märkte und zur Weiterentwicklung der Unternehmenskultur, ist ohne Teamarbeit nicht möglich. Wir sind besonders in den Geschäften erfolgreich, in denen die Balance zwischen dem Drang zur persönlichen Meisterschaft und dem Wachsen durch Teamarbeit geglückt ist.

Das Buch von Herrn Ueberschaer bietet eine Fülle von praktischen Lebenshilfen für Menschen, die in Teams oder mit Teams bereits arbeiten oder dies vorhaben. Es baut auf einem reichen Erfahrungsschatz auf. Es macht Spaß. Es bringt Erfolg.

Dr. Horst Kren
Siemens
top-Zentrum
Culture Change

Inhaltsverzeichnis

1. Veränderungen und deren Risiken

Organisationen sind zunehmend differenzierter und vernetzter, die Probleme, Aufgaben und Wirkungszusammenhänge merklich umfassender, weitgefächerter und vielschichtiger. Der Komplexitätsgrad des Führungs- und Leistungsprozesses nimmt zu, Fehler in den Strukturen und Verzögerungen in den Prozeßabläufen wirken sich immer folgenschwerer aus. Das behaupten jedenfalls viele Wissenschaftler, Wirtschaftspropheten und Berater und schüren die Angst und Unsicherheit beim Management.

Viele Methoden haben sich in den vergangenen Jahren totgelaufen. Man redet kaum noch darüber. Lean Management, Kaizen, Business Reengineering, Down Sizing, Prozeßoptimierung, Reorganisation - ein Modezyklus folgt dem anderen. Jeder sucht nach fertigen Rezepten, nach zwei bis drei Jahren ist wieder alles ganz anders. Viele Unternehmer fragen sich: Können wir uns solche Experimente mit eventuellen Folgeschäden überhaupt leisten?

Diese Unsicherheit fördert häufig das Verharren in gewohnten Denkstrukturen. Als Unternehmer oder Manager kennt man doch wohl seine Ziele, weiß man, was man will, wen und was man dazu braucht, hat die Erfahrungen, die Initiative und die Energie, die man von seinen Mitarbeitern nach eigener Meinung nicht erwarten kann. Wenn der Manager nicht selbst plant und entscheidet, dann würde er untergehen in Experimenten, Widersprüchlichkeiten, ständigen Diskussionen und Rechtfertigungen gegenüber denjenigen, die sowieso nicht im Risiko stehen. Was bringt uns dann das Gerede über Team- und Gruppenarbeit?

Also lassen Sie doch lieber alles beim Alten.

Wie empfinden Sie, wenn Sie folgende Verhaltens- und Führungsregeln hören:

Sie sind der Boss.

• Führen heißt Ziele vorgeben, Anweisungen kontrollieren, langjährige Erfahrungen ausspielen, konsequent reagieren auf Unverständnis und Zweifel. Sie erwarten Respekt und Achtung, Anpassung und Disziplin gegenüber Ihren kreativen und innovativen Entscheidungen.

• In der Regel können Sie andere auch beeinflussen, so daß sie genau zu der Lösung kommen, die Sie wollen. Sie durchdenken jede Situation, und Sie sind auch sicher, daß Ihre Ideen meistens für alle die besten sind. Was soll Ihnen da Gruppenarbeit bringen?

Einer muß sagen, wo's langgeht.

• Feste Vorgaben müssen von oben kommen. Fast jeder Mitarbeiter erwartet eine klare Anweisung des Chefs (z.B. "Tun Sie, was ich Ihnen sage.") und akzeptiert die Vorgaben, welche Ziele erreicht werden müssen, damit ein Projekt oder das Unternehmen Erfolg hat. Schwierigkeiten machen nur diejenigen, die behaupten, daß sie Vorgaben nicht brauchen. Fördern Sie die Leute mit der "Sag' mir einfach, was ich machen soll"-Mentalität, denn die akzeptieren grundsätzlich Ihre "Macht einfach, was ich sage" -Haltung.

Ich habe meinen Job, Du hast Deinen.

• Verschleudern Sie nicht Ihr Wissen und teilen Sie es nicht ohne Not. Ihnen hilft auch keiner, wenn Sie Probleme haben. Schützen Sie Ihren Job durch Eigenständigkeit in der Problemlösung. Erwarten Sie nicht zuviel Fähigkeiten und Verantwortung, Verstand und Kreativität von Ihren Mitarbeitern. Selbst ist der Boss!

• Freunden Sie sich mit kernigen Aussagen an, wenn man Veränderungen von Ihnen erwartet:

Erfahrung macht Sie unbezahlbar.

"Wir haben schon alles versucht.
Wir kennen alle Gründe, warum die Dinge nicht funktionieren.

Wir haben das schon seit vielen Jahren so gemacht.
Das ist einfach die beste Methode.
Wir sind zu beschäftigt, als daß wir dafür Zeit hätten."

Wehren Sie sich entschieden gegen die Behauptung, das seien Killerphrasen. Sie haben schließlich Erfahrung.

• Woher wollen Sie die Zeit nehmen und miteinander kommunizieren? Besprechungen sind die größten Zeitfresser. Man kommt vom Hundertsten ins Tausendste. Keiner ist vorbereitet, weil jeder nur seine Punkte geltend machen will. Abschweifungen, Ziellosigkeit, fehlende Erfolgskontrolle und Gesprächsführung, keine Entscheidungen und Verantwortlichkeiten, also schlichtweg kein Ergebnis: Sparen Sie sich die Zeit und schreiben Sie kurze Aktennotizen.

• Fordern Sie Verbesserungsvorschläge von Ihren Mitarbeitern, aber seien Sie sehr kritisch. Alle Probleme und Fehler müssen gemeldet werden. Schuldige sind zu finden und zu maßregeln. Sorgen Sie dafür, daß die Verantwortlichen die Probleme abstellen. Wehren Sie sich gegen Prämienwünsche, schließlich gehört es zu den Aufgaben und Pflichten der Mitarbeiter, fehlerfrei zu arbeiten.

Ideen hat jeder Mitarbeiter, aber was für welche!

• Zuviel Lob und Anerkennung verwässert die Arbeitsmoral. Konkurrenz unter den Mitarbeitern ist gesunder Anreiz, sich anzustrengen. Unterschiedliche Meinungen müssen offen ausgetragen werden, damit das Management dann entscheiden kann, was richtig ist. Fördern Sie die Konfliktbereitschaft in Ihrem Unternehmen, nur so kommen die starken Kräfte zu ihrem Recht. Falsch verstandene Fairneß und Gefühlsduselei gegenüber den Schwachen schläfern ein. Erfolgreiche Manager sagen: "Bei uns wird solange weiter gekündigt, bis die Arbeitsmoral besser ist."

• Halten Sie die Leute durch Einschüchterung in der Defensive, damit sie Ihr Denken nicht in Frage stellen. Suchen Sie sich "Führungskräfte", die Sie vorbehaltlos unterstützen, Sie bejahen, Ihre Visionen nicht anzweifeln, Ihr energisches Auftreten auch richtig verstehen (keine Zweifel, keine Diskussionen, keine Zeitverschwendung). Sie haben den totalen Überblick. Lassen Sie auch eigene Ideen der Mitarbeiter zu, solange sie Ihre Kreise nicht stören. Nachgiebigkeit könnte als Zeichen von Schwäche oder Inkompetenz gewertet werden.

Bloß nicht ständig diese Änderungen.

• Hüten Sie sich, Ihre "Heiligen Kühe" zu schlachten. Das würde Ihre ganzen langjährigen persönlichen Investitionen in Frage stellen. Strukturen kann man nicht ständig ändern, das bringt Unsicherheit, fördert unnötige Erwartungshaltungen bei den Mitarbeitern und erfordert ein Umdenken der Führungskräfte. Konzentrieren Sie sich auf Ihre und auf deren traditionelle Kernkompetenzen.

Wenn Sie sich mit solchen Verhaltens- und Führungsregeln identifizieren, sollten Sie vielleicht gar nicht weiterlesen. Dieses Buch könnte Sie irritieren.

Andererseits suchen Sie doch einmal den engeren Kontakt zu den Menschen in Ihrem Unternehmen, zu Ihren Mitarbeitern. Vielleicht haben Sie hin und wieder Gelegenheit, z.B. bei der obligatorischen Weihnachtsfeier oder dem Betriebsausflug, mit Mitarbeitern zu sprechen, und auch das Glück, offene Meinungen zu erfahren. Hören Sie genau zu, wenn Mitarbeiter Ihnen folgendes sagen:

• Das Management versteht nichts von den Dingen und Problemen, mit denen wir uns in unserer Arbeit auseinandersetzen. Sie hören nicht zu und wollen auch nicht verstehen.

• Es gibt keine Gelegenheit, wo wir dazu ermutigt werden, unsere Meinungen zu äußern, egal, ob wir viel oder wenig zu sagen haben.

- Das Management sagt zwar immer, wir sollten unsere Meinung sagen. Aber wo, wie und über welche Kommunikationswege? Was geschieht damit, wie wird es gewertet, kommt es überhaupt an die richtige Adresse?

- Die "Politik der offenen Tür" steht nur auf dem Papier. Keiner von uns nutzt die Möglichkeiten, weil es zu kompliziert ist, Termine zu bekommen.

- Neue Ideen werden sofort mit Gegenargumenten und Erfahrungswerten abgeblockt. Wir fühlen uns nicht unterstützt, eher allein gelassen. Das ist uns die Mühe nicht wert.

- Es gibt für uns keinen Ort, an dem wir auch untereinander einmal über Probleme und deren Lösungen reden können. Und außerdem gibt man uns keine Zeit dazu. Also lassen wir alles beim Alten. Die Folge sind Frust, ständige Unzufriedenheit und Meckern, aber keiner tut etwas.

- Wir kommen zur Arbeit, werden dafür bezahlt und gehen wieder nach Hause. Das ist alles. Unsere Arbeit könnte für uns vielmehr bedeuten, zumal wir ja viel Zeit im Unternehmen verbringen. Wir suchen den Ausgleich in der Freizeit, wo wir uns voll engagieren in Vereinen, Freundeskreisen, politischen Parteien, sozialen Einrichtungen und in unseren anspruchsvollen Hobbies.

- Unsere Vorgesetzten scheuen keine Konfliktgespräche, aber sie verunsichern mehr, als daß sie Lösungen herbeiführen. Drohungen, Angst machen, "Schwarze-Peter-Spiele" sind die üblichen Mittel.

- Informationen kommen viel zu spät, tendenziös, unvollständig. Zielvorgaben sind geheim, nicht klar oder werden ständig geändert.

- Führungskräfte besuchen ständig Seminare, aber von der Umsetzung des Gelernten spüren wir überhaupt nichts.

Spätestens nach solchen Gesprächen, vor allem, wenn Sie den Eifer, die Not und die Hoffnung Ihrer Mitarbeiter verspürt haben, sollten Sie über Ihre Regeln und Ihren Verhaltenskodex nachdenken. Hierin will Sie dieses Buch ermuntern und unterstützen, mal wieder etwas Neues, vielleicht auch nur Ihnen bereits Bekanntes, etwas anders formuliert, zu durchdenken und über Gruppendynamik und Teameffizienz dazuzulernen und sich Gedanken zu machen.

Lassen Sie es auf sich wirken, verarbeiten Sie es in Abständen und mit Geduld. Geben Sie es Ihren Mitarbeitern zu lesen, und erfragen Sie deren Meinung. Lassen Sie den Prozeß wirken, und probieren Sie es aus! Allerdings, vom Lesen allein wird sich wenig verändern.

2. Neues Denken, neues Handeln

Am Anfang war der Pionier

Die Persönlichkeit des Pioniers, des Unternehmers prägt bei der Gründung zunächst die Kultur eines Unternehmens - auch über die Anfangsphase hinaus. Seine Werte und Ziele sind identisch mit den Leitbildern und den erkennbaren Strategien des Unternehmens.

Er führt meist autokratisch-patriarchalisch, und was er fordert, lebt er auch vor. Viel Einsatz sowie ungeschriebene Leitsätze über Kundennähe, Kundentreue, Spontaneität, Flexibilität, Mitarbeiternähe, Loyalität. Er kennt alle Mitarbeiter und deren Familienverhältnisse persönlich, ebenso wie die meisten Tätigkeiten im Betrieb, er ist allgegenwärtig, hat stets offene Türen und betreibt *management by walking around.*

Der Patriarch und seine "Familie"

Die Mitarbeiter, die Stellen und Funktionen wachsen um seine Person herum, es gibt wenig methodische Arbeitsteilung und mehr allround-Tätigkeiten. Improvisation und Flexibilität sind das Erfolgsrezept. Führungsfunktionen werden in erster Linie durch den Unternehmer selbst wahrgenommen, wobei er auch bescheidene Kompetenzen an "Sub-Pioniere" delegiert. Dennoch, Probleme und Unklarheiten landen in der Regel zur Lösung immer wieder bei ihm, und das erwartet und fördert er auch. Dazu braucht er loyale, engagierte Mitarbeiter, die er persönlich für dieses Verhalten aussucht.

Irgendwann überblickt der "Pionier" das gewachsene Unternehmen nicht mehr. Die vielen Veränderungen der Märkte, Kundenstrukturen, Umwelt, Technologien kann er alleine nicht mehr nachvollziehen. Außerdem führen auch die zunehmende Emanzipation der Mitarbeiter, der Zuwachs an deren Erfahrung und ihre wachsenden sozialen Ansprüche

Einer für alle reicht nicht mehr.

dazu, daß der Unternehmer seine dominante Stellung im Unternehmen allmählich verliert.

Plötzlich werden Planung, systematische und betriebswirtschaftliche Kennzahlen, strategisches Denken gefordert. Die intuitive Entscheidungsfähigkeit gerät immer mehr in Zweifel. Mit zunehmenden organisatorischen Schwierigkeiten führen auch die unklaren Zuständigkeiten immer mehr zu Konflikten und Reibungen. Die Kommunikation ist gestört, die Motivation sinkt, Ertrag und Liquidität verschlechtern sich dramatisch, der Pionier beginnt nicht sich selbst, sondern seinen Mitarbeitern zu mißtrauen.

Loslassen fällt sehr schwer.

Spätestens in dieser Phase schreien alle nach neuen Lösungen, nach Ordnung, Planung und strafferer Organisation.

Standards versuchen, das Chaos zu lösen

Nach Chaos folgen Formalismus und Methodik.

In chaotischen Situationen versucht jeder von uns zu strukturieren, organisieren, standardisieren, um wieder zurück zur Effektivität und Produktivität zurückzufinden. Die Hoffnung und der Glaube, daß eine Organisation logisch, steuerbar, beherrschbar und kontrollierbar ist, führen in der Differenzierungsphase zum Einsatz mehr wissenschaftlicher Prinzipien.

Acht steuern, einer rudert.

Prozesse, Arbeitsmethoden, aber auch die Menschen werden immer mehr an Standards orientiert, die beherrschbarer und planbarer sind. Organigramme, Stellenbeschreibungen, Formulare, Planungsmethoden führen zu größerem Spezialistentum in allen Funktionsstufen, Akademiker und Ingenieure werden den "unsystematischen" Praktikern vorgezogen. Zeit- und Bewegungsstudien helfen normieren, Stabsstellen sowie Planungs- und Kontrollinstanzen helfen den Prozeß zu koordinieren. EDV-Modelle wie CIM (Computer integrated manufactoring) und

PPS sollen die neuen Kommunikations- und Informationswege absichern und Widersprüchlichkeiten in allen Prozessen vermeiden.

Die Beziehungen zwischen den Mitarbeitern werden also funktional geregelt, sachorientiert und bürokratisch. Ein rationales Mensch- und Organisationsbild prägt auch die geforderten Führungskompetenzen. Die wichtigste Aufgabe des Managements ist die Steuerung und Beherrschung der inneren Strukturen, der Verfahren und Prozesse. Die Hierarchie ist das vorherrschende Ordnungsmuster, formale Machtsymbole sichern die Umsetzung.

Nichts geht ohne Planung.

Der Mensch tritt vollständig in den Hintergrund. Die Abteilungen entfernen sich durch ihre Spezialisierung so weit voneinander, daß der Blick über den eigenen Bereich hinaus auf das sinnvolle Ganze verlorengeht. Die Koordination der "Spezialistenorganisation" wird immer schwieriger, die Zuweisung von Teilaufgaben verhindert ganzheitliches Denken, es entsteht sogar "Konkurrenz" im eigenen Unternehmen.

Sachlogik wird zum Selbstzweck, die immer mehr zu einer Erstarrung des Denkens und Handelns wird und zu destruktivem Abteilungsdenken und "Beamtenmentalität" führt. Auf den unteren Ebenen gehen der Einsatz und das Verständnis wegen der weitgreifenden Spezialisierung nicht mehr über den eigenen Arbeitsplatz hinaus, die Zusammenhänge und Abhängigkeiten werden nicht mehr wahrgenommen und die Verantwortung für Entscheidungen wird an die hoffnungslos überlastete Spitze abgeschoben. Der Ruf nach starker Führung wird immer lauter, die Motivation der Mitarbeiter sinkt in der Anonymität immer mehr, die Führungskräfte werden zunehmend zu Verwaltern des Systems. Sie flüchten sich in Statusdenken.

Standards zementieren feste Abläufe.

Der hierarchisch reglementierte Informationsfluß nimmt zu, man kommuniziert über Berichte, Proto-

Management by papers and reports.

kolle, Diagramme, Statistiken. Und die Kosten steigen immer mehr. Der hohe Gemeinkostenanteil ist ein Spiegelbild für den hohen Abstimmungsbedarf und die Kompliziertheit des Systems. Wo vorher Chaos (dafür aber Lebendigkeit) war, ist nun Ordnung und Erstarrung. (Baumgartner/Haefele, S. 73)

Die Krise als Entwicklungshelfer

Der Kunde fordert
Flexibilität.

Der Zwang zu Veränderungen, um die Krise zu bewältigen, aber auch die verstärkte Orientierung an Kundenbedürfnissen und Kundennutzen erfordern nun ein soziales und lebendigeres System, in dem es dem einzelnen und auch Gruppen möglich ist, selbständig und intelligent im Sinne eines größeren Ganzen zu handeln. Dies verlangt mehr Selbstverantwortung der Mitarbeiter, mehr Mitunternehmertum auf allen Ebenen, gemeinsames strategisches Denken und Vorgehen sowie Besinnung auf strategische Erfolgsfaktoren und Kernkompetenzen.

Selbstverantwortung,
Selbstorganisation
entwickeln sich.

Der Mensch rückt (wieder) in den Mittelpunkt. Die Arbeitsplätze werden zunehmend wieder abwechslungsreicher und herausfordernder gestaltet. Die Hierarchie wird flexibler, flacher und stärker vernetzt. Die Organisationseinheiten handeln autonom, mehr prozeß- und aufgabenorientiert als funktions- oder stellenorientiert. Kooperativer Führungsstil und Teamarbeit sind gefragt. Aktive Mitarbeiterförderung unterstützt mehr Selbstkontrolle und Selbstorganisation.

Das Management verfolgt als zentrale Herausforderung die konsequente Orientierung am Kunden und am Markt und schafft dafür die entsprechenden Strukturen, Abläufe und sozialen Beziehungen. Menschenwürde, Wertschätzung und Selbstbestimmung sind lebendige Grundprinzipien. Nur so werden die Prozesse zu autonom handelnden Einheiten (bis hin zu Fraktalen), die für sich lebensfähig und

befähigt sind zur Selbstorganisation, um sich dem
ständigen Lernprozeß der Zukunft zu stellen.

Das Lernen hört nicht auf

Wer immer nur das macht,
was er immer schon getan hat,
wird immer nur das erreichen,
was er immer schon erreicht hat.

Bernhard Shaw

Es muß erst ganz schlimm kommen, bevor Menschen zu grundlegenden Veränderungen bereit
sind. Sie fürchten Veränderungen und sehnen sie
gleichzeitig herbei. Sie wehren sich zwar nicht gegen die Veränderungen selbst, aber dagegen, selbst
verändert zu werden.

Die Menschen und Mitarbeiter in unseren Unternehmen spüren aber sehr deutlich, daß sich etwas
ändern wird und muß. Dies zeigt auch der Vergleich vom *Bedarf der Organisationen* und den *Bedürfnissen der Mitarbeiter* im Sinne von "Mehr"-
Anforderungen und -Wünschen, die durch Grup-
pen- und Teamarbeit und eine ausgeprägte Lernkul-
tur verwirklicht werden können (Abb. 1, Bedürfnis-
Analyse moderner Organisationen).

Die Bedürfnisse der Mitarbeiter nicht übersehen.

Nach unserer Erfahrung muß in vielen Unternehmen das Management erst verstehen, daß solche
Veränderungsprozesse nur erfüllt und bewältigt
werden können, wenn es selbst bereit ist, das Lernen in einer Organisation extrem zu fördern und an
sich selbst folgende Anforderungen zu stellen:

- Offenheit für Veränderungen zeigen.
- Wandel als Normalität verstehen.
- Distanz zur eigenen Positionsmacht besitzen.
- Begeisterung für gemeinsam getragene Unter-
  nehmensziele erzeugen können.

Was sich Mitarbeiter von Organisationen wünschen? (Bedürfnisse)	Was Organisationen vermehrt brauchen? (Bedarf)
• mehr Verantwortung • mehr Mitgestaltungs- und Einbringmöglichkeiten • emotionale Integration (gutes Betriebsklima) • Berücksichtigung von Verbesserungsvorschlägen • herausfordernde Tätigkeiten • mehr Transparenz und Informiertheit • mehr Selbstverwirklichung bei der Arbeit • mehr persönliche Wertschätzung • Abbau von Monotonie und Bürokratie • mehr Sinngehalt • mehr Ehrlichkeit, Echtheit und Menschlichkeit	• mehr Unternehmer im Unternehmen • mehr Mitdenken und Mitwirken • mehr Teamarbeit • intelligente Verbesserungsvorschläge • multifunktional einsetzbare Mitarbeiter • bessere Kommunikation und Kooperation zwischen den Bereichen • größere Vielfalt an Qualifikationsprofilen • mehr Flexibilität • Visionen und begeisterungsfähige Mitarbeiter • Berücksichtigung von Sach-, Beziehungs- und Reflexionsebene

Abb. 1: Bedürfnis-Analyse moderner Organisationen

- Fähigkeit zur Selbstreflexion besitzen.
- Feedback von anderen vorbehaltlos annehmen können.
- bereichsübergreifendes Denken und Handeln demonstrieren können.
- symbolhaft und beispielhaft eigenes Lernen beweisen.
- Fehler und Mißerfolge tolerieren und als Lernchance kommunizieren.

- Prozeßunterstützer und -begleiter sein wollen und können.

Chancen und Nutzen des permanenten Lernens

Manager, die diesen Anforderungen gerecht werden, werden auch mehr Anforderungen an ihre Mitarbeiter stellen, sie müssen es sogar, wenn sie nicht mit den vielfältigen Aufgaben, Zuständigkeiten und Entscheidungen alleine bleiben wollen. Sie müssen ihre Mitarbeiter ins Boot holen und sie qualifizieren durch umfassendes Lernen. Die Zielvorstellung für unsere heutige Generation von Managern ist, eine "lernende Organisation" zu initialisieren und aufzubauen, d.h. mehr Fehlerkultur, Teamarbeit, Eigenverantwortung, Innovationsbereitschaft, Kreativität.

Qualifizierte Mitarbeiter als wichtigste Ressource.

In "lernenden Organisationen"

- wird Wandel und Veränderung als Chance und nicht als Bedrohung gesehen,

Eine Vision wird Wirklichkeit.

- gehen viele Veränderungen von der Basis aus,

- werden alle Entscheidungen kritisch hinterfragt und gegebenenfalls revidiert und zurückgenommen,

- werden auch bestehende Strukturen, Prozesse, selbst Unternehmens-Kultur-Elemente im Sinne konstruktiver Kritik in Frage gestellt,

- werden Fehler hinterfragt und als Lernchance interpretiert und genutzt,

- werden mehr Handlungsspielräume geschaffen und Eigeninitiative gefördert und belohnt,

- hat die Macht der Position geringere Bedeutung, und sie wird vor allem nicht als Schutz vor Kritik und Veränderungsbedarf eingesetzt,

- orientiert man sich an den Bedürfnissen der Mitarbeiter, der Kunden und des Marktes,

- werden gemeinsame Lernprozesse in Gruppen und Teams bewußt und aktiv eingeführt und gefördert,

- besteht eine hohe Vertrauenskultur,

- besitzt die betriebliche Aus- und Weiterbildung einen hohen Stellenwert,

- werden gemeinsame Visionen für das Unternehmen in Abstimmung mit den Visionen des einzelnen entwickelt,

- setzt man sich mit den Werten des einzelnen in bezug auf die Werte des Unternehmens auseinander,

- werden die zentralen Geschäftsprozesse bereichsübergreifend optimiert.

Eine Menge Vorteile, aber ein weiter Weg. Lernende Organisationen setzen Gruppen- und Teamarbeit voraus, sie haben demnach eine Menge Vorteile durch eine höhere Veränderungsbereitschaft, -fähigkeit, -schnelligkeit und -flexibilität. Sie entwickeln zudem eine erhöhte Problemlöse- und Handlungskompetenz durch Zugriff auf mehr Wissen, gemeinsame Intelligenz und Kreativität, und sie gewinnen Zeit durch bessere Koordination, Planung und Steuerung. Sie optimieren die Qualität von Prozessen und Produkten, sie fördern die individuelle Persönlichkeit und Motivation der Mitarbeiter und entwickeln ein verbessertes Organisationsbewußtsein für die Zusammenhänge und die Ziele.

Lernende Organisation heißt also weg vom starren Festhalten an Traditionen und Hackordnungen, vom Schablonen-Denken (entweder-oder), von destruktiver Fehlerkultur (Kopf ab) und Streitkultur (Verbot von Konflikten), von Selbstzufriedenheit und mangelnder Flexibilität. Eine solche Entwicklung bekämpft Resignation und negatives Denken,

Status- und Besitzdenken in bezug auf Erfahrung und Wissen, Rechtfertigen, Leugnen und Verdrängen. Keine Scheuklappen mehr und keine Sündenböcke!

Wissen ist Macht

Während Arbeitsplätze mit geringen Qualifikationsanforderungen laufend abgebaut werden, wächst die Nachfrage nach solchen mit höherer Qualifikation kontinuierlich. Lernen voneinander, miteinander, füreinander ist eine wesentliche Voraussetzung und Chance der Gruppenarbeit, die die weitere Lernbereitschaft der Mitarbeiter sehr positiv beeinflußt.

Lernen von und mit Partnern hat Zukunft.

Das Informationszeitalter liefert unerschöpflich und immer schneller Wissen jeder Art und Güte. Faktenwissen veraltet schnell. Zusammenhänge sind gefragt, Kontextwissen in Form von Erfahrungen und Orientierungen ist langlebiger, wenn auch schwieriger zu erlangen und zu vermitteln. Klassische Unterrichtsformen helfen hier nicht weiter, hierzu sind "Training on the job" und Innovationen fördernde Strukturen wie Teamarbeit gefragt. Sie helfen außerdem, Widerstände gegen Veränderungen im Unternehmen abzubauen und in Kreativität umzuformen.

Wir lernen durch praktisches Tun.

Innovationen stellen komplexere Aufgabenstellungen dar, als sie im Tagesgeschehen üblich sind. Das Wissen um die Zusammenhänge, die entsprechende Begeisterung, Motivation, ergänzende Qualifikation und Problemlösefähigkeit ist nach unserer Erfahrung in der Gruppe um ein Vielfaches höher. Der Erfahrungsaustausch fördert die interdisziplinäre Leistungsbereitschaft und Lernfähigkeit.

Arbeitsplatznahe Formen des Lernens, handlungs- und erfahrungsgeleitete Lernprozesse in der Arbeit gewinnen immer mehr an Bedeutung. Leider gibt

Situatives Lernen wird immer stärker gefordert.

es noch zuwenig Simulationsmöglichkeiten prakti-
scher Arbeitsabläufe, also Lernstationen, die die
Selbstlernfähigkeit und das "Erfahrungmachen" systematisch im risikolosen Trockentest fördern. Wir
haben hier allerdings mit haptischen Planspielen zu
betriebswirtschaftlichen Zusammenhängen (Rechnungswesen, Strategie, Marketing, Planung, Finan-
zierung und dergleichen) mit Kleingruppen sehr
positive Erfahrungen gemacht.

Ob Organisationen oder Gruppen als solche überhaupt selbständig lernen können, ist zwar nicht be-
wiesen, aber vorstellbar. Zumindest besteht in
Gruppen die große Chance, die Resultate des individuellen Lernens der gesamten Organisation effektiver zugänglich zu machen. Lernprozesse vor
Ort anzuleiten, zu moderieren und zu begleiten,
das sind in Zukunft die Aufgaben für das professio-
nelle Qualifizierungspersonal, nicht nur zu unter-
richten und zu unterweisen.

Die lernende Organisation ist eine Vision

"Eine lernende Organisation ist eine Gruppe von
Menschen, die einander brauchen, um etwas zu erreichen, und die im Laufe der Zeit kontinuierlich
ihre Fähigkeiten ausweiten, das zu erreichen, was
sie wirklich anstreben. Eine lernende Organisation
ist eine Vision und keine Realität." Sie setzt nach
Peter Senge voraus, daß den Menschen wichtig ist,
was sie tun. Erst dann werden sie versuchen, ihre
Sache gut zu machen und zu optimieren, sich ständig selbst zu prüfen und zu reflektieren, über Lern-
möglichkeiten nachdenken und das Lernen nicht
dem Zufall überlassen.

Lernen und Handeln
gehören zusammen.

Die größten Lernerfolge sind aber dann gegeben,
wenn der Lernprozeß mit den tatsächlichen Entscheidungsprozessen in der betreffenden Organisation verbunden ist. Jeder lernt zwar anders, aber
wir lernen am meisten durch praktisches Tun.

Ein Lernprozeß ist sicherlich eine ungeheure Herausforderung, und er sollte insbesondere in einer Gemeinschaft von Lernenden, in einer Gruppe durchgeführt werden.

Gemeinsame Visionen in der Teamarbeit

Was sind Visionen? Visionen sind geistige Bilder der Zukunft, so wie wir sie erschaffen wollen.

Die *persönliche Vision* ist das Ziel, das uns vorantreibt. Ohne Vision geschieht nichts oder sehr wenig, ohne Zielbewußtheit bleibt es meist nur bei guten Ideen und Wünschen. Sie ist die eigentliche Antriebskraft in uns, um Dinge anzupacken und umzusetzen. Vision und Handeln eines Menschen gehen nahtlos ineinander über.

Die selbsterfüllenden Prophezeihungen

Mentale Stärke basiert auf starker Visionsfähigkeit, aber auch umgekehrt. Jemand, der klare *mentale Visionen* in seinem Unbewußten verankert hat, kann sich leichter dem Ziel nähern und zu höheren Leistungen gelangen. Weltklasseschwimmer haben z.B. festgestellt, daß sie tatsächlich schneller schwimmen, wenn sie sich vorstellen, daß ihre Hände doppelt so groß seien wie in Wirklichkeit und ihre Füße Schwimmhäute hätten. Diese Sehnsüchte und Überzeugungen, etwas gut zu können, steuert über das Unbewußte unsere Fähigkeiten, so daß wir ohne bewußte Aufmerksamkeit hervorragende Fertigkeiten ausführen. Denken Sie an alles, was Sie gelernt haben: Sprechen, Gehen, Radfahren, Autofahren, Klavier spielen, Sprachen, Kopfrechnen, Tennis spielen und dergleichen. Wir machen Dinge besonders gut, wenn wir glauben und auch wollen, daß wir sie gut machen. Das gilt selbstverständlich auch für Gruppen und Teams.

Mentale Visionen verstärken unsere Leistungsfähigkeit.

Lineares Denken und Logik, klassische Ursache-Wirkungen-Argumentation bringen uns nicht die großen Durchbrüche. Einstein sagte einmal: "Ich

habe nie etwas durch rationale Überlegungen entdeckt." Es sind eher die persönlichen Visionen, unterstützt durch mentale Modelle.

Unsere "mentalen Visionen" bestimmen nicht nur,
wie wir die Welt interpretieren, sondern auch, wie
wir handeln. Seit Platons Höhlengleichnis, wo der
der Höhle Entronnene durch Sehen und Erleben zu
neuen Erkenntnissen gelangt und sich dann den
früheren Mitmenschen in der Höhle nicht mehr verständlich machen kann, wissen wir, daß mentale
Modelle auch beeinflussen, was wir sehen und sehen wollen. Auch im Management und in der Gruppenarbeit   beeinflussen mentale Modelle unsere
Wahrnehmungen. Sie beeinflussen unsere Einsichten der Zusammenhänge, unsere Lernprozesse und
unsere Annahmen für strategische Überlegungen.

Unsere persönlichen "Wahrheiten" sind nicht deckungs-gleich mit denen der anderen.

Wenn wir erkennen, daß jeder von uns die Welt
durch seine eigenen mentalen Modelle sieht, die
nur Annahmen und nicht unbedingt "Wahrheiten"
sind, und wir diese Erkenntnis mit großer Offenheit
ansprechen, dann wird deutlich, daß solche Gespräche zu echtem Lernen untereinander führen
und vorgefaßte Meinungen aufweichen. Wenn sie
uns aber nicht bewußt sind, können wir sie auch
nicht verändern.

In der Szenario-Technik für strategische Zielfindungen laden wir zum Beispiel jeden Manager ein, sich
mit vielen alternativen Zukunftsszenarien zu beschäftigen und diese zu durchdenken. Das breitere Denk-
spektrum in alternativen Modellen führt zu viel
besseren Veränderungs- und Gestaltungsergebnissen
als das Verharren in eigenen Modellen. Ein echtes
Gruppenergebnis führt zu neuen tieferen Überzeugungen, zur Überprüfung und Ergänzung der mentalen Modelle, zu vielfältigeren Perspektiven.

Ziel ist es nicht, daß sich die Gruppenmitglieder einig sind, aber daß sie zu weitreichenderen gemeinsamen Ergebnissen und damit zu Übereinstimmungen im Prozeß gelangen, ihre Vorstellungen erfolgreich miteinander abgleichen und erweitern, oder dann das beste gemeinsame mentale Modell entwickeln. Die Gruppenmitglieder legen im Prozeß ihre Standpunkte offen dar. Auch wenn der einzelne nicht darin übereinstimmt, kann er den Wert von gut durchdachten Argumenten erkennen und akzeptieren, er muß sie aber nicht unbedingt übernehmen. Keine Bitterkeit, kein Zwang, jeder hat die Chance, seinen Standpunkt zu verdeutlichen.

> Ziel ist nicht Einigkeit, sondern gegenseitiges Verständnis und Akzeptanz.

Herausragende Teams tauschen in einem solchen Kontext ohne die Verpflichtung zur Einigkeit und Übereinstimmung in aller Offenheit ihre Sichtweisen aus, und dann weiß jeder, was er zu tun hat. Ein echter Dialog öffnet Gedanken und Verständnis füreinander, im Gegensatz zur Diskussion, wo Meinungen abgegrenzt, auf Schnittmengen oder Übereinstimmungen reduziert werden.

Der Dialog verhindert auch, daß spezifische bzw. persönliche Denk- und Verhaltensweisen durch Verallgemeinerungen ersetzt werden, die dann womöglich noch zur Tatsache erklärt werden. Was einmal Annahme war, wird häufig plötzlich als Tatsache behandelt.

> Verallgemeinerungen behindern das Lernen.

Wir sollten unsere Neigung zu abstrahieren und zu vereinfachen auch in der Gruppenarbeit sehr bewußt kontrollieren. Sie bietet die Chance darüber nachzudenken, ob solche Verallgemeinerungen falsch oder irreführend sein könnten, vor allem zu erkunden, welche unterschiedlichen fremden Standpunkte es gibt. Das gelingt uns am besten durch Fragen.

"Was veranlaßt Sie zu Ihrer Haltung, können Sie uns Ihre Meinung mit Beispielen erläutern?", solche Fragen helfen bei der Erkundung von Denkweisen

und fördern gemeinsames Lernen, bereichern den
einzelnen um das Wissen und die Erfahrung der
anderen. "Was hat Sie zu Ihrer Meinung geführt,
können Sie dies genauer erläutern?" Damit helfen
Sie sich, aber auch dem anderen, seine Meinung zu
verstehen und begründet zu durchdenken.

Seien Sie bereit, sich zu irren.

Ermutigen Sie auch andere, Ihre Ansichten zu hinterfragen, so wie Sie selbst Meinungen erkunden,
die von Ihren eigenen abweichen. Fragen Sie andere, welche Einflüsse und Informationen ihre Ansichten ändern könnten, und wenn Sie dabei
Blockaden verspüren, hinterfragen Sie, welche Situation, welches Verhalten die Beteiligten hindert,
offen an solche Fragen und Denkanstöße heranzu-
gehen und dazuzulernen. Das sind die Chancen in
einem offenen Dialog.

Gemeinsame Visionen sind "meine" und "unsere" zugleich.

Gemeinsame Visionen erzeugen ein intensives Gefühl von Gemeinschaft, welches insbesondere dazu
führt, daß unterschiedlichste Aktionen automatisch
ohne ständige Rücksprache zu koordinierten, zielorientierten Ergebnissen führen. Jeder weiß, was zu
tun ist. Dennoch muß deutlich werden, daß gemeinsame Visionen auf persönlichen Visionen aufbauen. "Die einzige Vision, die Sie wirklich
motiviert, ist Ihre eigene Vision." (P. Senge, S. 258)
Deshalb sollten Organisationen den Mitarbeitern
erst einmal helfen, ihre persönlichen Visionen zu
entwickeln und sie dann zu gemeinsamen Visionen
zu machen. Daraus resultieren kräftige Synergie-Ef-
fekte.

Visionen als Basis für Energie und Effektivität.

Wirklich gemeinsame Visionen in Organisationen
und Gruppen/Teams brauchen Zeit zum Wachsen.
Der Prozeß, durch den sie zu gemeinsamen Visionen werden, ist viel wichtiger als die Frage, woher
sie stammen. Wenn alle lernen, die anderen an ihren Visionen und Träumen teilhaben zu lassen,
werden sich die gemeinsamen Wünsche und Ideen
in den Köpfen verankern. Wer dann einwilligt, wird

auch die gemeinsame Vision hundertprozentig akzeptieren und aus tiefstem Herzen verfolgen, Energien und Begeisterung aufbringen, Verantwortung
übernehmen, leidenschaftlich für die Zielerreichung kämpfen. Wenn sich die Rahmenbedingungen ändern, wird er dennoch wissen, welche Mittel
einzusetzen und welche Wege zu gehen sind.

Das alles können Sie durch noch so prägnante
Denkmodelle, Zielvorgaben, Befehls- und Kontroll-
strukturen, selbst durch äußerst soziales Verhalten
nicht erreichen, weil bei einer gemeinsamen Vision
jeder aus freien Stücken und persönlicher Überzeugung den Prozeß unterstützt. Keine Verpflichtung
zum Mitmachen, kein Zwang, der bestenfalls zur
Einwilligung, aber nicht zum persönlichen Engagement führt. Visionen lösen Verstärkungsprozesse
aus. Je mehr man darüber redet, um so mehr Klarheit, Begeisterung und Engagement entwickeln sich.

Visionen lösen Aktionen statt Reaktionen aus.

Synergien durch Team-Lernen

Die meisten Menschen verstehen und akzeptieren,
daß viele Köpfe potentiell mehr wissen als einer.
Sie haben diese Synergien bei sich und anderen
schon beobachtet und auch erlebt, daß persönliche
Visionen durch gemeinsame Visionen in der Gruppe erweitert wurden, daß Energien und Ausstrah-
lungen wie im Laser gebündelt zu enormer Tatkraft
führen können.

Als alter Jazz-Freund habe ich oft fasziniert vor
Combos gestanden, die durch gemeinsame Intuition, gegenseitige Motivation und Inspiration zu absoluten Höchstleistungen als Team gelangen. Diese
Spezialisten mit ihren persönlichen, unterschied-
lichsten Meisterschaften auf ihren Instrumenten
werden eine einzige Einheit. Das, was Dr. Kren im
Vorwort andeutet, geschieht hier: die persönlichen
Meisterschaften werden im Team noch wesentlich
gesteigert.

Ein Großteil unseres
Denkens ist kollekti-
ven Ursprungs.

Der "Dialog" (die Improvisation im musikalischen Wechselspiel) führt hier beim einzelnen genauso wie in einem Team anderer Organisationsformen zur ständigen Beobachtung der eigenen Ideen und zum Vergleich mit denen der anderen, zu einer gleichberechtigten Einbindung aller Teammitglieder. Er fördert auch positive, offene Gefühle gegenüber der Aktion der Gruppe, die Bereitschaft, neue Ideen zu spielen und zu erproben und führt zur absoluten Akzeptanz der Beiträge der anderen und zur kreativen Verflechtung mit den eigenen.

Keine Diskussion
ohne vorherigen
Dialog.

Wir beobachten und unterstützen das in der Gruppenarbeit ständig: Der *Dialog* als wesentliche Komponente des Team-Lernens entwickelt tiefes Vertrauen und persönlichere Beziehungen. Die unterschiedlichen Ansichten helfen, zu neuen Einsichten zu gelangen, komplexe Fragen und Probleme zu erforschen und ein umfassendes Verständnis zu entwickeln. Erst danach macht es Sinn, in einer *Diskussion* diese unterschiedlichen Ansichten zu einer Einigung und Entscheidung zu führen, eventuell auch Meinungen zu verteidigen, gegeneinander abzuwägen. Aber bitte erst Dialog, dann Diskussion, beides in einem ausgewogenen Verhältnis, beides zusammen führt zu neuen Handlungsweisen und neuem Lernen.

"Wenn ich die Welt mit Ihren Augen sehe und Sie die Welt mit meinem Augen, werden wir beide etwas erkennen, daß wir alleine niemals entdeckt hätten."

Durch Reflexion
und Erkundung
Blockaden vermin-
dern.

Der Unterschied zwischen herausragenden Teams und mittelmäßigen Teams besteht unseres Erachtens darin, daß sie Konflikte als Bestandteil des Dialogs akzeptieren, Abwehrroutinen, die ihre Energie blockieren, vermeiden und dadurch ihr Verhalten positiv entwickeln und für ihre Energie nutzen. Sie verstehen Widerstände und Meinungsverschiedenheiten als Lernchance und gegenseitige

Einblicke in das Denken und Handeln aller Gruppenmitglieder. Und das kann man trainieren, wie wir sehen werden.

Lernfähige Einzelpersonen in einem lernenden Team lernen, wie man gemeinsam lernt. Dazu brauchen sie allerdings *gemeinsame Übungsfelder*, in denen eine gewisse Freiheit zum Experimentieren geboten wird, wo sie Handlungen, die in der Realität nicht mehr umzukehren wären, wieder zurücknehmen, überarbeiten oder beliebig oft wiederholen können. So wie Sportmannschaften Spielzüge und taktische Varianten gemeinsam trainieren, können auch Gruppen und Teams ihre Teamfähigkeiten und kollektiven Lernfähigkeiten, ja sogar einzelne Dialoge üben.

Teams müssen auch lernen, wie man übt.

Diese Möglichkeiten schaffen sich die wenigsten Managementteams. Ihre Entscheidungen über bestimmte Situationen, meistens unter großem Zeitdruck besprochen und getroffen, sind in der Regel endgültig. Sie geben sich nur selten die Chance, mit etwas Abstand darüber nachzudenken, wie man gemeinsam vielleicht zu besseren Entscheidungen kommen könnte, wie man solche Dialoge optimiert.

Folgende Regeln helfen, Kommunikationsblockaden zu beseitigen:

• Aufheben von Annahmen bzw. Untersuchen der Annahmen oder der festen Standpunkte, statt sie zu verteidigen.

• Kollegialität und Gleichstellung im Dialog. Der Rang bleibt draußen vor der Tür. Entscheidend sind die profunden Kenntnisse aller Beteiligten.

• Erforschen der verschiedenen Denkweisen und Meinungen, welche den Annahmen zugrunde liegen, und ihre Beweisführungen durch intensives Fragen (Was führt Sie zu der Überzeugung, was veranlaßt Sie ...?)

Jeder muß erkennen, daß seine Meinung nicht die einzig richtige ist.

• Vorurteile verdeutlichen und nicht akzeptieren.

• Weg vom einfachen, linearen Denken, keine verwässerten Kompromisse durch simple Ursache-Wirkungen-Argumente, Verdeutlichung der Komplexität der Prozesse, die wir alle verstehen wollen.

Komplexität verlangt Offenheit, Vertrauen und eine neue Führung

Vielleicht irre ich mich und der andere hat recht.

In lernenden Unternehmen investieren wir ganz gezielt in die Qualität des Denkens, in die Fähigkeiten zur Reflexion und zum Team-Lernen, in den Aufbau gemeinsamer Visionen und in die gemeinsame Erkenntnis von komplexen Fragen. Wenn Menschen lernen, über ihre Visionen zu sprechen und den Visionen anderer zuzuhören, wenn sie sich selbst offenbaren, wenn sie keine Angst haben, ihre Meinung offen zu äußern und gleichzeitig das eigene Denken und das der anderen konstruktiv zu hinterfragen, dann wächst das Vertrauen im Team automatisch. Egoismus, Oberflächlichkeit und Rivalität werden eingeschränkt.

Um solche Fertigkeiten zu entwickeln, brauchen wir Zeit und Ausdauer. Mitarbeiter müssen lernen, ihre Meinungen direkter zu sagen, Beiträge von anderen zu erbitten und mehr mit anderen über ihre Probleme zu sprechen. Erkunden - Reflexion - Dialog sind also in der Gruppenarbeit wichtige Fertigkeiten, die (eventuell mit Hilfe von Beratern oder Trainern) zu verbessern sind.

Die Kunst, den Wald und die Bäume zu sehen.

Für den einzelnen im Unternehmen ist es unmöglich, jemals alle Wechselwirkungen der *Komplexität* zu erfassen, selbst wenn er Instrumente wie vernetztes Denken, Ursache-Wirkungs-Diagramme, morphologische Kasten, Mind Mapping und so weiter beherrscht und einsetzt. Es besteht vielmehr für den einzelnen die Gefahr, daß er denkt, er hätte die Lösung, und jegliche Motivation, sein Denken zu überprüfen, verschwindet. Wenn er dagegen mit den anderen Mitarbeitern im Unternehmen gemeinsam zu der Erkenntnis gelangt, daß niemand die "einzig richtige" Antwort hat, wird dies sehr belebend für die Organisation wirken.

Lernen braucht Zeit und Zeit haben wir nicht. Selbst zum Denken bleibt keine Zeit mehr. Manager unterwerfen sich und in der Regel auch ihre Mitarbeiter den Anforderungen unablässiger "Geschäftigkeit". Wie soll es dann noch zu lernenden Organisationen kommen, in denen Zeit für Erkunden, Reflexion und Dialog gegeben ist. Nun, wir können auch nachdenken, während wir etwas tun, "learning by doing", lernen durch direkte Erfahrungen und im Prozeß. Training durch ganz bewußte Rollenspiele in Teamsitzungen. Dialog-Übungen zur Erfassung der Komplexität von Strukturen, Abläufen und Verfahren helfen bei der Aufdeckung unausgesprochener, innerer Widersprüche.

So wie wir uns gemeinsam in Strategie-Projekten mit Prognosen, Annahmen, verschiedenen Szenarien der Zukunft bis hin zu den master actions (die dem gesamten Entwicklungspotential der Zukunft gerecht werdenden strategischen Maßnahmen und Aktionen) simulativ auseinandersetzen, so können wir auch in anderen Aufgabenstellungen den kreativen Prozeß und damit die Qualität der Ergebnisse in der Gruppe enorm verbessern. Geplante Simulationen, die dem "wirklichen" Leben täuschend ähnlich sind, helfen im Zeitraffer, beliebig oft wiederholbar, die Komplexität vereinfachend ("was wäre wenn-Fragen", "angenommen, es wäre..."), durchaus hervorragende, auf die realen Situationen übertragbare Ergebnisse und Erkenntnisse zu erzielen. Simulationen als Werkzeug schöpferischen Gestaltens verbessern unser Systemdenken und unterstützen uns bei der Gestaltung künftiger Realitäten.

Entscheidungsmuster durch Simulationen erkennen.

Die Führungskräfte sind für das Lernen im Unternehmen verantwortlich. Sie sind verpflichtet, ihre Mitarbeiter zur Eigenständigkeit zu befähigen. Wer denkende Mitarbeiter haben will, muß ins Lernen investieren. Machen Sie also Ihre Mitarbeiter nicht zu "Gläubigen", sondern zu Lernenden, die ihre eigene Realität noch erkennen und gemeinsam beeinflussen können. Unterstützen Sie dabei nicht nur das individuelle, sondern auch das kollektive Lernen.

Die Kapazitäten des Unterbewußtseins besser nutzen.

Wie zahlreiche Untersuchungen festgestellt haben, haben wir im Unterbewußtsein offenkundig ungeheure Kapazitäten für den Umgang mit Detailkomplexität (P. Senge, S. 441), erheblich mehr als im Bewußtsein. Und wir können das Unterbewußtsein "trainieren" durch das ständige Wechselspiel mit dem Bewußtsein.

Wir können beispielsweise Fahrradfahren, Autofahren, Fremdsprachen nicht nur mit dem Bewußtsein lernen. Das bliebe viel zu theoretisch. Sie haben sicherlich selbst schon genügend Situationen erlebt, wo festgefahrene Denkprozesse plötzlich für Sie über das Unterbewußtsein gelöst wurden. Plötzlich war die Lösung da. Wenn wir also bewußt lernen, systemisch, zusammenhängend zu denken, wird uns das Unterbewußtsein ständig und immer stärker darin unterstützen. Deswegen ist Übung und Training in Gruppen und Teams so wichtig, damit wir erkunden, reflektieren und im Dialog lernen zu verarbeiten. Das steigert auch unsere persönliche Meisterschaft.

3. Gruppen- und Teamarbeit vermitteln neue mentale Stärke

3.1 Team, ein neuer Modebegriff?

Team- und Gruppenarbeit setzen sich in den verschiedensten Organisationsstrukturen der Wirtschaft, aber auch anderer Lebensbereiche immer stärker durch. Kaum ein Vortrag, Seminar, Forum, Interview wird geführt, in dem nicht auf die Vorteile von Teamarbeit und das weitverbreitete Bedürfnis nach kooperativer und synergetischer Zusammenarbeit im Team hingewiesen wird.

Der Bundestrainer lobt den Teamgeist und die daraus resultierenden Tugenden der Mannschaft und unterwirft seine persönliche Rolle für den Erfolg ganz und gar dem Mannschaftsgeist. Firmenbosse verkünden die Erfolge von Restrukturierung, Lean Management, Turnarounds, Prozeßoptimierungen als Ergebnisse konsequent umgesetzter Gruppen- und Teamstrukturen.

Der Einzelkämpfer ist out. Eine Fülle von Schnittstellenproblemen entstehen, wenn Spezialisten, Universalisten und Individualisten zu egozentrisch agieren. Konkurrenz wirkt eher entzweiend und bindet zuviel Energie. Durch kooperative Zusammenarbeit werden aus Schnittstellen Nahtstellen, die methodisch besser und sachgerechter gelöst werden.

Team ist für viele mehr als Gruppe. Der Begriff "Team" wird immer dann gewählt, wenn man etwas Besonderes im Zusammenwirken zum Ausdruck bringen will. Die Effektivität, die Harmonie, das Mit- und Füreinander, die Effizienz, die Qualität, das Potential, die Arbeitsweise - das alles wird durch die Beschwörungsformel Team optimiert und gesteigert.

Der Star ist die Mannschaft.

Team ist mehr als Gruppe.

Der Begriff Team
wird mißbraucht.

Service-Teams, Kamera-Teams, Olympia-Teams, Regierungs-Teams, Verkaufs-Teams und viele andere sogenannte Teams verdeutlichen aber, daß mit diesem Begriff, manchmal sogar leichtfertig, nach außen Teamcharakter vorgegaukelt wird.

Läßt man den Begriff "Team" zum Modebegriff verkommen, so werden häufig auch ganz normale organisatorische Prozesse und Abläufe einem Team zugeordnet. Der Chef zitiert seine Abteilung gern als Team, obwohl er selbst als Vorgesetzter die Teamfähigkeit nur von seinen Untergebenen verlangt, selbst aber keine Verantwortung und Kompetenzen, keine Selbstkontrolle und Mitbestimmung an die Gruppe abgeben will. Der Begriff "Team" soll hier ein effektives, konfliktarmes, verträgliches, zwischenmenschliches Klima einfordern, angenehme Kollegialität absichern.

Teamfähigkeit als
"Mindestforderung".

Selbst die in Stellenanzeigen geforderte Teamfähigkeit ist in der Regel eine Forderung gegenüber dem einzelnen nach einer Aufopferung in der Gruppe durch Unterordnung, Anpassung, Verzicht auf Individualität und Selbständigkeit, und selten ist es das ehrliche Versprechen eines Vorgesetzten, einen kooperativen, partnerschaftlichen, integrativen Führungsstil einzubringen oder sogar auf klassische hierarchische Ansprüche und Einflüsse zu verzichten.

Teamorientierte Arbeitsgruppen

Eine Arbeitsgruppe beschreibt eine formelle und arbeitsorganisatorisch bedingte Gruppierung von verschiedenen oder ähnlichen Arbeitskräften, die auf Dauer oder zeitlich befristet als Gruppe zusammenarbeiten. Als Gegensatz zum Taylorismus und der Ford'schen Arbeitsteilung hatte sich schon in den 70er Jahren ein regelrechter Gruppen-Boom ergeben, der aber wieder abflachte und durch die Lean-Production-Euphorie Anfang der 90er Jahre

zu einer neuen Diskussion und unreflektierten
Nacheiferung führte.

Die Begriffe Gruppe und Team werden häufig syn-
onym oder identisch verwendet, wenn die organisatorischen Rahmenbedingungen beschrieben werden:

- idealerweise sieben bis zehn Mitarbeiter

Gruppen haben
eigene Regeln.

- relativ ausgeprägte Selbstplanung, Selbstverantwortung, Selbststeuerung ihrer Aufgaben und Arbeit

- relative Selbstbestimmung und Entscheidungskompetenz der Gruppe vor Ort im operativen und
dispositiven Bereich

- selbständige Festlegung der Gruppenziele, der
Vorgehensweisen und Arbeitsmethoden, sogar der
täglichen Arbeitszeiten

- Selbstkontrolle der eigenen Produktivität, Flexibilität, der Verfügbarkeit, des Qualitätsniveaus und
der Verbesserungsmöglichkeiten

- hohe Austauschbarkeit und Unterstützungs-
möglichkeiten in der Gruppe durch Job-Rotationen
und -Qualifikationen, Fähigkeit und Bereitschaft zu
Mehrfach-Funktionen

- Führung durch einen von der Gruppe selbst gewählten bzw. bestimmten Gruppenführer und/
oder durch Moderatorenunterstützung

- Beteiligung bei der Personalauswahl und Ausbildung neuer Mitarbeiter

- stark ausgeprägtes Teamdenken und kooperative Unterstützung des einzelnen.

Dennoch wollen wir einige Unterschiede zwischen Team und Arbeitsgruppe, am besten durch
bewußte Überbetonungen, verdeutlichen (vgl.
Abb. 2, Unterschiede zwischen Arbeitsgruppe und
Team).

Unterschiede zwischen Arbeitsgruppe und Team		
	Arbeitsgruppe	**Team**
Wettbewerb	• nach innen gerichtet • Gegner auch in der Gruppe • Gegner im Unternehmen	• nach außen gerichtet • gemeinsamer Gegner (meist außerhalb)
Zeit	• Termine werden von außen festgelegt oder beeinflußt. • wenig Kooperation im Umgang mit gemeinsamer Zeit	• Zeit wird gemeinsam geplant • Termine werden verteidigt, auch gegenüber außen (z.B. Teamtermine sind wichtiger als Jobtermine).
Innovation	• Festhalten an bestehenden Verfahren und Wissen • Bezug auf Dagewesenes • wenig Wunsch nach Veränderung	• Innovation wird gesucht und provoziert. • Teams lassen sich ständig etwas Neues einfallen, • Teams verspüren die Synergie in den gemeinsamen geistigen Ergebnissen
Entscheidungen	• werden durch den Leiter oder von außen bestimmt (Regeln, Normen, Leitsätze) • Einzelverantwortung i. d. Gruppe	• werden intern getroffen durch Akzeptanz Übereinstimmung, Konsens und manch- mal durch (demokratische) Abstimmun- gen, gemeinsame Verantwortung
Initiativen	• kommen durch Externe (reines Job-Denken ist wichtiger) • Verlustängste • reagierendes Handeln	• kommen durch die gemeinsame Arbeit im Team zustande; aktivierendes Handeln ist das Motto. • persönliche Gewinnerwartungen im Gegensatz zu Verlustängsten.
Erfolgsorientierung	• Persönliche Erfolge sind wichtig • Individuum steht im Vordergrund • Es bilden sich leicht Subgruppen in der Arbeitsgruppe	• Erfolg des Teams für das Unternehmen • Team zählt als Gemeinschaft und steht im Mittelpunkt.
Abhängigkeit	• Die einzelnen Mitglieder sind relativ unabhängig (von der Gruppe), aber abhängig von der Führung	• Mitglieder sind voneinander abhängig • Prinzip <Ich gebe, damit Du gibst> • Hilfe und Unterstützung werden eingefordert
Umgang mit Herausforderungen	• Herausforderungen werden eher vermieden. • Hohes Risiko wird gescheut.	• Herausforderungen werden gesucht • Überzeugen wollen ist wichtig. • Chancen sehen

Abb. 2: Unterschiede zwischen Arbeitsgruppen und Team

3.2 Warum setzen wir auf Teamarbeit?

Worin liegen die Vorteile und der Nutzen von Teams?

Leistungsvorteile und Synergieeffekte von Teams werden häufig durch das potenzierte Addieren von Einzelfähigkeiten, z.B. durch die Formel 2 + 2 = 7, dargestellt. Das synergetische Ergebnis eines Teams ist wesentlich höher als die einfache Summe der Einzelfähigkeiten der Teammitglieder.

Synergetische Erfolge in guten Teams.

Das ist keine mathematische Spielerei, sondern immer wieder in Gruppen- und Teamprozessen nachgewiesen worden, als auch durch Praxis und Fakten belegt.

Worauf begründen sich nun diese Vorteile?

– In der besseren Nutzung des in einem Team verfügbaren Spezial- und Expertenwissens von Einzelpersonen. Keiner ist so informiert, keiner ist so vernünftig, keiner ist so erfahren, keiner ist so ideenreich wie viele,

Vorteile, die jeden überzeugen.

– in der Verdichtung und Bündelung der Intelligenz und Phantasie der Teammitglieder,

– in der Vielfalt der Gedanken bei der Urteils- und Willensbildung und der gegenseitigen Korrektur von Mängeln sowie durch Ergänzung in den Erfahrungshorizonten,

– in der Verkürzung der Informationswege aufgrund direkter Kommunikation und in der gemeinsamen Informationsspeicherung, in der schnellen Verfügbarkeit der Informationen und Umsetzung bei Entscheidungen,

Motto: Wenn Siemens wüßte, was Siemens weiß.

– in der Qualifikation und Erziehung der Team-Mitglieder in ihren fachlichen, geistigen und sozialen Kompetenzen, in der Förderung von Toleranz, Fairness, Vertrauen, freiem Gedankenaustausch,

Anerkennung und Akzeptanz anderer Meinungen. Denn Team heißt nicht: Jeder muß das gleiche machen oder wollen.

Persönliches Wachsen geht im Team schneller und ist erfolgreicher.

– in der Entwicklung zusätzlicher, neuer Fähigkeiten, Erweiterung des Gesichtskreises, Reduzierung individualistischer egoistischer Einstellungen,

– in der Verbesserung der Identität zum eigenen Umfeld durch vertrauenswürdigen Umgang miteinander,

– in der Überprüfung des eigenen Selbstbildes mit dem offenen, fairen Fremdbild durch die Teampartner,

– in der Steigerung der Lernbereitschaft und Kreativität der Teammitglieder,

– in der gegenseitigen Stimulation, Motivation und Energievermittlung,

Jeder läßt den anderen in seiner Einzigartigkeit gelten.

– in der geistigen Anregung durch Andersdenkende und der offenen Weitergabe von Knowhow, in der Steigerung des Innovationspotentials,

– in der Verbesserung der Urteilsfähigkeit und zielorientierten Entscheidungsfindung,

– in der Vermittlung und Unterstützung von Kreativitätsreserven,

– in der Verbesserung des Problembewußtseins und der gemeinschaftlichen Problemslösungsmethoden,

– in der Verstärkung des Vertrauens untereinander und auch gegenüber Externen, die außerhalb des Teams stehen. Offenheit und Vertrauensbildung geben Mobbing-Aktivitäten keine Chance (Schneider/Knebel 1995, S. 22ff).

Ja, wenn alles so positiv ist, warum ist dann die Teamarbeit nicht in den meisten Strukturen selbstverständlich und schon lange eingeführt? Nun, wir kennen das aus der Praxis: die meisten Mitarbeiter haben ihre Teamfähigkeit bei weitem nicht ausreichend entwickelt. Erziehung, Charakter, persönliche Erfahrungen haben eher entgegengesetzt Einfluß genommen. Wir werden sehen, wie wir Teamfähigkeiten entwickeln und verbessern können, sobald wir überzeugt sind, daß die Vorteile und der Nutzen zu Leistungssteigerungen führen.

Worin liegen Nachteile oder Schwachpunkte der Teamarbeit?

Ich hoffe, Sie gehören nicht zu denjenigen, die sich nun selbstgefällig zurücklehnen und sagen: "Ich hab's doch gleich gesagt, dieser neumodische Kram ist zu aufwendig. Haben wir schon alles probiert und sehr schnell wieder gelassen!"

• Teamarbeit bedeutet einen nicht zu unterschätzenden Zeitaufwand für Planung, Vorbereitung und Dokumentation, der größer ist als bei der Einzelarbeit. Es wird mehr diskutiert, abgeklärt, koordiniert, in Alternativen gedacht, verdichtet und gemeinsam entschieden. Das kostet mehr Zeit und widerspricht der Dringlichkeit mancher Problemstellungen. Die Kosten und der Aufwand für eine gemeinsame Lösung können von Fall zu Fall in keinem angemessenen Nutzen stehen.

Teamarbeit kostet Zeit.

• Die Kompromißbereitschaft der Gruppe ist zu groß, und Entscheidungen verlieren an Qualität nach dem Motto: "Sie tun keinem weh, aber leider auch keinem gut!" Reibungsverluste wiederum führen zu Demotivation im Team und damit zu Identitätskrisen des einzelnen.

• Einzelne Mitglieder fühlen sich in ihren persönlichen Werten und Ansprüchen unterdrückt. Sie verspüren zuviel Zwang zur Zurückhaltung und Passivität, um die Gruppe nicht zu stören oder zu überfordern. Das führt sogar zu negativem Lei-

Teamarbeit führt zu individueller Passivität.

stungswillen und mangelnder Einsatzbereitschaft. Sie haben nicht selten auch das Gefühl, mehr zu arbeiten als andere und ihre Einzelleistungen und -beiträge sind im Gruppenergebnis und bei den anderen Gruppenmitgliedern nicht mehr erkennbar.

Teamarbeit hemmt und blockiert.

• Der Zwang zur Übernahme von Gewohnheiten, Regeln, Normen und Verhaltensmustern der anderen Gruppenmitglieder wirkt leistungshemmend auf einzelne und unterdrückt kreative Lösungsvorschläge und Alternativen. Das Bewußtsein einer erschwerten Durchsetzung wirkt zum Teil als innere Blockade.

• Engstirnigkeiten und Intoleranz einzelner Mitglieder sind weitere Negativfaktoren, die Frust, Resignation und Desinteresse für gemeinsames Vorgehen bewirken.

Dennoch sollten die Voraussetzungen zur Teamarbeit gründlich geprüft werden. Sie ist nicht grundsätzlich sinnvoll und möglich, sie ist vor allem nicht kurzfristig zum Erfolg zu führen, und sie erfordert gewisse Rahmenbedingungen und Voraussetzungen.

Wo und in welchem Kontext gibt es Einsatzmöglichkeiten für Teamarbeit?

Teams dann, wenn es schwierig und komplex wird.

Teams werden am häufigsten in neuartigen, komplexen, für den einzelnen schwer durchschaubaren Aufgaben oder Projekten eingesetzt, dort, wo kreative und innovative Ergebnisse erzielt werden sollen oder schwierige, vielschichtige und fachübergreifende Koordinationsaufgaben anstehen. Arbeiten außerhalb der einengenden hierarchischen Strukturen, z.B. an diffizilen Schnittstellenproblemen oder an Prozeßabläufen und -optimierungen können erfahrungsgemäß durch ein Team effizienter durchgeführt werden.

Sehr entscheidend ist die *Teamzusammensetzung*, die neben der Fach- und Methodenkompetenz auch das Ausbildungsniveau, bestimmte Persönlichkeitsstrukturen wie die Bereitschaft und die Fähigkeit zu selbständigem Arbeiten, zu Kooperation und zu themenkonzentrierter Arbeit sowie die Sozialkompetenzen der Grupenmitglieder zu berücksichtigen hat.

Gruppen sind sehr sorgfältig auszuwählen, wenn die Synergieeffekte gesteigert werden sollen. Temperamente und Potentiale, Initiative und Dynamik, Entschlußfreudigkeit und Veränderungswillen sowie Intelligenz, Beharrungswillen und Ideenreichtum der einzelnen sind entsprechend zu koordinieren und stellen hohe Anforderungen an die Gruppenführung.

Erstellen Sie ein Potentialprofil der Teammitglieder.

Bei dieser Fülle von Ansprüchen an die Gruppe liegt der Gedanke nahe, daß diese Integrations- und Koordinationsaufgabe einen höheren Zeitaufwand erfordert als die Problem- und Aufgabenlösung eines einzelnen. Gemessen an den qualitativen Ergebnis-Vorteilen und den zusätzlichen Verbesserungen von Motivation, Kreativität und Selbstverantwortung sollten in der Regel die Vorteile überwiegen. Zeit kostet Geld, zu geringe Qualität kostet aber eventuell den Kunden.

Gruppenarbeit verlangt vernünftige Rahmen- und Arbeitsbedingungen. Angefangen von geeigneten, leistungsfördernden Räumlichkeiten ohne Störungen, Schmutz und Lärm, mit vernünftigen klimatischen Bedingungen und ausreichender Helligkeit, in räumlicher Nähe zu den Teammitgliedern und mit kurzen Informationswegen zu allen Beteiligten, gehören auch moderne Moderations- und Visualisierungsmittel, Kommunikations- und Informations-Systeme zur Effizienzverbesserung in der Teamarbeit.

Die Rahmenbedingungen müssen stimmen.

Wo werden am häufigsten Teams in der Praxis eingesetzt?

Gruppenarbeit wird vielfach in Montage- und Fertigungsbereichen eingesetzt, bei denen die Prozeßabläufe in eigenverantwortlich geplante und geführte Segmente aufgeteilt werden.

Die Kooperationsform der *Teamarbeit* gibt es in vielen anderen Funktionsbereichen in und außerhalb der hierarchischen Organisationsstrukturen:

Es gibt eine Fülle von Teammöglichkeiten in der Praxis.

– in Managementteams, im "Team an der Spitze" mit kollektiver Entscheidungskompetenz und Verantwortung,

– in Projektteams, die Zielsetzungen, Planungen, Problembearbeitungen sowie Diskussionen von Alternativen durchführen und Entscheidungen gemeinsam treffen und darüber hinaus die Einleitung, laufende Koordination und Durchführungskontrolle des Projektes im Kollektiv verantworten,

– in Spezialistenteams, in der Produkt-Innovation, in Forschung und Entwicklung,

– in Qualitätsverbesserungsprogrammen wie Qualitätszirkeln, Lernstattgruppen und dgl.,

– in Reorganisations- und Umstrukturierungsprojekten zur Effizienzsteigerung und Verbesserung von Abläufen und Verfahren,

– im innerbetrieblichen Vorschlagswesen, zur Vorbereitung und Einreichung von Lösungsvorschlägen und Ideen,

Probleme von heute sind Chancen von morgen.

– im Bereich der Arbeitssicherheit bei der Umsetzung praxisnaher Sicherheitsmaßnahmen durch fachübergreifende Kompetenzen,

– im betrieblichen Umweltschutz zur Planung und zur Erzeugung von verstärktem Umweltbewußtsein,

  – bei der Einführung neuer personalwirtschaftlicher und organisatorischer Verfahren, z.B. Mitarbeiter- und Vorgesetztenbeurteilung, bei der Arbeitszeitflexibilisierung, beim Personalabbau,

  – bei der Planung von Personalentwicklungs- und Weiterbildungsmaßnahmen, bei der Gestaltung von Führungsrichtlinien,

  – beim Aufbau und Ausbau von innerbetrieblichen Informationssystemen,

  – im Bereich Marketing und Vertrieb zur Entwicklung werbewirksamer Konzepte und Strategien, zur Verbesserung der Vertriebs- und Verkaufsorganisation und Intensivierung der Kundenorientierung,

  – im Finanz- und Rechnungswesen, z.B. bei der Konzeptionierung einer Profit-Center-Rechnung.

Neben diesen Beispielen innerbetrieblicher Organisationsstrukturen gibt es auch genügend Teamkonzepte im außerbetrieblichen Bereich:

Im Bereich der Pädagogik, der Umweltgestaltung, der Medizin, der Kriminalistik, der Medien, des Städtebaus und bei der Bauplanung und Durchführung von Großprojekten werden uns immer wieder nicht nur plakativ, sondern auch in der projektorientierten Praxis erfolgreiche Teamstrukturen begegnen, ohne die die Komplexität von Aufgabenstellungen gar nicht bewältigt werden könnte und durch die die Qualität der Durchführung wesentlich gesteigert wird. "Mehrere Köpfe können ein Problem besser lösen als einer", das ist hier die Devise.

Teams als Bündelung unterschiedlicher Kompetenzen.

Welche Rahmenbedingungen müssen für eine effektive und effiziente Teamarbeit vorhanden sein?

Um die von einem Team erwartete Leistungsüberlegenheit sicherzustellen, sind eine Reihe von psychologischen und organisatorischen Voraussetzungen zu schaffen.

Eine offene, freiwillige, welchselseitige, umfassende **Kommunikation** muß dafür sorgen, daß Informationsvorsprünge einzelner abgebaut werden und ein eventuelles Informationsgefälle in der Gruppe vermieden wird. Jeder im Team ist Sender und Empfänger von Informationen. Fehlende Informationen stören den Problemlösungsprozeß. Der Teamführer hat als primus inter pares diesen offenen partnerschaftlichen Wissens-, Ideen- und Erfahrungsaustausch zu steuern.

Alle für einen, einer für alle.

Von jedem Teammitglied wird ein hohes Maß an **Akzeptanz** erwartet, jeder muß bereit sein, sich den Beschlüssen des Teams, an denen er selbstverständlich mitwirkt, auch dann unterzuordnen, wenn seine persönlichen Interessen oder Zielvorstellungen nicht voll abgedeckt sind. Der Teamerfolg ist wichtiger als der rein persönliche Erfolg, jede Idee ist als Leistung der Teams zu betrachten und nicht als die eines einzelnen.

Daß einer alles hat, ist selten.

Jeder stellt seine Fähigkeiten in den Dienst der Teamarbeit. Jeder muß von seinen ihm schon sehr früh antrainierten egozentrischen Besitzansprüchen an Ideen abrücken und akzeptieren, daß all das, was vom Team erarbeitet wurde, dem Team als Ganzen gehört. Wer zu lange und zu intensiv auf Eigenanteile in der Teamarbeit pocht oder sich sogar aus der Teamarbeit separate eigene Vorteile schaffen will, ist ein Störfaktor und muß sich nicht wundern, wenn er im Rahmen eines gruppendynamischen Prozesses plötzlich vor der Tür steht.

Dennoch ist **Querdenken** erlaubt und sogar für die Ergebnisrelevanz von Teams von großer Bedeutung. Jedes einzelne Teammitglied soll seine eigene Meinung einbringen, seine eigene Urteilsfähigkeit entwickeln und seine Eigenständigkeit bei der Suche nach Problemlösungen bewahren.

Er muß auch die **Verantwortung** für sein eigenes Tun in der Gruppe übernehmen. Er hat das Recht und sogar die innere Verpflichtung, abweichende Meinungen einzubringen und zu dokumentieren. Das Team ist nicht der Ort für Mitläufer und Duckmäuser, aber auch nicht für Abteilungsegoismus.

Die *Strukturen* eines Teams nach innen und außen sind nicht leicht darzustellen. Es bedarf nicht nur klarer, präziser Zielvorgaben, sinnvoller Aufgabenteilungen bis hin zu detaillierten Aufgaben- oder Stellenbeschreibungen, sondern es müssen auch Informations-, Verfügungs-, Antragsbefugnisse bis zur Anordnungskompetenz geregelt sein. Damit sollen unnötige Mißverständnisse, Schnittstellenprobleme und Beziehungsprobleme zu anderen Teams oder den hierarchischen Instanzen vermieden werden. Vermeintliche Kompetenzüberschreitungen sollten von allen Beteiligten behutsam geklärt werden und erfordern insbesondere die Unterstützung und Verantwortung des Top-Managements für das Teamprojekt.

Die optimale *Teamgröße* liegt bei drei bis acht Mitgliedern, bei Gruppen eher sieben bis zehn. Teams mit mehr als acht Mitgliedern verlieren an Leistung und Effizienz. Die ideale Teamgröße und -zusammensetzung soll der Komplexität der Teamaufgabe entsprechen und außerdem dafür sorgen, daß

Effektivität steht im Vordergrund.

• die von der Führung und vom Team gewünschten Leistungen erreicht werden,

• die Vielfalt und Wichtigkeit der Details nicht übersehen wird,

• der mögliche geistige Horizont ausgenutzt wird und im Bedarfsfall sporadisch Spezialwissen von außen abgerufen wird,

• genügend Interaktionsmöglichkeiten der Mitglieder im Team bestehen,

• individuelle Bedürfnisse und unterschiedliche Denkansätze ausreichend genutzt werden,

- die geforderte Schnelligkeit bei der Problemlösung nicht gehemmt wird,

- nicht zuviel Aufwand und Schwierigkeiten beim Organisieren und Koordinieren, beim Verarbeiten von Meinungsverschiedenheiten zu betreiben ist,

- die gemeinsame Terminplanung und die Zeit für die aktive Beteiligung der einzelnen an den Problemlösungen noch akzeptabel bleibt,

- sich für alle Teammitglieder die gleiche Chance zur persönlichen Einbringung in die Teamarbeit bietet,

- eine konstruktive und engagierte Beteiligung in der Gruppe gefördert wird.

Anderenfalls steigt die Gefahr, daß der Ansporn zur Leistung, die Motivation und die Verantwortung in der Gruppe sehr bald nachlassen und verlorengehen. Bei großen Teams sollte lieber geteilt werden.

Miteinander reden statt dreinreden.

Teams sind hierarchie- und herrschaftsfrei zu führen. Jeder muß sich im Team arrangieren, nicht rivalisieren oder gegeneinander opponieren, sondern sich selbst mit den anderen koordinieren. Teamleistung entsteht nicht aus der Summe verschiedener Einzelleistungen, sondern aus der **Koordination** und **Synergie** der Zusammenarbeit. Die ständige Sicherung der Dialogfähigkeit, sofortige Konfliktbewältigungen, die schnelle Reaktion auf Verhaltensabweichungen erfordern eine starke Führung im Team.

Teamarbeit heißt jedoch nicht Gleichmacherei von Individualitäten, sondern grundsätzliche **Gleichwertigkeit** der Teammitglieder, keine Uniformität, aber auch keine Anarchie. Weder Funktionstrennungen in Führende und Geführte, weder Statusunterschiede zwischen Über- und Unterprivilegierten, weder Über- noch Unterordnung, noch persönliche Abhängigkeitsbeziehungen sollen die Effizienz und den Erfolg des Teams schmälern.

Teammitglieder arbeiten mit gleichen Befugnissen, Verantwortlichkeiten und Verpflichtungen. Sie haben zusammenpassende Fähigkeiten, Zielvorstellungen und Motive, die sie mit wechselseitiger Ergänzung miteinander koordinieren. Sie benötigen im Team keine Titel, Statussymbole, Beweise früherer Verdienste, sondern solche Merkmale haben für die Dauer der Zugehörigkeit zum Team vollkommen in den Hintergrund zu treten.

Gleichwertigkeit fördert die gegenseitige Akzeptanz.

Die *Teamführung* ergibt sich aus einem gruppendynamischen Prozeß. Der Teamführer wird von den Mitgliedern bestimmt oder gewählt. Er ist entweder der Generalist oder der begabteste Koordinator für die Spezialisten, er hat starke kommunikative Kompetenz und hervorragende Moderationseigenschaften. Er soll weder Chef, Antreiber oder Befehlsgeber sein, sondern als primus inter pares "Führungskraft ohne Vorgesetztenfunktion" (Decker 1994, S. 17) sein. Er ist im Team ranggleich mit allen Teammitgliedern, wird vom Team akzeptiert und auch als Spezialist für Problemlösungen, Prozesse, Methoden und Integration permanent gefordert.

Die Ausbildung der Teamführer (es können in Abhängigkeit der Kompetenzen wechselseitig auch mehrere in der Gruppe sein, also ein Führungsteam) ist von besonderer Bedeutung. Sie sollen Anreger, Initiatoren, Impulsgeber, Promotoren, Visionsstifter wie auch Katalysator, Vermittler, Coach, Mentor und vor allem Moderatoren sein. Darauf wird noch einzugehen sein.

Die Teamführer kümmern sich um die optimalen Bedingungen zur Zusammenarbeit der hochqualifizierten Spezialisten, sorgen für kreativitätsfördernde Methoden und Prozesse, stimmen die Zielvorgaben und Aufgabenstellungen ständig ab, lösen logistische Probleme und fassen die einzelnen Aktivitäten

Teamfreundliche Atmosphäre und Freiräume durch gute Führung.

zusammen. Sie helfen Spannungen zu lösen, tragen zum reibungslosen Ablauf durch ihren kooperativen Arbeitsstil bei und lotsen das Team durch alle kritischen Phasen seiner Zusammenarbeit.

Nach außen ist der "team leader" Sprecher und Repräsentant des Teams, der Beauftragte, der die Beziehungen zur übrigen Organisation zu managen, Information einzuholen und die Ergebnisse der Teamarbeit an die zuständigen Instanzen zu vermitteln hat.

Inwieweit sich solche Idealvorstellungen in der Praxis realisieren lassen, hängt natürlich sehr von den Trainings- und Schulungsmaßnahmen für solche Teamführer ab, als auch von der Bereitschaft im Unternehmen, solche Team-Strukturen zuzulassen, zu nutzen und konsequent umzusetzen. Und es gilt eine Fülle von Störfaktoren von den Teams fernzuhalten oder zumindest sich solcher Stör- und Risikofaktoren bewußt zu sein.

Störfaktoren in der Teamarbeit

Als Störfaktoren gelten diejenigen Einflüsse, die das Teamkonzept als solches in Frage stellen und den Teamgeist erheblich gefährden.

• Sobald die Inkompetentesten und Leistungsschwächeren die Leistungs- und Verhaltensnormen eines Teams maßgeblich beeinflussen, führt auch die Leistungsanpassung des Gesamtteams zu schwächeren Ergebnissen. "Das Team kann unqualifizierte Mitglieder nicht mitschleppen, ohne sich selbst auf Dauer zu schwächen" (Francis/Young 1989, S. 83). Ein Beispiel für negative Synergie.

Die persönliche Individualität darf nicht untergehen.

• Überzogenes Wir-Gefühl, das Übertreiben von gleichem Denken und Verstehen, der Zwang zu kollektivem Verhalten, die Überbetonung von Gemeinschaftlichkeit, Harmonie und Sympathie blokkieren jede Initiative zu persönlicher Individualität und zu kreativem, alternativem Denken.

• Der Mangel an Wir-Gefühl führt hingegen häufig zu erheblichen Unterschieden in der Aktivität und Motivation der einzelnen bis hin zu Aufsplitterung in Cliquen oder sogar zum Rückfall in egozentrische Einzelkämpferpositionen. Die Gruppe fliegt allmählich wieder auseinander.

• Mangel an Koordination und gegenseitiger Akzeptanz lassen Individualisten erneut zu Mitteln der Selbstprofilierung greifen zu Lasten des Gruppenzusammenhalts.

• Einzelne Teammitglieder verspüren wieder den Drang zu dominieren und zu hierarchisieren. Fachkompetenz, Redegewandtheit, ihre Position im Unternehmen, vermeintliche Wichtigkeit der eigenen Person lassen erneut "Hackordnungen" und Konkurrenzverhalten aufleben.

Profilneurosen schwächen jedes Team.

• Routine und standardmäßiges Verhalten führen oft im Team zu Langeweile, Reduzierung der Einsatzfreude, zu sozialem Faulenzen und Ausruhen auf Kosten der anderen, zu Team-Müdigkeit oder zum Gefühl, "ausgedient" zu haben. Infolgedessen wird das Team letztlich funktionsunfähig, demotiviert, frustriert und sieht eine Fortsetzung der Teamarbeit nur noch als Zeitverschwendung an.

Störfaktoren in der Teamarbeit sind nicht zu unterschätzen und erfordern die gesamte Aufmerksamkeit der Moderatoren und Teamführer. Sie sollten schon sehr bald und mindestens einmal als gemeinsames Gruppenthema im Team angesprochen, diskutiert und damit bewußt gemacht werden. Das Team als Ganzes und jedes einzelne Teammitglied kann dann jederzeit auf die daraus abgeleiteten gemeinsamen Vereinbarungen reflektieren und sehr früh den Anfängen wehren (s. Abb. 3: Störfaktoren in der Teamarbeit).

Störfaktoren sind nicht zu unterschätzen.

---

1. Identitätsprobleme

Ungenügend entwickelter Teamgeist, mangelndes Vertrauen untereinander, nicht vorhandene Team-Identität, Distanz der Führungskräfte.

2. Autoritätsprobleme

Dominanz des Teamleiters, Bevorzugung von Ressortdenken, ungleiche Behandlung von Teammitgliedern, Mangel an sozialer Geschicklichkeit und Durchsetzungskraft, Mangel an Fachkenntnissen, Informationen und Argumenten.

3. Entscheidungsprobleme

Mißverständliche Zielvorgaben und unklare Zuständigkeiten, Schwierigkeiten in der Unterscheidung von Wichtigem und Dringlichem, unklare Zeitvereinbarungen, Bereichsegoismen, unzureichende Kompetenzen und Aufgabendelegation, bewußte Verzögerungen, zu viel Analyse.

4. Kommunikationsprobleme

Mangelnde Offenheit, nicht gelernte Kommunikation, Zurückhalten von Informationen, Mangel an Durchsetzungsvermögen, Sprechfähigkeit, Sprechbereitschaft, Verzicht auf Argumentationen, Durcheinanderreden.

5. Konfliktbearbeitung

Interessenskonflikte in der Gruppe, Konflikte zwischen Team und Teamleiter, Kompetenzstreitigkeiten mit der Gesamtorganisation, fehlende Konfliktbereitschaft und -fähigkeit, Ängstlichkeit bei Meinungsverschiedenheiten.

6. Probleme mit abweichenden Meinungen

Mangelnde Bereitschaft zuzuhören und sich mit anderen Meinungen auseinanderzusetzen, bloßes Mehrheitsdenken, lächerlich machen von Ideen, Ignoranz gegenüber genialen Einfällen und "Spinnereien", Herunterbügeln Andersdenkender, ungenügende Akzeptanz von erforderlichen Kompromissen, mangelnde Selbstkritik.

Abb. 3: Störfaktoren in der Teamarbeit

7. Ständiger Zeit-, Leistungs-, Konkurrenzdruck

Ignoranz der Führungskräfte, Hektik des täglichen Arbeitsprozesses, mangelndes Vertrauen und fehlende Akzeptanz untereinander, fehlender Mut zu Teillösungen, Profilierungssucht einzelner, unterschiedliches Leistungsniveau im Team.

8. Probleme mit der Geschäftsordnung

Schwierigkeiten mit räumlichen, klimatischen Bedingungen, mit zeitlichen Rahmenbedingungen, Störungen von außen, schlechte Moderatoren-, Gruppenvorbereitung und -leistung, keine Pünktlichkeit, mangelnde regelmäßige Freistellung für Gruppenarbeit.

9. Beziehungsprobleme

Ständiges Vermischen von Sach- und Beziehungsebene, Griff in die "Beziehungskisten", Killerphrasen, Mangel an Offenheit und Vertrauen, Gewinner-Verlierer-Positionen, Mangel an Kompromißbereitschaft.

10. Mißverhältnis von Aufgaben- und Erhaltungsrollen

Zu starke Konzentration auf Sachthemen (Initiativen, Interpretationen, Koordinierung, Zusammenfassung), zu wenig Bemühen um Offenheit, Harmonisierung, Aufmunterung, Spannungsverminderung, Stimmung und Begeisterung, zu wenig Platz für Gefühle.

11. Probleme der unterschiedlichen Mentalitäten

Zu starke Kontraste und zu wenig Akzeptanz zwischen Logikern / sachlichen Typen und den Intuitiven / gefühlsbetonten Kreativen / "Spielern", linke/rechte Gehirnhälfte)

Abb. 3 (Fortsetzung): Störfaktoren in der Teamarbeit

Alle Teammitglieder müssen lernen, Störfaktoren, die sie an sich oder anderen beobachten, direkt anzusprechen. Die Sensibilisierung und die Diagnosefähigkeit jedes Teammitglieds für solche Prozesse im Team sollten durch entsprechendes Teamtraining, wie z.B. durch Konflikttraining, gruppendyna-

Störfaktoren sofort ansprechen.

mische Bewußtseinsbildung, Feedback-Übungen, Coaching-Übungen bis hin zur Transaktionsanalyse verbessert werden. Das vermeidet so manche interne Zerreißprobe und unterstützt zudem den Teamerfolg.

Wie wichtig ist die Teamfähigkeit?

Ideen und Nutzen des Lean Managements nach japanischem Vorbild wurden natürlich von Zweiflern, Opportunisten, von den Bequemen und Statischen, aber auch von kritischen Denkern sehr schnell in Frage gestellt, da die Japaner als Angehörige eines anderen Kulturkreises und einer anderen Religionsgemeinschaft wegen ihrer Lebensform schon für ein höheres Maß an Teamfähigkeit prädestiniert seien.

Sozialkompetenz wird in der Ausbildung kaum gefördert.

Die Erfahrung zeigt, daß der Erwerb von Teamfähigkeit für Einzelpersonen wie für eine Gruppe ein langwieriger und schwieriger Prozeß sein kann. Die jahrelangen Einflüsse unseres Erziehungs- und Ausbildungssystems in Elternhaus, Schule, Hochschule, Unternehmen fördern eher andere Strukturen und Wertvorstellungen. Sozialkompetenzen wurden dort zumindest nicht als besonders förderwürdig angesehen.

Das Denken und Argumentieren in "Ich"-Form, in Konkurrenz zu allen anderen, mit einem ausgeprägten Selbstbehauptungstrieb wird durch langwierige Erziehungsprozesse zu Hause und in der Schule unterstützt. Individuelle Leistungen werden in unserer Gesellschaft individuell gefördert und honoriert. Nur so ist der soziale, finanzielle und hierarchische Aufstieg für den einzelnen zu erreichen. Profilierung auf Kosten anderer.

Ellenbogenmentalität contra Teamfähigkeit.

Dies fördert den Hang zum Egoismus, zur Ellenbogenmentalität, zum Sich-durchsetzen-wollen gegen Mitmenschen, Immer-gewinnen-wollen, ständigen

Imponiergehabe, Überlegenheitsdrang, Mehr-gel-
ten-wollen, zur Intoleranz gegen das Anderssein,
zum Nicht-teilen-wollen, Vorteilsstreben, Verdrängen und Verschweigen von Mißerfolgen. ICH steht
vor dem WIR. ICH muß es schaffen, ICH muß mich
durchsetzen, ICH will siegen, ICH bin der Größte,   ICH steht vor WIR.
ICH will es weiter bringen.

Schon in den Schulen werden von den Schülern
vor allen Dingen Einzelleistungen verlangt, die in
krassen Wettbewerb ausarten. Rivalität, Aggressivität, Rücksichtslosigkeit und die Ich-Bezogenheit
werden gefördert. Unterstützt wird dies zudem
noch durch die wachsenden Defizite der häusli-
chen Erziehung. In der beruflichen Praxis tun sich
dann die mehr oder weniger lang "Verbildeten"
sehr schwer, sich in neue soziale Strukturen einzu-
fügen. Glücklich sind diejenigen, die eventuell in
anderen sozialen Gemeinschaften wie Vereinen,
Interessengemeinschaften, Sozialdiensten, Freundeskreisen und dgl. den Umgang mit anderen Menschen, das gemeinsame Agieren, das Füreinander-
Einstehen sowie Kommunikations-, Dialogfähigkeit
und Sensibilität für andere Meinungen, also ihre soziale Kompetenz, ausreichend entwickelt haben.

Während früher die Karrieredominanz, unsolidari-   Verpflichtung zum
sches Konkurrenzdenken, Profilierungssucht und   Teamdenken
Ausnutzen von Wissensvorsprüngen gefördert und   wächst.
belohnt wurden, setzt sich nun in den Führungsebenen mehr und mehr die Verpflichtung zu Teamfähigkeit durch. Anders werden nämlich die
innovativen Veränderungsprozesse in der Zukunft
kaum zu bewältigen sein.

Welche Anforderungen werden an Teammitglie-
der gestellt?

"Die Fähigkeit und Bereitschaft des einzelnen, in   Teamfähigkeit
einem Team an der Erreichung festgesetzter bzw.   beinhaltet viele
vereinbarter Ziele menschlich und sachlich wir-   Eigenschaften.

kungsvoll mitzuarbeiten" (Schneider/Knebel 1995, S. 58), ist schon eine wesentliche Voraussetzung für die Teamarbeit. Darüber hinaus sollten weitere persönliche Eigenschaften und Anforderungen bezüglich der Teamfähigkeit gewährleistet sein und regelmäßig trainiert werden. *Team-Mit-Arbeiter* sollten in der Lage und bereit sein:

- offen zu kommunizieren,

- sich verständlich auszudrücken,

- gut und aktiv zuzuhören,

- sich bemühen, zu verstehen,

- zu sagen, was ihnen nicht paßt,

- Kompromisse auszuhandeln und zu akzeptieren,

- sich freiwillig einzuordnen,

- sich rücksichtsvoll und zuverlässig zu verhalten,

- ressortübergreifende Themen zu erfassen und kooperativ zu lösen,

- gemeinsame Ziele wichtiger anzusehen als das Durchsetzen der eigenen Ziele,

- präzise, umfassend und vorbehaltslos zu informieren, Mehr-Wissen und -Erfahrungen weiterzugeben,

- konsensfähig zu argumentieren ohne Verzicht auf selbständiges Denken,

- sich aktiv an der Meinungs- und Willensbildung im Team zu beteiligen und gegenseitig zu unterstützen,

- sich aufgeschlossen und tolerant mit Meinungen und Beiträgen anderer Teammitglieder konstruktiv auseinanderzusetzen,

- ungewöhnliche Ideen, andere Standpunkte, innovative Lösungen auch der anderen zu fördern,

- sich gegenüber eigenen Ideen flexibel zu verhalten und andere Vorschläge freizügig aufzunehmen und objektiv zu bewerten,

- sich offen mit Kritik durch Teampartner zu beschäftigen und Fähigkeiten in der Kritikbewältigung zu entwickeln,

- gemeinsame Normen und Regeln zu achten und zu unterstützen.

Nur dadurch entwickelt sich ein echtes WIR-Gefühl und dauerhaftes synergetisches Erfolgspotential im Team. Jeder gibt zwar einen Teil seiner Identität auf, erhält aber eine höhere Identität in der Gruppe zurück.

3.3 Teamentwicklung ist ein langer Prozeß

Wie und in welchen Schritten entsteht denn ein Team?

Die häufigsten Auslöser für Teamarbeit sind z.B. Projekte, Sonderaufgaben, regelmäßige gemeinschaftliche Aktivitäten und Planungen, aber auch immer mehr prozeßorientierte Strukturveränderungen. Teams sind also in der Regel erst neu zu initialisieren, zu organisieren und zu entwickeln. Die Mitglieder eines solchen Teams müssen sich erst aneinander gewöhnen und ihr Verhalten aufeinander abstimmen.

In der *Startphase* werden zunächst sowohl Informationen gesammelt, Ziele formuliert, die Vorgehensweise abgestimmt, sich untereinander mit Kompetenzen und Fähigkeiten bekannt gemacht, Aufgaben beschrieben. Das Verhalten der anderen und vielleicht auch der eigenen Person in der Interaktion wird beobachtet: Welche Unsicherheiten,

Aller Anfang ist schwer.

Unzufriedenheiten gibt es? Wo gibt es Übereinstimmungen, wie sind die Reaktionen, gibt es Mißtrauen? Wie ist die Akzeptanz von innen und auch außen? Wie flexibel verhält man sich bezüglich der gewohnten Standards? Wie stark ist die Selbst-Orientierung ausgeprägt? Das Team übt und versucht WIR-Gefühl zu entwickeln.

Konflikte sind fast unvermeidbar.

Sehr früh könnte schon die erste *Konfrontationsphase* entstehen, wo Rivalitäten entstehen, Konflikte durchbrechen. Dabei werden z.B. Widerstände gegen die Vorgehensweise und Aufgabenzuteilung deutlich, hier werden Versuche unternommen, Aufgaben und Themen zu bestimmen oder auszugrenzen, hier tauchen auch manchmal Entweder-Oder-Argumente auf. Zum anderen kommt es zu wechselseitigem Mißtrauen, Aneinander-Vorbeireden, weitschweifenden Auseinandersetzungen, gegeneinander gerichteten Aktionen und Einflußnahmen, oder es geht um die Verteidigung der eigenen Rolle und Position. Dominieren und Durchsetzung von Eigeninteresse auf Kosten der übrigen Gruppenmitglieder und heftige Meinungsverschiedenheiten sind typisch für diese Phase.

Nun kann es sein, daß das Team mit diesen Schwierigkeiten recht unvorbereitet konfrontiert wird. Es hat jedoch keinen Sinn, solche Spannungen und Konflikte zu verdrängen, sondern sie sind sofort anzusprechen, sichtbar zu machen und auszudiskutieren.

Jede Organisation braucht ihre Spielregeln.

Wenn die ersten chaotischen Konfrontationen überstanden sind, wird sich das Team sehr bald mit der *Organisation* beschäftigen. Es sind Strukturen, Rahmenbedingungen, Verfahrensweisen zu bestimmen, eine einheitliche Orientierung und Identität mit den Zielen zu finden. Offene Meinungen und Standpunkte sind zu klären und Funktionsaufteilungen festzulegen. In dieser Phase beginnt dann auch die Versachlichung der Beziehungen zueinander, werden dauerhafte Spielregeln in der Gruppe festgelegt, wird bewußt auf harmonische Zusammenarbeit und Konfliktvermeidung geachtet.

In der folgenden *Realisierungsphase* entwickeln sich dann mehr die Fähigkeiten des einzelnen, mit Problemen kreativ umzugehen, die Fähigkeiten des Teams, gemeinsame Problemlösungen methodisch und strategisch durchzuführen, sowie ein gewisses Verständnis für Selbstorganisation und aufgabenorientiertes Verhalten. Der einzelne ist mehr und mehr motiviert, Aufgaben im Team zu lösen, Informationen mit anderen zu teilen, gute Ideen anderer zu unterstützen und Übereinstimmungen zu erzeugen.

Die Teammitglieder stärken die Blickrichtung auf den gemeinsamen Erfolg, verspüren die Verantwortung füreinander, kennen und akzeptieren ihre Stärken und Schwächen und sind bereit sich gegenseitig zu helfen. Sie schätzen die gegenseitigen Anregungen und Ermutigungen, sie geben sich Feedbacks über ihre Zusammenarbeit und haben ein hohes gegenseitiges Vertrauen und Zusammengehörigkeitsgefühl sowie eine hohe Identifikation mit dem Team und dessen Zielsetzungen. (Vgl. Francis/Young 1992, Katzenbach/Smith 1993)

Akzeptanz
Vertrauen
Identifikation

Zur Erreichung eines derartigen Team- und Wir-Gefühls müssen das Team und dessen Umgebung Geduld und ein hohes Maß an Eigeninitiative aufbringen. Ein solcher Teambildungs- und -vervollkommnungsprozeß dauert einige Monate, aus der Erfahrung bis zu ersten Erfolgserlebnissen mindestens ein halbes Jahr, bis zur vollkommenen Reife und eigenen Zufriedenheit der Teammitglieder auch zwei Jahre.

Teamentwicklung durch Teamtraining

Intensive und vertrauensvolle Zusammenarbeit kann natürlich nicht erzwungen werden, sie wird

Exzellenz muß hart trainiert werden.

auch nicht durch Dozieren und Beschwören gefördert, sondern muß durch besondere Trainingsphasen oder durch gezieltes Weiterbilden in Projekten entwickelt werden. Das WIR-Gefühl wird dann von alleine entstehen. Die sozialen Fähigkeiten der Teampartner werden durch systematische und gezielte Übungen allmählich gesteigert.

Wie wir bereits erläutert haben, sollen traditionelle Rollenmuster der Selbstdarstellung und konkurrierenden Rivalität abgelöst werden durch Bereitschaft zur Teamfähigkeit: Gleichstellung und Gleichberechtigung, Bereitschaft und Fähigkeit zur Verständigung, offene Kommunikation und Information sowie Kooperation und rationale Konfliktbewältigung sind Merkmale von Teamfähigkeit.

Miteinander ohne Selbstaufgabe.

Damit *Teamfähigkeit* nicht nur ein Modewort bleibt, muß sie aktiv trainiert werden. Mitdenken, mitlösen, mithandeln, mitgestalten, mitverantworten, mitentscheiden erfordert einen gemeinsamen Lernprozeß im Team. Das Miteinander und das gemeinsame lösungsorientierte Handeln ohne Selbstaufgabe des einzelnen verlangen Veränderungen in der Einstellung und im Verhalten des einzelnen.

Ein Team, das erfolgreich sein will, muß die typischen Verhaltensmuster seiner Mitglieder kennenlernen. Das kann z.B. in dafür angesetzten *Seminaren* geübt sowie modellhaft und praxisnah erprobt werden. Der einzelne Teilnehmer erhält dabei die Chance, das eigene Verhalten in der Gruppe zu erleben, Rückmeldungen (Feedbacks) zu den Wirkungen des eigenen Verhaltens auf andere zu bekommen und neue, situationsbedingte, spontane Verhaltensweisen zu erproben. Er lernt sich und die anderen Teammitglieder in einer Art "Laborsituation" intensiver kennen und kann die hier gemachten Erfahrungen dann für sich auswerten und zukünftig verwenden.

Ein solches *Training* wird durch Feedback-Übungen, Selbstbild-Fremdbild-Gespräche, Rollenspiele, Kleingruppenarbeiten, Präsentationsübungen und Kreativitätsübungen, meist unter Anleitung eines externen Trainers, zu neuen Erfahrungen und Bewertungen bei den einzelnen Teammitgliedern führen. Die dadurch ausgelösten Veränderungen werden in der Einstellung und im Verhalten die viel zitierte "soziale Kompetenz" des einzelnen verbessern (s. dazu Kapitel 5)

> Es gibt eine Fülle praktikabler Trainingsmethoden.

Die *Lernziele* solcher Trainingsmaßnahmen liegen insbesondere

• in der Stärkung der Beobachtungsfähigkeit des eigenen und fremden Verhaltens und der Beurteilung von Stärken und Schwächen,

• in der Offenheit, zu eigenen Fehlern und Schwächen zu stehen, ohne durch Abwehrmechanismen Blockaden aufzubauen und sinnvolle Korrekturen zu unterlassen,

• im stärkeren Bewußtsein der persönlichen Identität und der eigenen Rolle als Teammitglied,

• in der verbesserten Sensibilität für andere und im Abbau von Vorurteilen,

• in der Verbesserung der Analysefähigkeit für soziale Beziehungen, für gruppendynamische Prozesse, für Spannungen und gegenseitige Abhängigkeiten in der Gruppe,

• in der Steigerung der Toleranz und des Verständnisses für das Verhalten, die Emotionen und die Probleme anderer Gruppenmitglieder,

• im Abbau von Konkurrenz- und Rivalitätsdenken und im Aufbau von Anerkennung und Vertrauen gegenüber den Partnern,

- in der Stärkung der Kontaktfähigkeit und in der Reduzierung von Berührungsängsten und Kommunikationsstörungen,

- in der Verbesserung der Kooperations- und Konfliktfähigkeit,

- in der Steigerung der Initiative und konstruktiven Mitarbeit in der Gruppe,

- in der Erhöhung der Kreativität, der Problemlösungsfähigkeit und der Bereitschaft zu innovativen Veränderungen.

Learning by doing bringt den nachhaltigen Erfolg.

Doch vergessen wir nicht, daß die Teilnehmer nach einem Seminar mit Modell- und Laborcharakter wieder in die alten, gewohnten Strukturen der Organisation zurückkehren und ihre Lernerfolge und Erfahrungszuwächse nicht sofort umsetzen können. Langzeiteffekte ergeben sich erst in der Projektpraxis durch *learning by doing*. Hier werden dann die Fähigkeiten zu beweisen sein, hoffentlich im Kreise gleichartig geschulter Kollegen.

Man muß auch mal etwas ausprobieren können.

Daher ist neben den off-job trainings auch "training on the job" erforderlich, bei dem aber ein gewisser Freiraum zur Erprobung der neuen persönlichen Umgangsformen und Beziehungsmuster noch gewährleistet ist, wo gemeinsam vereinbarte Feedback-Regeln gelten, in denen sich jeder an Kooperations- und Kommunikationsabsprachen halten will, wo gemeinsam teamstörende Verhaltensweisen sofort eliminiert und teamfördernde Aktivitäten forciert werden können. Hier muß und kann dann das Üben im Team bis zur Teamreife betrieben werden mit den schon beschriebenen Vorteilen und dem Nutzen für alle Beteiligten.

Teamtraining bietet ein hohes Maß an Persönlichkeitsentfaltung und wird deswegen auch von den Teammitgliedern als persönliche Bereicherung und Selbstverwirklichungsprozeß gesehen. Teamentwicklung ist also ein wesentlicher Bestandteil des umfassenden Veränderungsprozesses, der auf unsere Unternehmen zukommt bzw. in dem wir schon mittendrin stecken.

Teamentwicklung bedeutet Beschäftigung mit den Menschen des Teams

Es gibt eine Menge von Gruppierungen, die sich als Team bezeichnen und noch weit davon entfernt sind, ein "echtes Team" zu sein. "Echte Teams" entwickeln nämlich ein Höchstmaß an gemeinsamer Verantwortung und an gemeinsamem Vertrauen, entwickeln gemeinsame Leistungsziele und verlangen von allen Selbstdisziplin und Disziplin untereinander. Sie regeln Terminplanung, Themenfestlegung, Vorgehensweisen partnerschaftlich und verspüren den Team-Erfolg nicht nur in den Ergebnissen, sondern auch im Spaß und in der Begeisterung an der Zusammenarbeit.

"Echte Teams" sind noch selten.

Zu Beginn eines Prozesses, aber auch fortlaufend, sollte die Eignung von Teammitgliedern untersucht werden, indem ihre Teamfähigkeit, ihre Leistungen im Team und für das Team, ihre Aktivitäten und die Mitgestaltung im Team sowie ihr typisches Rollenverhalten bewertet werden (vgl. später Abb. 5: Interaktions-Prozesse und Abb. 6: Steuerung sozialer Prozesse).

Im Vergleich zur Beurteilung durch Vorgesetzte verspüren die Teammitglieder in dieser "Gleichgestelltenbeurteilung" in der Regel mehr Offenheit, mehr Akzeptanz und mehr Hilfsbereitschaft. Sie wollen aus dem Vergleich von "Selbstbild" und "Fremdbild" ihre Wirkung auf andere und deren objektive Einschätzungen ihrer fachlichen Kompetenzen kennenlernen, sie wollen ihre Fähigkeiten zur Problemlösung und Entscheidungsfindung und im Umgang miteinander selbst erfahren und zur persönlichen Weiterentwicklung nutzen. Dies verstehen wir auch als positives Beispiel moderner Unternehmenskultur.

"Gleichgestelltenbeurteilung" als Hilfe zur Verbesserung.

3.4   Teamfähigkeit ist gefragt

Nach welchen Kriterien könnte das Teamverhalten beurteilt werden? Welche Fähigkeiten werden angesprochen?

Sich in ein Team integrieren, auf andere eingehen und sich allgemein kollegial und fair verhalten. Gefühle, Anliegen, Probleme und Meinungen anderer erkennen, respektieren und darauf eingehen. Absprachen und Spielregeln einhalten; loyales Verhalten dem Gruppenentscheid gegenüber. Anderen bei Schwierigkeiten helfen. Das Gruppenklima durch ausgleichendes, schlichtendes Verhalten positiv beeinflussen. Mit offenen Karten spielen; Informationen nicht in irreführender Art und Weise benutzen. Kompromißbereitschaft. Zuhören, ohne andere zu unterbrechen. Keine Spannungen und Aggressionen erzeugen. Auf Angriffe nicht aggressiv reagieren.

(Domsch/Hofmann/Lattmann, 1993)

Das Verhalten im Team und damit auch die Beurteilung der Teamfähigkeit können sicherlich erst in der Gruppe beobachtet und entwickelt werden. Sozialkompetenz und Sozialverhalten sind selbst im "assessment center", also bei der Bewerberauswahl im Gruppenprozeß, nicht hundertprozentig erkennbar. Wir glauben auch, daß Mitarbeiterbeurteilungen durch die Gruppe selbst oder deren Leiter einen höheren und realitätsbezogeneren Nutzen bringen.

Es gibt viele Rollen in einer Gruppe.

Interessant ist natürlich, welche Rolle ein Mitarbeiter im Team einnehmen wird. Wird er die Rolle des Führers, Sprechers, des Tüchtigen, des Beliebten, des Experten, des Schiedsrichters einnehmen, oder ist er nur normales Mitglied, Helfer, Mitläufer oder Hüter der Normen, ist er gar Sündenbock oder Prügelknabe, oder befindet er sich in der Rolle des Gegners oder des Querdenkers. Schwierig wird es für ihn, wenn er zum Außenseiter wird oder sich selbst dazu macht. Wer die Normen der Gruppe nicht erfüllt, wird nicht aufgenommen oder wieder ausgegrenzt. Für eine Gruppe ist dies oft einfacher und unproblematischer als für einen Vorgesetzten, der sich durch vertragliche und soziale Rahmenbedingungen beeinflußt fühlt.

Wie kann ein Mitarbeiter seine Teamfähigkeit beweisen oder einbringen? Welche Fragen können wir uns dazu stellen?

- Wie unterstützt er (sie) die Zusammengehörigkeit und den Bestand des Teams?

- Wie beeinflußt er das Team in bezug auf die Zielerreichung?

- Kann er aufmerksam und aktiv zuhören?

- Verspürt er Spannungen, die im Team entstehen, rasch und hilft sie zu lösen?

- Unterstützt er Minderheiten im Team?

- Bemüht er sich um teamfördernde Aktivitäten?

- Macht es ihm Spaß, im Team zu arbeiten, und äußert er dies auch?

- Achtet er auf seine Wirkung auf das Team?

- Wie ist er arbeitsmäßig belastbar? Hat er sich unter Kontrolle?

- Wie ist sein Zeitverhalten in der Teamarbeit?

- Wie reagiert er auf Kritik in der Gruppe?

- Wie bewältigt er verständlichen Ärger?

- Wie ist seine Streitkultur?

All diese persönlichen Merkmale und auch noch einige andere sind entscheidend für die zwischenmenschlichen Beziehungen im Team als auch für das persönliche Selbstwertgefühl und die Möglich-

Teamfähigkeit und Teambereitschaft

Feedback-Übungen helfen bei der Selbstfindung im Team.

keiten der Selbstverwirklichung des einzelnen. Daher sollten auch während des Teamprozesses durch den/die Teamführer, aber auch in der Gruppe untereinander, partnerschaftliche Feedback-Übungen durchgeführt werden. Die Teilnehmer solcher Übungen sind aus unserer Erfahrung in der Mehrzahl sehr dankbar über die Anregungen und Informationen, die sie zu ihrem Verhalten in der Gruppe erhalten. Dies kann unterstützt werden durch persönliche "Patenschaften" und "Partnerschaften" nach klar vereinbarten Feedback-Regeln.

Was verstehen wir unter Feedback?

Feedback hilft beim Vergleich von Selbstbild und Fremdbild.

Feedback ist die Information darüber, wie ich auf andere wirke. Durch Feedback teilen mir andere Menschen mit, wie meine Verhaltensweisen von ihnen wahrgenommen, verstanden und erlebt werden. Wir vergleichen also unser *Selbstbild* mit dem *Fremdbild* eines von uns akzeptierten Teampartners.

Oft machen wir uns ganz falsche Vorstellungen darüber, wie wir auf andere Menschen wirken. Zum Beispiel glaubten 83 von 100 Führungskräften, daß ihre Mitarbeiter sie als kooperative Vorgesetzte einschätzen würden. Tatsächlich wurden 86 von 100 als mehr oder weniger autoritär bezeichnet.

Feedback ist eine große Lernchance.

An diesem Beispiel wird deutlich, welche *Lernchancen* uns das Feedback bietet. Solange ich annehme, daß Selbst- und Fremdbild übereinstimmen, werde ich weder mein Verhalten überprüfen und ändern noch sonst eine Gelegenheit wahrnehmen, die Einstellung des anderen zu mir zu korrigieren. Erst wenn ich erfahre, wie der andere mich wirklich sieht, ist eine Annäherung möglich.

Das heißt noch nicht, daß ich beim leisesten Anzeichen einer Nicht-Übereinstimmung mein Gesicht, meine Meinung, mein Verhalten wie ein Chamäleon den Erwartungen meines Umfeldes anpasse. Diese Haltung wäre sicher genauso wenig effektiv wie die des selbstgerechten Hagestolzes: "Die Meinung anderer Menschen kümmert mich nicht!" oder die des "taktischen" Schweigers.

Bei jedem Feedback, das ich erhalte, kann ich mich fragen, ob die Wirkung, die ich erzielt habe, erwünscht ist oder nicht. War sie es nicht, so bleibt immer noch meine eigenverantwortliche Entscheidung, ob ich die Abweichung hinnehmen oder mein Verhalten ändern möchte.

Feedback ist keine Verpflichtung zur Anpassung.

Offenheit und aktives Zuhören ermutigen zu ehrlichen Rückmeldungen; dagegen verhindern Rechtfertigungen und Gegenangriffe das Feedback von den Feedback-Gebern. Erst wenn ich innerlich bereit bin, mein Verhalten in Frage zu stellen, um Neues zu lernen, werden für beide Seiten gewinnbringende Feedback-Situationen möglich. (Vgl. auch Abb. 4: Regeln für wirksames Feedback)

Menschen, die nach dem Motto erzogen wurden: "Vertraue auf Dich und sonst auf niemanden" oder "Setze Dich durch, zur Not mit Ellenbogen", haben auch gelernt, daß man nie sagen darf, was man denkt. Diese Menschen und Mitarbeiter werden allen anderen erst einmal mit Mißtrauen begegnen.

Sicherlich fragen Sie sich auch: "Was denkt der andere von mir?" Aber auch: "Wie kann ich meine Interessen durchsetzen, ohne daß die anderen dies merken?" Zwischenmenschliche Probleme haben meist nicht nur einen sachlichen, sondern oft überwiegend emotionale Hintergründe.

Daher ist es äußerst wichtig, daß Gruppen und Teams sich offen Feedbacks geben. Feedbacks sollten in Gruppen, die regelmäßig zusammenkommen, zu einer festen Einrichtung werden, vielleicht sogar im Anschluß an jede Zusammenkunft. So können sie vermeiden, daß sie sich als Gruppe oder einzeln einreden, nicht gut zusammenarbeiten zu können.

Damit wir Verhaltensreaktionen des anderen nicht falsch deuten, sollten wir uns durch offene Rückfragen vergewissern, ob wir seine Signale richtig interpretieren. Falsch gegebene Feedbacks, in denen bewertet und unpräzise Gefühle und Empfindungen ausgedrückt werden, helfen dem Feedback-Nehmer kaum, sich selbst und seine Wirkung auf andere besser zu verstehen. Sie führen eher zu defensiven Gegenargumentationen und Verteidigungen, als daß sie ihn bewegen, sich und sein Verhalten zu verändern.

Feedbacks dürfen nicht zur Meinungsbeeinflussung verwendet werden.

Wenn Feedbacks erst einmal geübt sind, werden die Vorteile von offenen Rückmeldungen schnell erkannt, weil Differenzen sofort geklärt werden können, bevor sie zu Aggressionen oder Blockaden führen. Feedbacks selbst dürfen aber nicht aus eigenen Aggressionen heraus formuliert werden, weil man jemanden umkrempeln will. Vorsicht auch mit Interpretationen, die automatisch zu Abwehrreaktionen führen können.

Prüfen Sie sich daher selbst: Warum geben Sie ein Feedback? Was wollen Sie damit erreichen? Was empfinden Sie dabei? Keine Besserwisserei oder Verurteilung. Prüfen Sie auch die Reaktion des Empfängers, damit Sie sicher sind, daß Sie nicht falsch verstanden wurden.

Teamfähigkeit beschreibt wichtige Qualitätsmerkmale der Teammitglieder

Teamfähigkeit im allgemeinen beschreibt eine Reihe von spezifischen Fähigkeiten, wie zum Beispiel Stärken in der Kommunikation, in der Kooperation und Identifikation, in der Konfliktbewältigung und Vertrauensbildung. Diese Fähigkeiten sind zum Teil

FEEDBACK - GEBER

- **Biete** Deine Informationen **an, zwinge** sie dem Empfänger **nicht auf.**

- Gib Dein Feedback, **um den anderen zu helfen.**

- Beziehe Dein Feedback auf **Verhaltensweisen, die der Empfänger auch wirklich ändern kann.**

- Gib Dein Feedback **möglichst bald** nach der Beobachtung.

- Gib Dein Feedback **beschreibend, nicht bewertend**, z.B. "Was Du getan hast, hat mir gefallen – hat mich gestört" und nicht "war gut - war schlecht".

- Schließe die **Möglichkeit des Irrtums** nicht aus.

- **1.** Beziehe Dich auf KONKRETE EINZELHEITEN, die Du selbst beobachtet hast. Belege alle Punkte mit Beispielen, so wie sie im Seminar bzw. im Alltag passiert sind.

- **2.** Zeige die konkreten AUSWIRKUNGEN auf.

- **3.** Drücke Deine GEFÜHLE bzw. Deine Betroffenheit darüber aus.

FEEDBACK - EMPFÄNGER

- **Höre genau zu** und kläre Mißverständnisse.

- **Verzichte auf Argumentieren und Rechtfertigen.**

- **Bedanke Dich** für das Feedback und **überdenke es kritisch.**

- Du kannst das Feedback durch Einschätzungen **von anderen überprüfen.** z.B. "Wirke ich auf Dich auch so autoritär?"

- **Wehre Dich dagegen, Dir Verhaltensweisen vorschreiben zu lassen. Treffe die Entscheidungen über Dein Verhalten selbst.**

Abb. 4: Regeln für wirksames Feedback

eine Frage der persönlichen Mentalität und des Charakters, aber auch der inneren Einstellung und der individuellen Wertvorstellungen. Sie sind durchaus trainierbar, zum Beispiel in der konkreten täglichen Zusammenarbeit, mit der Absicht und der Chance, Auswirkungen und unterschiedliche soziale Reaktionen direkt zu erkennen.

Durch gezielte Selbst- und Fremdbeurteilung zu neuen Stärken.

Zur Beurteilung der Teamfähigkeit der einzelnen Teammitglieder setzen wir zum Beispiel Fragebogen ein, die sowohl bei der Auswahl der Teammitglieder als auch während der Zusammenarbeit dem Teamführer und den einzelnen Teampartnern durch Selbstbeurteilung helfen, über Stärken und Schwächen nachzudenken, sie gemeinsam anzusprechen und über Feedback Veränderungsprozesse bei den einzelnen auszulösen.

Zur Bewertung des Interaktionsverhaltens eines Teammitglieds ist sehr gut der Kriterienkatalog nach Bales (1992) geeignet, in dem durch Gegenüberstellung von positiven und negativen Bewertungsansätzen die Unterstützung der Gruppenprozesse durch den einzelnen verdeutlicht und zugeordnet werden kann (s. Abb.5: Interaktions-Prozesse).

Ein anderer Bewertungskatalog für die soziale Kompetenz einzelner Teammitglieder wurde von Jeserich (1990, S. 75) erstellt. Der Katalog beinhaltet die Beurteilung von Sensibilität, Kontakt-, Kooperations- und Integrationsfähigkeit sowie von Informationsverhalten und Selbstkontrolle von Mitarbeitern (s. Abb.6: Steuerung sozialer Prozesse).

Welchen Grad an Konfliktfähigkeit und Toleranz, an Mitmenschlichkeit und Hilfsbereitschaft, an Dominanz und Durchsetzungskraft einzelne Personen z.B. im Team einsetzen, wird mit Sicherheit auf die Qualität der Teamergebnisse Einfluß nehmen. Sicherlich spielen auch Sympathie und Antipathie eine wichtige Rolle. Diese emotionalen Faktoren sollte man nicht unterschätzen oder ignorieren.

Beobachtungskriterien	Probleme der......
1. **Zeigt Solidarität,** bestärkt den anderen, spendet Hilfe, verteilt Belohnung.	Integration
2. **Zeigt Entspannung,** lacht, macht Späße, wirkt freundlich, zeigt sich zufrieden, zeigt eigene Gefühle.	Bewältigung von Spannungen
3. **Stimmt zu,** zeigt Anerkennung, begreift schnell, teilt und befolgt Auffassung, bejaht.	Entscheidung
4. **Gibt Empfehlung,** gibt Anleitung, macht Vorschläge, erkennt die Selbstbestimmung des anderen an, kontrolliert die Kommunikation	Kontrolle
5. **Äußert Meinung,** Bewertung, analytischer Befund, zeigt Gefühle, äußert Wünsche.	Bewertung
6. **Gibt Orientierung,** Auskunft, wiederholt, informiert, klärt, erklärt, bestätigt.	Orientierung
7. **Erfragt Orientierung:** Auskunft, Wiederholung, Klärung, Bestätigung, Information.	Orientierung
8. **Erfragt Meinung,** Bewertung, analytischer Befund, Kundgabe von Gefühlen, Wünsche.	Bewertung
9. **Erfragt Empfehlung,** Anleitung, Verhaltensregeln, Möglichkeiten des Verhaltens.	Kontrolle
10. **Stimmt nicht zu,** zeigt Ablehnung, zeigt formale Einstellung, verweigert Hilfeleistung.	Entscheidung
11. **Zeigt Spannung,** verlangt Hilfeleistung, lacht verlegen, zieht sich zurück.	Bewältigung von Spannungen
12. **Zeigt Feindseligkeit,** mindert Status des anderen, behauptet, verteidigt sich, bringt sich zur Geltung.	Integration

mehr

weniger

Abb. 5: Interaktions-Prozesse, Beobachtungen in einer Gruppe (nach Robert F. Bales)

Steuerung   sozialer   Prozesse

trifft
voll zu

trifft gar
nicht zu

1. Sensibilität

   1. Erkennt Probleme/ Gefühle anderer

   2. Berücksichtigt Gefühle und Bedürfnisse anderer bei seiner Zielsetzung

   3. Schätzt die eigene Wirkung auf andere realistisch ein

2. Kontakte

   1. Geht von sich aus auf andere zu / beginnt mit Gespräch

   2. Legt Ziele, Absichten, Methoden seines Verhaltens offen

   3. Bietet Beratung an

   4. Bringt anderen Vertrauen entgegen / unterstellt "guten Willen"

3. Kooperation

   1. Greift andere Meinungen / Ideen auf und führt sie weiter

   2. Hilft anderen aus Schwierigkeiten

   3. Setzt sich nicht auf Kosten anderer durch

   4. Teilt Erfolgserlebnisse mit anderen

   5. Setzt keine Pressionen/Machtmittel ein

4. Integration

   1. Erkennt, wo und wodurch Konflikte entstehen und strebt Lösungen an

   2. Richtet unterschiedliche / konkurrierende Interessen auf ein Ziel aus

   3. Definiert Spielregeln

   4. Geht auf Mitarbeiter / Kollegen ein, ohne sein Konzept aufzugeben

5. Information

   1. Versorgt andere mit Informationen

   2. Hält keine wichtigen Informationen zurück

   3. Hört zu, unterbricht andere nicht

   4. Nimmt sich Zeit für das Gespräch

6. Selbstkontrolle

   1. Reagiert auf Angriffe nicht aggressiv

   2. Wird nicht laut

   3. Erzeugt bei anderen keine Spannungen / Aggressionen

   4. Seine Stimmungslage kann vorhergesagt werden

Abb. 6: Steuerung sozialer Prozesse (Jeserich 1990, S. 75)

Andererseits sehen wir in der Teamarbeit eine gro-ße Chance für die Mitarbeiter, daß sie über die teamorientierte praktische Zusammenarbeit besser lernen, die Ursachen und Auswirkungen ihrer Antipathie zu untersuchen und gemeinsam zu klären und durch offene Feedbacks Selbsterfahrungsprozesse bei sich und den anderen auszulösen.

Kooperationsfähigkeit und -bereitschaft sind unverzichtbar

Zur Gestaltung von Teamarbeit sollten sich alle Mitglieder möglichst aktiv einbringen. Nur dulden, akzeptieren, mitmachen, zulassen, sind zu schwache Attribute bei der Teamgestaltung.

Kooperation erfordert aktive Unterstützung und eine Reihe sozialer Fertigkeiten bei jedem einzelnen Gruppenmitglied. Besonders kooperativ ist jemand, wenn er sich so verhält:

Kooperation aktiv unterstützen

– er verzichtet auf Machtmittel und Pressionen

– er greift andere Meinungen und Ideen auf und führt sie weiter

– er hilft anderen aus Schwierigkeiten

– er setzt sich nicht auf Kosten anderer durch

– er teilt Erfolgserlebnisse mit anderen

– er arbeitet konstruktiv in der Gruppe

– er trägt zur angenehmen Gesprächsatmosphäre bei

– er läßt andere zu Wort kommen und ausreden

– er versucht nicht, andere zu dominieren

– er hält nicht starr an seinen Lösungen fest

– er sperrt sich nicht gegen Kompromisse

- er versucht, Vorschläge aller Teilnehmer zu hören

- er wird von der Gruppe als kompetenter Gesprächspartner akzeptiert

- er vermeidet, Widerstände der Gruppe auf sich zu ziehen

- er hört Ausführungen anderer aufmerksam zu

- er setzt sich mit Vorschlägen anderer intensiv auseinander

- er reagiert auf Argumente anderer positiv und aktiv hinterfragend

- er will von anderen durchaus angesprochen und beachtet werden

Positiv denken erhöht die Energie.

Neben der Kooperationswilligkeit sollten Teammitglieder grundsätzlich eine positive Grundeinstellung und ein ausreichendes Maß an Energie in der Gruppe einbringen. Das fördert auch die Energie und die Leistungsergebnisse im Gesamtteam.

Ein "echtes Team" fördert die mentale Fitness des einzelnen. Das Teammitglied ist im Team entspannt, innerlich ruhig, geistig hellwach, optimistisch, hat Freude und Spaß an den gestellten Aufgaben, fühlt sich selbstsicher und konzentriert und entwickelt dadurch mehr Energie, als wenn es sich ständig mit anderen im Wettstreit befinden würde.

• Das Leistungsniveau ist der unmittelbare Ausdruck dessen, was ein Mensch empfindet. Hat ein Mensch das richtige Gefühl, dann stimmt in der Regel auch seine Leistung. Gut zu arbeiten ist die natürliche Folge der richtigen inneren Gefühlszustände. Streicheleinheiten halten länger vor als Bestrafungen.

• Im Grunde ist mentale Stärke oder Willenskraft die Fähigkeit, den richtigen inneren Gefühlszu-

stand herzustellen und aufrechtzuerhalten, in sich
selbst ein günstiges Klima zu erzeugen und zu bewahren, ungeachtet aller äußeren Umstände (vgl.
Abb.7: Mentale Fitness).

positive Energie	*negative Energie*
– Freude	– Angst
– Spaß	– Wut
– Liebe	– Haß
– Herausforderung	– Furcht
– Optimismus	– Negativismus
– Zielstrebigkeit	– Frustration
– Vergnügen	– Mißtrauen
– Zustand innerer Gelassenheit	– Zustand innerer Erregtheit und Hektik
– gute Konzentration	– schlechte Konzentration
– entspannte Muskeln	– angespannte Muskeln
hohes Leistungsniveau	*niedriges Leistungsniveau*

Abb. 7: Mentale Fitness

3.5 Beurteilung und Belohnung von Team- arbeit

Wie lassen sich Teamleistungen beurteilen?

Die Entwicklung eines Teams zu Höchstleistungen
gelingt am besten durch ein ständiges Feedback

Beurteilungen, die
helfen.

untereinander über die Leistungen des einzelnen und der Gruppe. Die Beurteilung durch die anderen, aber auch durch sich selbst hilft, Fähigkeiten und Verhaltensweisen des einzelnen zu fördern und ist gleichzeitig eine Chance, eigene Bedürfnisse gegenüber dem Verhalten der anderen zu formulieren.

Beurteilungen sollten nicht verwissenschaftlicht werden. Entscheidend ist, daß die Beurteilungsverfahren zielorientiert, gemeinsam entwickelt und von allen Betroffenen akzeptiert werden, sowie einfach, klar und verständlich sind.

Erwartungen vorher klären.

Auf alle Fälle ist es besser zu beurteilen, als gar nicht zu beurteilen. Denn dadurch kann erst zum Ausdruck gebracht werden, welche unterschiedlichen Erwartungen die Teammitglieder von jedem einzelnen als Beitrag zum Gruppenergebnis haben, und das fördert die Akzeptanz und die Orientierung für alle Beteiligten (vgl. auch Abb.6).

Für eine Beurteilung ist zunächst zu klären, ob für jeden einzelnen der persönliche Beitrag zur Teamleistung oder die Teamleistung als Ganzes beurteilt werden soll, ob durch den Teamführer und durch die Mitglieder untereinander beurteilt wird, ob mehr die fachlichen oder sozialen Fähigkeiten oder beide Aspekte gleichrangig bewertet werden.

Beurteilungen müssen ehrlich sein.

Beurteilungsgespräche in aller Offenheit im Team bedeuten schon einen hohen Reifegrad für das Team. Wenn Kollegen untereinander Tips zur Verbesserung von Eigenschaften, Verhaltensweisen, Einzelleistungen geben und dies als ehrliches Feedback verstanden wird, kann dies dem einzelnen helfen, seine Potentiale weiterzuentwickeln. Die Teammitglieder sollen sich jedoch darüber im klaren sein, daß Beurteilungen nie völlig objektiv sind, sondern immer mehr oder weniger subjektiv, auch wenn mehrere Mitglieder die gleiche Auffassung vertreten. (Schneider/Knebel 1995, S. 97)

In der Anfangsphase eines Teams sollte jedoch mit Beurteilungen sehr behutsam umgegangen werden, damit der einzelne innerhalb der Gruppe ohne Gesichtsverlust seine Schwächen zu akzeptieren lernt und daran arbeiten kann. Vielfach wird der Teamführer unter vier Augen nicht nur seine persönliche Beurteilung, sondern auch Signale aus der Gruppe wiedergeben, um dem Beurteilten zu helfen, die entsprechende Offenheit und Kritikfähigkeit zu entwickeln.

Faire Beurteilungen fördern die Offenheit.

Wenn sich die Gruppe über ihre Ziele und Anforderungen auch an den einzelnen im klaren ist, wird ein Beurteilungsgespräch im wesentlichen nur positive Auswirkungen auslösen. Die Lernbereitschaft des einzelnen wird verstärkt und der Wille zum gemeinsamen Erfolg wird über den persönlichen Erfolg gestellt.

Widerstände gegen Teambeurteilungsverfahren

In jeder Gruppe wird es leistungsstärkere und auch leistungsschwächere Mitglieder geben, was durchaus zu Spannungen bis hin zu Ausgrenzungen führen kann. Starke erfolgreiche Teams müssen solche Prozesse durchlaufen und ihre Konflikte ausleben. Sobald die Teamleistung als Gruppenergebnis in Mitleidenschaft gezogen wird, muß über Konsequenzen oder Abhilfen mit allen Beteiligten nachgedacht werden. Dies ist um so schwieriger, wenn ein Belohnungs- oder Vergütungssystem davon betroffen ist.

Leistungsstärkere erwarten in der Regel, daß ihre Leistungen in der Gruppe für ihre persönliche Förderung, ihren Aufstieg und ihre Entwicklung zumindest gesehen und honoriert werden. Dennoch sollten sie überzeugt werden, daß Gruppenleistung vor Individualleistung stehen muß und daß ihre persönliche Belohnung der Gruppenbelohnung unterzuordnen ist.

Der einzelne will beachtet werden.

Das könnte aber auch zu einer geringeren Identifikation mit der Gruppe und zu verminderter Motivation der Leistungsträger führen, wenn nicht gleichzeitig auch die Einzelleistung beobachtet und zusätzlich beurteilt wird. Da sich die Zusammensetzung von Teams häufig auch auf freiwilliger Basis arrangieren läßt, hätte jedes Mitglied dann die Möglichkeit, die Gruppe wieder zu verlassen.

Leistungsstarke fördern Leistungsschwache.

Leistungsstarke Mitarbeiter mit hoher Leistungsbereitschaft werden andererseits auch Leistungsschwächere beflügeln und mitreißen und die Leistungsstandards im Team hochschrauben. Diese sind dann zugleich auch Ziel- und Sinnvorgaben für alle Beteiligten.

Katzenbach/Smith (1993) haben in ihren umfassenden Untersuchungen über Hochleistungsteams herausgefunden, daß die größte Form der Belohnung für die Teammitglieder die Arbeit im Team selbst gewesen sei. "Die meisten Menschen bekommen nie die Chance, in einem solchen Team zu arbeiten. Ich selbst habe weder vorher noch nachher ähnliches erlebt. Aber ich möchte sofort wieder dabeisein."

Individualbeurteilung darf nicht untergehen.

Der wirkliche Anteil von einzelnen Mitgliedern am Gruppenergebnis läßt sich selten konfliktfrei ermitteln. Es sei denn, die Gruppenmitglieder einigen sich auf eine offene gegenseitige Beurteilung in einem gruppendynamischen Prozeß im Sinne einer gemeinsamen *Kollegenbeurteilung*. Eine solche Beurteilung wird aber unter Wahrung des Gruppenklimas eher zu einer Nivellierung in Entlohnungsfragen als zu einer starken Differenzierung führen. Solche Individualbeurteilungen sollten dennoch in der Gruppe zugelassen werden, da sie das Teamverhalten untereinander selbst in solchen angespannten Situationen verdeutlichen und die zwischenmenschlichen Beziehungen eher klären und damit auch festigen.

Jeder einzelne muß die Offenheit und das Vertrauen in solche gemeinsam entwickelten *Leistungserfassungssysteme* und Kataloge der Beurteilungskriterien mitbringen. Er kann dann auch selbstkritisch verfolgen, inwieweit er selbst oder die anderen angemessen zum Gesamtergebnis beigetragen haben, sowohl in den Sachfragen als auch im Verhaltensbereich. Damit kann auch jeder mit gutem Gewissen partizipieren an der Gesamtbelohnung und Anerkennung der Teamergebnisse.

Ergebnisorientierte Belohnungen in der Teamarbeit

Bei Belohnungen dürfen wir natürlich nicht nur an Entlohnungen denken. Sicherlich spielt Geld als Belohnungsart eine große Rolle. In der heutigen Freizeitgesellschaft sind dagegen zusätzliche Freizeit oder Urlaubstage, Incentive-Reisen, zusätzliche teure und attraktive Schulungsveranstaltungen, interessante geschäftliche Auslandsreisen, "gesponserte" Teamveranstaltungen, Berichte und Publikationen über die Erfolge in der Teamarbeit, Aushänge, Ehrungen, flexiblere Arbeitszeitregelungen und vieles mehr von den Mitarbeitern ebenso geschätzte Belohnungen für ihren besonderen Einsatz und den Erfolg im Team. Damit können auf eine für die Mitarbeiter angenehme Weise das Leistungsprinzip und der Leistungsanreiz im Unternehmen bestätigt werden.

> Belohnungen sind wichtig, aber Motivation läßt sich nicht kaufen.

Selbst wenn klar ist, daß Leistung Gegenleistung verlangt, sollte man aufpassen, der Leistungsvergütung für Teamarbeit nicht einen zu hohen Stellenwert beizumessen. Viel bedeutender für den Teamerfolg ist das Führungs- und Arbeitsklima (Schneider/Knebel 1995, S. 108). Dennoch können wir sicherlich behaupten:

> Übertriebene Belohnungen vergiften das Kooperationsklima.

- Die meisten Beschäftigten brauchen zusätzliche Fremdmotivation, weil die Eigenmotivation im Streß häufig untergeht.

- Intelligente Erwachsene brauchen intelligente Motivationsgründe, denn sie denken wie Kunden nutzenorientiert.

- In allen Fällen müssen Unternehmen das Verhalten belohnen, das sie haben wollen, damit die Motivation bewußter erlebt und zugeordnet werden kann.

- Es sollen jedoch nur Resultate belohnt werden, nicht Tätigkeiten, um die Zielorientierung im Team zu unterstützen.

- Nicht Standardleistungen sollen belohnt werden, sondern das Übertreffen erwarteter Leistungen oder zumindest das Erreichen der vereinbarten Ziele.

Zielvereinbarungen helfen gegen Willkür.

Ohne Zielvereinbarungen ist es schwierig, standardisierte, durchschaubare Leistungszulagen oder Prämien zu gestalten. Wenn die Gefahr besteht, daß die Willkür von Vorgesetzten oder Gremien bei der Belohnung zum Tragen kommt, ist der Sinn und die Motivation von Leistungsfördermaßnahmen in Frage gestellt.

Bei der Belohnung gibt es viele Einflußgrößen.

Individuelle Leistungszulagen müssen für individuelle Ziele, Gruppenprämien für Gruppenziele und das Teamergebnis vereinbart werden. Die Verknüpfung zwischen Zielerreichung und Entgelt sollte jedoch nicht ohne den Betriebsrat realisiert werden, da auch hier objektiv vertretbare Maßstäbe gefunden werden müssen. Die Gewichtung der einzelnen Ziele, der Zielerreichungsgrad, die Schwierigkeiten bei der Zielerreichung, der Einsatz von Ressourcen, der Zeitaufwand und Kostenaufwand, die Beeinflußbarkeit durch die Teammitglieder, die qualitativen Voraussetzungen und Schulungsmaßnahmen sowie eine Reihe von anderen Bewertungsfaktoren können ein Leistungs-Beurteilungssystem sehr kompliziert machen.

Ziele sollten vor allem auch quantifizierbar sein. Geht es zum Beispiel um

Quantifizierbare Zielvorgaben dürfen nicht fehlen

– die Senkung der Fertigungskosten

– die Reduzierung von Durchlaufzeit, von Ausschuß oder Nacharbeit, von Reklamationen

– die Senkung von reparaturbedingten Ausfallzeiten,

– die Verkürzung von Entwicklungszeiten,

– die Erhöhung der Kapazitätsauslastungen?

In allen Fällen sollten quantitative Meßgrößen und Zielvorgaben vereinbart werden.

Die Gruppen werden sich in der Regel solche *Zielgrößen* selber vorgeben, selbstverständlich orientiert an den strategischen Zielvorgaben des Unternehmens. Die Produktivität des Arbeitsplatzes (Mengenausstoß pro Zeiteinheit), die Fexibilität des Arbeitseinsatzes der Gruppenmitglieder (Austauschbarkeit und Vertretbarkeit untereinander), die Anzahl neuer Ideen (Verbesserungsvorschläge), das Qualitätsniveau (Fehlerquote und -häufigkeit), die Arbeitssicherheit (Anzahl Unfälle), die Durchlaufzeit von Aufträgen, die Erfolgsquote von Anfragen könnten Zielvorgaben für eine Gruppe sein.

Ideen für teamorientierte Entlohnungssysteme

Wenn wir davon ausgehen, daß der Geschäftserfolg nicht nur durch das Verhalten einzelner Mitarbeiter, sondern im wesentlichen durch das Leistungsergebnis der Gruppe bestimmt wird, dann ist es zunächst auch logisch und legitim, die *Orientierung einer gemeinsamen Vergütung* (Prämie, Zulage) an einem gemeinsam erbrachten Ergebnis vorzunehmen. Das fördert zudem die Identifikation mit dem Ergebnis und die Gruppenentwicklung.

Neben den Grundentgelten werden in der Praxis in den verschiedenen Modellen zum Beispiel folgende *Zulagen* für Mitarbeit im Team gezahlt:

– Zulagen für die Zielerreichung des Teams

– Zulagen für persönliche Leistungen in und außerhalb des Teams

– Zulagen für Weiterbildungs- und Qualifikationsanstrengungen der Mitarbeiter (Anreiz zum Lernen) im Team

– Zuschläge für Innovationsarbeit

– Zulagen auf Grund teamorientierter Beurteilungskriterien (s. Beurteilungskriterien von Siemens)

– Zulagen für Selbstverantwortung, Kooperation, Initiative, offene Kommunikation (schwer zu bewerten)

– Zulagen für Nachwuchsförderung und Mitarbeitertraining im Team

---

Beurteilungskriterien von Siemens:

(Skalierung: "entspricht nicht der Erwartung" bis "übertrifft in hohem Maße die Erwartung")

1. **Betriebliches Zusammenwirken:**

   Gruppenfähigkeit, Verantwortung, Informationsaustausch, Arbeitsdurchführung, Motivation

2. **Flexibilität/Arbeitseinstellung**

   Vielseitigkeit, Einsatzbereitschaft, Lernwilligkeit, Arbeitsverhalten, persönliche Entfaltung, Ausdauer

3. **Problemlösung**

   Problemlösungsfähigkeit, Initiative, Motivation

4. **Qualitätsverbesserung**

   Optimierung der Produktion, Ordnung und Sauberkeit.

Entscheidend für uns ist, daß Kriterien gewählt werden, die beeinflußbar, nachvollziehbar und motivierend sind. Und hier liegen die Probleme in der Beurteilung der Mitarbeiteranteile. Wie ist der Langsame, der Antreibende, der Kreative, der Streitschlichtende, der Emotionale, der Sorgfältige im Team im Vergleich zu den anderen und in seinen Auswirkungen und Einflüssen auf das Gruppenergebnis zu bewerten?

Objektivierte Kriterien sind nicht einfach zu finden.

Dazu kommt, daß notwendige Quervergleiche zu anderen Gruppen häufig nicht möglich sind, daß auch viele Fremdeinflüsse die Ergebnisse der Gruppe beeinträchtigen und daß die Aufgaben- bzw. Zielerfüllung häufig nicht richtig quantifizierbar und meßbar ist.

Dennoch wollen wir Zielvereinbarungen als Führungsinstrument nicht in Frage stellen und ihren motivierenden Einfluß nicht unterschätzen. Die Verbindung mit Entgeltsystemen birgt wiederum die Gefahr in sich, niedrigere Ziele zu wählen und dann Übererfüllung anzustreben, Probleme, wie wir sie in früheren Planungssystemen des Ostblocks beobachtet haben. Hier bedarf der Teamentwicklungsprozeß schon einer gewissen Vertrauenskultur, die sich erst im Laufe des Teamprozesses entwickelt.

Vorsicht vor taktischen Zielvorgaben.

Eine wichtige Voraussetzung für die Akzeptanz eines leistungsgerechten Entlohnungssystems im Team ist immer die Einbeziehung der Mitarbeiter bei der Festlegung der Leistungsstandards. Häufig verhalten sich die Mitarbeiter moderater und konstruktiver als die Gewerkschaften und Betriebsräte in ihren Betrieben, die sich viel zu lange an alten Tarifverträgen und Betriebsvereinbarungen festhalten. Mitbestimmen beinhaltet auch mitgestalten, und beides erfordert kreative Ideen, Zweckorientierung, Mitarbeiterorientierung und loslassen können.

Einbeziehung der Mitarbeiter ist wichtig.

Die Mitarbeiter selbst sollten mitentscheiden, ob sie eine mehr individuelle oder mehr gruppenbezogene Belohnung bevorzugen. Am Anfang eines Teambildungsprozesses wird vom einzelnen wohl mehr Gewicht auf die individuellen Anteile zum Gruppenergebnis gelegt werden und erst in einer späteren Phase, wenn die Mitglieder Vertrauen zueinander gewonnen haben und die Verantwortung für das Gruppenergebnis ihr Verhalten dominiert, die Belohnung der Gruppenarbeit im Vordergrund stehen (Schneider/Knebel 1995, S. 126). Aber wie schon erwähnt: die Beteiligung an der Erstellung eines Belohnungssystems erfordert einen gewissen Reifegrad der Gruppe, die vorher gelernt hat, ihre individuellen Ziele zurückzustellen.

Entscheidend ist die Motivation im Team.

Für viele Teams, so hat sich in der Praxis herausgestellt, ist die äußere Anerkennung durch Belohnung zweitrangig. Im Vordergrund steht die partnerschaftliche Zusammenarbeit, die Befriedigung und Selbstverwirklichung im Gruppenprozeß. Dies sollte in den Gruppen immer wieder bewußt gemacht werden, weil hieraus zusätzliche Motivation und Initiative abzuleiten ist, und zugleich soll eine Signalwirkung für andere Mitarbeiter des Unternehmens ausgehen, in den Teams und Gruppen mitzuarbeiten und mehr Interesse für Teamarbeit zu entwickeln.

3.6   Durch Teamentwicklung zur kontinuierlichen Verbesserung im Unternehmen

management by quality circles setzt sich durch.

Gedanken des "management by quality circles" haben sich durchaus auch im Mittelstand schon durchgesetzt. Es gibt genügend Projekte, in denen mit Hilfe ständiger Verbesserungsprogramme, Qualitätszirkel, Mitarbeiter-Runden, Lernstätten oder Problemlösungsgruppen hervorragende innovative Veränderungsprozesse eingeleitet und zum Erfolg geführt wurden.

Durchgreifende Qualitätssteigerungen können nicht nur durch einen weiteren Ausbau der Kontrollsysteme wie bei der Zertifizierung erzielt werden, sondern insbesondere durch Erhöhung des *Qualitätsbewußtseins* bei jedem einzelnen Mitarbeiter. Und hier bietet der Einsatz von Gruppen- und Teamarbeit große Chancen.

> Entscheidend ist das Qualitäts-Bewußtsein bei jedem einzelnen Mitarbeiter.

Sobald Gruppenarbeit mit entsprechender Unterstützung durch das Management und durch intensives Training eingeführt ist, entstehen permant neue Ideen zur Verbesserung der Produkte und Abläufe, wie von einer Vision oder sportlichem Ehrgeiz getrieben. Mitarbeiter entwickeln sich zu kreativen, lernfähigen, engagierten und eigeninitiativen, leistungsbereiten, unternehmerisch denkenden Mit-Arbeitern.

Was verstehen wir eigentlich unter Qualität?

Ein Produktionsbetrieb denkt bei Qualität an Verringerung des Ausschusses, der Reklamationen oder an das "Preis-/Leistungsverhältnis". Diskutieren Sie einmal in Ihrem Unternehmen die Frage, was die Mitarbeiter unter Qualität verstehen. Sie werden sich wundern, welche Wünsche und Anforderungen Ihrer Mitarbeiter mit Qualität in Verbindung gebracht werden und wieviele Anregungen sich daraus ergeben.

> Qualität ist viel mehr als Produkt-Qualität.

Vielleicht können Sie sich folgenden Aussagen anschließen:

– Qualität beschreibt keine technische Funktion oder Abteilung, sondern einen Prozeß, der das gesamte Unternehmen durchdringen muß.

– Qualität braucht einen entsprechenden organisatorischen Rahmen sowohl am einzelnen Arbeitsplatz, als auch in der Zusammenarbeit zwischen Abteilungen.

– Die Idee der Qualitätsverbesserung darf nicht nur auf die Produktion beschränkt werden, sondern muß alle Bereiche einer Organisation erfassen.

Wir wären ja so glücklich, wenn wir den Kunden nicht hätten.

– Die Bedürfnisse des Kunden sind der Maßstab der Qualität - nicht die Interessen des Verkaufs oder der Produktion.

– Umfassende Qualitätsverbesserungen sind nur durch die Anstrengungen aller Mitarbeiter und nicht nur durch die Anstrengungen von ein paar wenigen Spezialisten zu erreichen.

– Ein Qualitäts-Management- oder KVP-System muß klar strukturiert sein, damit alle Mitarbeiter es verstehen und ihm vertrauen und daher ein Interesse an seiner Mitwirkung haben.

Qualität ist ein umfassender Prozeß.

Sie werden es in Ihren Projekten erleben, daß sich ein Großteil der Qualitätsprobleme auf Schnittstellen bezieht. Deshalb muß die Qualitätssicherung ein umfassender Prozeß mit Gruppen- und Teamarbeit werden, sogar über die Unternehmensgrenzen hinaus zum Lieferanten und Kunden.

Was sind die Grundlagen eines kontinuierlichen Verbesserungsprogrammes (KVP)?

Qualität beginnt im Kopf.

Beim Aufbau von KVP-Systemen sind häufig externe Berater mit entsprechender Erfahrung und methodischem Know how eingebunden. Sie helfen bei der Schaffung eines neuen Denkens. Denn Qualität beginnt im Kopf. Qualität ist also nicht nur die Beherrschung des ISO 9000-Regelwerks, sondern ein permanenter geistiger Prozeß, nicht nur der Inhalt eines Handbuchs oder von Arbeitsanweisungen, sondern eine Vision von der Chance ständiger Verbesserungen.

Qualität ist "unverzichtbar". Wer sie nicht liefern kann und nicht kunden-orientiert handelt, wird auf

Dauer am Markt nicht bestehen können. Darum sollte die Qualitätssicherung und die kontinuierliche Verbesserung als Erfolgsfaktor eine zentrale Rolle einnehmen.

– Die Geschäftsleitung und die Führungsebenen müssen die KVP-, die Qualitätszirkel- bzw. die Gruppen-Philosophie selber verstanden und akzeptiert haben und voll dahinter stehen.

– Alle direkt und indirekt betroffenen Abteilungen müssen integriert werden. Es genügt nicht, mit Insellösungen und mit "angezogener Handbremse" zu probieren, ob was passiert.

– Der Betriebsrat muß kooperativ eingebunden werden.

– Die innerbetriebliche Diskussion über Zielsetzung und realistische Erfolgserwartungen sollte rechtzeitig gefördert werden. Die Chancen und Möglichkeiten der Gruppen- und Teamarbeit müssen glaubwürdig vermittelt werden. Die Mitarbeiter müssen erkennen, daß in Zukunft etwas anders sein wird als bisher, und was Teamarbeit für sie bedeuten kann.

Neue Strukturen sind erforderlich.

– Die Infrastruktur und Zusammensetzung der Einzelgruppen sowie deren Trainingskonzept muß rechtzeitig erarbeitet werden. Andererseits darf zwischen den Informationsgesprächen und der eigentlichen Startphase nicht allzuviel Zeit verlorengehen, um den anfänglichen Elan nicht verpuffen zu lassen.

– Ein realistischer Zeitplan muß sehr bald aufgestellt und veröffentlicht werden.

Dies sollte in Abstimmung mit dem Berater geschehen, der zusätzlich die Moderatoren betreut, ihnen methodisch neue Vorschläge macht, sie bei der Gruppen- und Teamarbeit beobachtet, ihnen Feedback gibt, sich fachlich mit Erfahrungswerten aus anderen Projekten in die Prozesse einschaltet und

Ohne qualifizierte Moderation ist der Erfolg gefährdet.

durch Training on the job gezielte Verbesserungsvorschläge erarbeiten läßt.

Das Hauptproblem in der Gruppenarbeit ist am Anfang, daß nicht strukturiert, zu allgemein und nicht
detailliert genug gearbeitet wird. Das merken zwar
die Mitarbeiter auch selber, aber den Anfangsfrust
kann man durch gezielte Moderations- und Hinter-
fragungstechnik erheblich reduzieren.

Erfahrungen aus der Arbeit mit KVP und Qualitätsgruppen

Grundsätzlich muß der Manager bei der Einführung von Gruppenarbeit von der Fähigkeit zur Mitwirkung seiner Mitarbeiter in solchen Strukturen
überzeugt sein. Mitarbeiter sind Experten ihrer Arbeit, haben eine häufig unterschätzte soziale, fachliche und methodische Kompetenz, die sicherlich
manchmal auch nachgeschult werden muß.

Durch Schaffung der entsprechenden zeitlichen und
gestalterischen Freiräume kann die Kompetenz und
Synergie in den Gruppen erheblich gesteigert werden. Führungskräften müssen wir bewußt machen,
daß sie auch nach den Erfolgen ihrer Mitarbeiter beurteilt werden, daß durch ihr Verhalten der Erfolg
der Gruppenarbeit entscheidend mitgestaltet wird.

Mitarbeiter lernen im Team intensiver und bereitwilliger.

Im Team lernen die Mitarbeiter, daß Probleme am Arbeitsplatz nicht passiv hingenommen werden müssen, sondern daß sie durch kollektives Handeln
gemeinsam gelöst werden können. Natürlich ist erforderlich, daß sich Gruppen im Rahmen der strategischen Unternehmensziele klare eigene Ziele
vorgeben. Dazu ist die umfassende Information durch
die Führungskräfte und eventuell auch deren Mitwirkung erforderlich. Mangelndes Zutrauen in die eigene
Kompetenz, Hemmungen, Versagensängste können
in Teams am besten abgebaut werden durch Stärkung
der Eigenverantwortung und Selbstkontrolle.

Früher war das kollektive Denken und Handeln dem Betriebsrat überlassen, heute können die Mitarbeiter ihre Interessen und Vorschläge in Arbeitsgruppen für sich selbst einbringen, eine neue Art der Mitbestimmung. Um so mehr sollte der Betriebsrat rechtzeitig über die Projektinhalte, über Arbeitsmethoden und Ziele, über Auswahl und Ausbildung der Moderatoren und Koordinatoren, über die Strategie der stufenweisen Einführung der Teamarbeit informiert werden. Es ist auch sinnvoll, Betriebsvereinbarungen darüber zu schließen.

Befragungsergebnisse über Gruppenarbeit in der Praxis

Als die 100 umsatzgrößten bundesdeutschen Industrieunternehmen über ihre Erfahrungen mit Problemlösungsgruppen befragt wurden (siehe C. Antoni, S. 128), wurden auf die Frage: "Was hat sich verbessert?" folgende positive Ergebnisse von den Mitgliedern der Arbeitsgruppen genannt:

(Skala: 6 = stimmt völlig, 1 = stimmt gar nicht)

Zusammenarbeit	5,00
Mitsprachemöglichkeiten	4,85
Motivation	4,68
Arbeitszufriedenheit	4,58
Kommunikation	4,50
Arbeitsbedingungen	4,28
Qualifikation	4,20
Verbesserungsvorschläge	3,95
Qualität	3,93
Produktivität	3,70
Kosten	3,51
Flexibilität	2,76
Fehlzeiten	2,74
Arbeitsunfälle	2,58
Fluktuation	2,00

Gruppenarbeit fördert die "weichen" Faktoren als Voraussetzung für positive Ergebnisse.

Interessant scheint doch, daß die sozialen Argumente, die "weicheren Faktoren" der Beurteilung, durchweg höher angesetzt wurden als die ökonomischen. Die Gruppenmitglieder sehen insbesondere ihre persönlichen Zielsetzungen erfüllt und die betriebswirtschaftlichen Ergebnisse erst als Folge der verbesserten Arbeitsbedingungen. Denn Spaß an der Arbeit ist ein wesentlicher Leistungsmotivator im Unternehmen und führt damit zwangsläufig zu besseren Ergebnissen.

Wir wissen aus der Erfahrung, daß sich das Qualitäts-Bewußtsein und das kreative Innovations-Potential durch intensives Training und durch Erfolgserlebnisse in der Gruppe erheblich verbessern läßt. Jedenfalls lassen sich Verhaltensänderungen, und die sind hier erforderlich, nicht durch ständiges, beschwörendes oder schönes Gerede nach "Oberlehrermanier" bewirken.

Der Projekt-Koordinator ist ein wesentlicher Motor des Prozesses.

Die in der Abbildung 8 dargestellte Struktur von Problemlösungsgruppen erfordert die wichtige Funktion des *Projektkoordinators*, der eine Fülle von Kompetenzen und Aufgaben abdecken muß:

— Koordination der einzelnen Projektgruppen

— regelmäßige Betreuung der Gruppen (nicht aktive Mitarbeit in den Gruppen)

— Information, Kommunikation und Beteiligung des betrieblichen Umfeldes am Projekt, PR-Arbeit im und um das Unternehmen

— die Organisation, die Verfügbarkeit von Räumen und Hilfsmitteln für die Projektarbeit (Moderationstechnik)

— die Klärung von Kompetenzproblemen, Gespräche bei mangelnder Unterstützung durch die Führungsebenen

— das Sammeln von Themen von "oben" und "unten" im Betrieb

- die Initiative bei der Auswahl und Gründung neuer PL-Gruppen und die Themenzuordnung in den Gruppen

- die Kontrolle des gesamten Projektfortschritts und Festlegung von Prioritäten

- die Unterstützung und Förderung der Mitarbeiter-Qualifizierung in den Projekt-Gruppen, Auswahl und Vorschlag von Weiterbildungsmaßnahmen

- die Kontrolle der Zielvereinbarungen im Projekt mit der Geschäftsleitung und die Umsetzung im Unternehmen

- Abstimmungen aller Aktivitäten mit dem Betriebsrat

Wie kann das Qualitäts- und Leistungsbewußtsein der Mitarbeiter gefördert werden?

"Verbessern heißt verändern, perfekt sein heißt demnach, sich oft verändert zu haben", so sagte vor vielen Jahren Sir Winston Churchill. Wenn die Veränderungsbereitschaft fehlt, dann fehlt eigentlich die wichtigste Einstellung zur Team- und Gruppenarbeit.

Gruppenarbeit unterstützt die Veränderungsbereitschaft.

Das Management muß Voraussetzungen schaffen, unter denen sich das volle Potential des Leistungsvermögens seiner Mitarbeiter realisieren läßt, nämlich gruppenorientierte Arbeitsorganisationen, die u.a. anregend, fordernd, fördernd, abwechslungsreich, selbstorganisiert und zu ganzheitlichem Denken führen. Wir haben in den vorherigen Abschnitten schon einiges dazu gesagt.

Team- und Gruppenarbeit kann man nicht verordnen, sondern muß man gestalten und mit Inhalten füllen. Ohne qualifizierte Moderation und Training wird alles eher unstrukturiert, ohne Ziel- und Erfolgskontrolle, ohne Verhaltens- und Bewußtseinsänderung wieder in alten Bahnen verlaufen.

Sparen Sie nicht an professionellem Training.

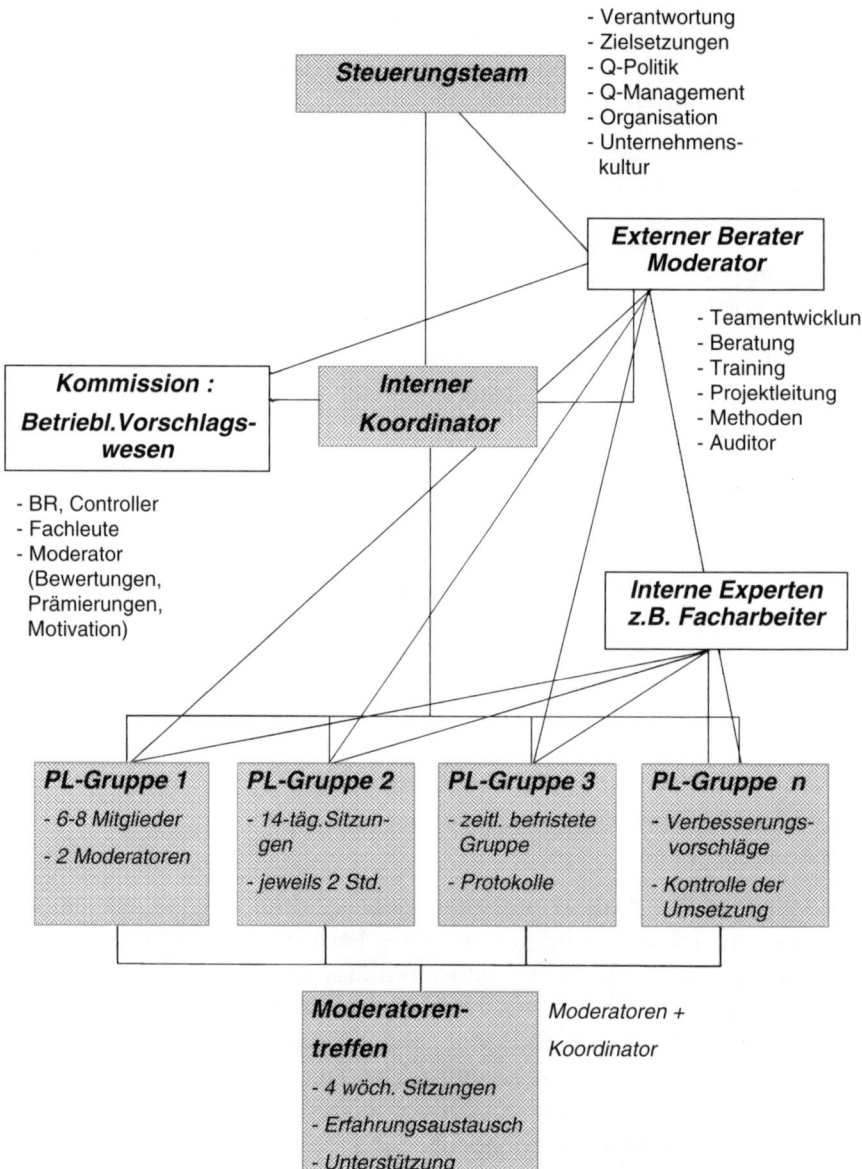

Abb. 8: Problemlösungsgruppen

Was ist Moderation?

Dem Moderator fällt eine wichtige Rolle zu. Er ist für die Gruppe der methodische Helfer, um zielorientiert Probleme zu definieren, Lösungsansätze zu finden, Widerstände zu analysieren, Schritte zur Realisierung einzuleiten. In der Praxis können Moderatoren durchaus mehrere Gruppen betreuen. Sie sollten es allerdings in der Regel zu zweit machen (vgl. Abb. 9: "Die Bedeutung des Team-Managers").

Jede Gruppe braucht ihren Moderator.

In diesem Zusammenhang möchten wir einige praxiserprobte Vorschläge zur Verbesserung des Qualitäts- und Leistungsbewußtseins im Team machen:

• Moderatoren *fragen* ihre Gruppe und geben keine Lösungen vor. Durch Fragen führen, durch Fragen Gedanken lenken, durch Fragen zu Lösungen hinführen, durch Fragen Antworten fördern, aus denen die Gruppe ihr Selbstvertrauen, ihre Motivation, Initiative und Kreativität ableitet. Der Moderator gibt seine fachliche Kompetenz in Form von Fragen in die Gruppen und ist damit Teil der Gruppe. Die Moderatorenrolle in den Gruppen sollte daher auf Dauer nicht von Externen ausgeübt werden, sondern nach und nach durch eigene, gut trainierte Mitarbeiter.

Insbesondere in Gruppen gilt: "Durch Fragen führen."

• Durch Fragen sollen Prozesse entstehen, die in den Köpfen etwas verändern und den Mitarbeitern bewußt machen, daß sie selbst die Veränderungen herbeigeführt haben.

• Fragen Sie und diskutieren Sie doch in Ihren Gruppen und Teams zum Beispiel:

    – Was verstehen wir denn unter Qualität?

    – Was verstehen wir eigentlich unter Leistung?

    – Welche drei wichtigsten Qualitätsprobleme haben Sie denn in Ihrem Betrieb/Bereich in den letzten drei Monaten gestört?

Prozeßbegleitende Gruppenaufgaben

Die Bedeutung des Team-Managers / Moderators

1. Der Team-Manager / Moderator ist zuständig für
   - die Steuerung des Problemlösungsprozesses
   - das Funktionieren der Beziehungen
   - das Vermeiden von Störungen

2. Die Gruppe ist verantwortlich für den Inhalt

3. Die zentrale Funktion des Team-Managers sollte möglichst nie von einem ausgesprochenen Experten für das Thema übernommen werden

4. Ein Wechsel in der Team-Manager-Funktion ist möglich

Grundspielregeln für den Team-Manager

1. Nicht inhaltlich beteiligen, sondern auf Aktionen des Teams achten

2. Für das Einhalten der Spielregeln sorgen und bei Verletzungen intervenieren

3. Alle Beiträge visualisieren (Flip-Charts, Pinwände)

4. Gesamtgruppe stimulieren und ruhige Mitglieder motivieren

5. Rollen im Team klären (Experte - Mitglied - Team-Manager)

Abb. 9: Die Bedeutung des Team-Managers/Moderators

- Welche Fehler wurden in letzter Zeit angesprochen, welche nicht?
- Wie gehen wir im Betrieb mit Fehlern um?
- Wie können wir Qualität in unserem Bereich meßbar machen?
- Welche Stärken helfen uns, welche Schwächen hindern uns bei der Qualitätssicherung in unserem Bereich?
- Warum wurden unsere Probleme bisher nicht gelöst?
- Welche Gedanken verbinden Sie mit dem Begriff Team?
- Was unterscheidet eine Gruppe von einem Team?
- Was fehlt uns zum Super-Team?
- Welche Eigenschaften entwickeln gute Teams?
- Welche Störfaktoren gibt es in Gruppen und Teams?

Förderung der sozialen Kompetenz

- Wie bewerten Sie beispielsweise eine vorgegebene Reihe unterschiedlicher Qualitätsfaktoren (strukturiert z.B. nach Kunden-, Mitarbeiter-Prozeßorientierung)?
- Wie gehen wir im Unternehmen mit unterschiedlichen Meinungen um?
- Welche Zielsetzungen wollen Sie sich als Gruppe geben?
- Wie wollen Sie Ihre Zielerreichungen kontrollieren?
- Welche Problemlösungsmethoden bieten sich an und welche wollen Sie einsetzen?

Wie lernen wir aus Rückmeldungen von anderen?

- Wie können Sie durch Feedback-Übungen (über Selbstbild- / Fremdbildvergleich) zu einer Verbesserung Ihrer Persönlichkeitsstruktur und zu mehr Selbstsicherheit gelangen?

- Wie können wir uns in Rollenspielen bzw. im Rollentausch andere Denk- und Argumentationsstrukturen zunutze machen?

- Was besagen firmeninterne und -externe Leitsätze zur Qualität, und welche wollen wir voll und ganz akzeptieren und uns zu eigen machen?

- Wie steht es mit den internen Kunden-/Lieferanten-Beziehungen, wo sind die Schwachstellen?

- Welche Anforderungen haben wir an unsere internen Lieferanten, welche Anforderungen hat unser interner Kunde an uns?

Offenheit, Ehrlichkeit und Vertrauen fördern den Teamgeist.

- Welche Konfliktlösungsmöglichkeiten gibt es? Wie gehen wir mit Konflikten um?

- Wie sieht in Zukunft Ihr persönliches Modell der Fehlervermeidung und Fehlerbeseitigung aus? Welche Maßnahmen werden Sie durchführen?

Auch Führungskräfte müssen moderieren können.

Die hier aufgeführten Aufgabenstellungen und methodischen Schritte werden den Gruppen bei guter Moderation helfen, eine ganz andere Art der Zusammenarbeit zu beginnen, als sie sie bisher gewohnt waren. Diese Methoden eignen sich sowohl für bereichsinterne als auch -übergreifende Problemlösungen und Veränderungsprozesse, um die gesamte Prozeßkette zu optimieren und entsprechende Beiträge zur Kostensenkung zu liefern. Im Kapitel 5 werden die angesprochenen Methoden und Tools genauer beschrieben.

Teamentwicklung in der Gruppenarbeit

Gruppenarbeit, gut moderiert, führt Sie zu einer besseren Teamarbeit und damit, halten wir es noch einmal fest,

- zu höherer geistiger Flexibilität, zu analytischem, logischem Denken, zu kreativerer Problemlösung und Denken in Zusammenhängen

- zu höherem Kostenbewußtsein, zu Verantwortungsgefühl, Sorgfalt, Konzentrationsfähigkeit, Ausdauer und Leistungsbereitschaft

- zu verbesserter Lernbereitschaft, zu Eigeninitiative, Selbstbewußtsein und Selbstreflexion

- zu höherer Kooperations- und Teamfähigkeit, zu besserer Kommunikations- und Konfliktfähigkeit

- zu einer stärkeren internen und externen Kundenorientierung.

Die Entwicklung der sozialen Fähigkeiten von Mitarbeitern in Verbindung mit deren fachlichen Fähigkeiten führen nach unserer Erfahrung zu einem positiv veränderten Rollenverhalten der Mitarbeiter im Alltag, also auch auf ihrem eigentlichen Arbeitsplatz und nicht nur in den Gruppen.

Die gezielte Unterstützung in Trainings und Workshops durch in ihrem Führungsverhalten trainierte und verbesserte Führungskräfte, durch mehr Delegation, Vertrauen, Verständnis und durch gruppendynamische Problem- und Konfliktlösungserfahrungen soll die erforderlichen Veränderungsprozesse positiv beeinflussen.

Die prozeßbegleitende Betreuung und Beratung von Gruppen und Teams durch Trainer/Berater sollte jedoch nicht zu knapp gewählt werden. Die Erfahrungen haben gezeigt, daß auch von den internen Coaches und Moderatoren professionelles Hand-

> Ein Team ist mehr als eine Gruppe und fördert eine vergleichbar höhere Qualifikation der Team-Mitglieder.

> Die Führungskräfte sind sehr stark für den Erfolg der Gruppenarbeit verantwortlich.

werkszeug und innere Sicherheit bei der Moderation von Gruppen erwartet wird, daß die Effektivität eines Teams sogar wesentlich dadurch beeinflußt wird.

Unternehmensleitung und Führungskräfte müssen das neue Konzept wirklich wollen, auch mit allen Konsequenzen für ihre eigene Führung. Die Mitarbeiter müssen verspüren und erleben, daß sich etwas geändert hat im Unternehmen und daß es sich nicht nur um Lippenbekenntnisse oder halbherzige Aufforderungen handelt: "Jetzt macht mal schön."

Rahmenbedingungen der Teamarbeit

Wir sind überzeugt, daß sich die Effektivität von PL-Gruppen erst langfristig ergibt. Gemeinsame Problemlösungen setzen eine offene und zwangfreie Atmosphäre und den freien Austausch von Gedanken und Meinungen voraus. Nur so kann das besondere Problemlösungspotential einer Gruppe aktiviert werden. Und nach unserer Überzeugung geht dies auch nur (wie schon erwähnt) mit Hilfe austrainierter Moderationstechnik und hohem Engagement der Moderatoren und Koordinatoren.

Offenheit und Vertrauen führen zu mehr Motivation.

Erst durch wirklich häufige Treffen mit vielen positiven Ergebnissen werden sich Erfolge einstellen. Gruppengrößen zwischen sieben bis zehn Mitarbeitern sind ideal. Dabei ist nicht erforderlich, daß alle Gruppenmitglieder immer komplett dabei sein müssen. Dies räumt den Gruppen mehr terminlichen Gestaltungsraum ein. So wird auch sichergestellt, daß Teammitglieder nicht nur aus einer Verpflichtung, sondern aus Begeisterung mitwirken wollen.

Es sind die kleinen Dinge, die uns groß machen.

Die Gefahr, daß die Gruppen zu "Meckerecken" verkommen, ist kaum gegeben, eher gehören die Klage über zu schleppende Problembearbeitung und -verfolgung, mangelnde Unterstützung durch die Abteilungen oder das Verhalten der Vorgesetzten zu den kritischen Faktoren.

Wie gefallen Ihnen diese Team-Verhaltensregeln:

Wir betrachten uns als gleichberechtigte, menschlich und fachlich voll akzeptierte Partner.	Gleichberechtigung
Wir kommunizieren offen, aktiv, ehrlich und fair, hören hin und tolerieren andere Meinungen.	Kommunikation im Team
Wir alle, besonders ich, sind verantwortlich für eine freundliche, sachliche und motivierende Atmosphäre.	Atmosphäre
Wir bringen unsere volle Leistungskraft ein und fühlen uns stets verantwortlich für das Team, für die Aufgabe, für das Ergebnis und tragen alle Entscheidungen nach außen solidarisch mit.	Verantwortlichkeit
Wir unterlassen abfällige und/oder abwertende Bemerkungen und Gesten, bzw. sorgen für deren sofortige Unterbindung.	Kommunikation im Meeting
Wir bereiten uns sorgfältig vor, informieren alle anderen Team-Mitglieder und gehen mit Informationen vertraulich um. Wir halten uns an verabschiedete Regeln, Vereinbarungen und Termine - denn das Gruppeninteresse steht vor dem Einzelinteresse.	Disziplin
Wir haben das vereinbarte Ziel und die persönliche Aufgabenstellung immer vor Augen, um das Ergebnis möglichst schnell, gut und wirtschaftlich herbeizuführen.	Ergebnisorientierung
Konflikte werden von uns als solche akzeptiert und nicht unter den Tisch gekehrt, sondern zielgerichtet und fair ausgetragen.	Konfliktverhalten
Jede Kritik ist Chance zur Verbesserung. Wir begreifen daher Kritik nicht als persönlichen Angriff, sondern als Lernprozeß, und üben Kritik immer konstruktiv - auch Lob ist Kritik.	Kritikkultur

4. Gruppen- und Teamarbeit im praktischen Einsatz

Was wir bisher über Team- und Gruppenarbeit ausgeführt haben, sind Methoden und Erfahrungen, die viele Unternehmen weltweit schon realisiert und umgesetzt, begonnen oder bereits geplant haben, es sind Fakten und nicht Theorien. Viele Führungsmannschaften des Mittelstandes, aber auch größerer Unternehmen, stellen sich noch ungläubig die Frage, wie man derartige Einrichtungen und Veränderungen auf den eigenen Betrieb übertragen kann. Wie sollen sie mit den wachsenden Anforderungen von Veränderungen fertig werden, ohne dabei ihre Mitarbeiter zu überfordern oder zu verlieren.

J. Tickart, Geschäftsführer von Mettler-Toledo, Albstadt, sagt: "Indem die individuellen Wertvorstellungen der Menschen mit den Wertvorstellungen des Unternehmens identisch werden, erhalten wir eine hohe Identifikation der Mitarbeiter mit dem Unternehmen und mit der eigenen Tätigkeit, und das ist die wahre Quelle der Motivation."

Gruppen- und Teamarbeit wird weltweit praktiziert.

Wir haben mit einer Reihe namhafter deutscher Unternehmen über Gruppen- und Teamarbeit gesprochen, über ihre Erfahrungen, Konzepte, ihre Erfolge und Schwierigkeiten, über ihre Visionen, Ziele und Verbesserungen. In der Praxis erst zeigen sich die Limits, der Aufwand, die Krisen, aber auch die Bestätigungen, die Begeisterungen und die Euphorie für den Wandel in den Beziehungen.

4.1 Wie machen es die anderen?

Mettler-Toledo, Albstadt

Das sehr erfolgreiche Tochter-Unternehmen der Schweizer Mettler-Toledo-Gruppe hat schon vor zehn Jahren mit einem Prozeß der Neugestaltung des Unternehmens begonnen. Die Antworten auf die Frage: was ist der Sinn des Unternehmens - nämlich wirtschaftlicher Erfolg im Markt mit der wichtigsten Ressource "Mensch" zu realisieren -, führte zu drei Orientierungsleitsätzen:

• Wir sind leistungsorientiert, denn wir brauchen Leistung als Voraussetzung für den Erfolg, für uns selbst, für unser eigenes Selbstwertgefühl.

Ohne Leistung kein Erfolg.

• Wir sind marktorientiert, denn nur der Markt ist der einzige Indikator, ob das, was wir tun, im Sinne des Unternehmens richtig oder falsch ist.

• Wir sind menschenorientiert, weil die Menschen die einzige Ressource sind, die uns die Fähigkeiten bieten kann, auf dynamischen Märkten dynamisch zu agieren.

Der Mensch ist die Quelle des Erfolges.

Die Umsetzung dieser elitären Leitsätze hat man durch drei wesentliche Organisationsprinzipien abgesichert:

1. **Das Prinzip der Selbststeuerung** bedeutet, daß das Geschehen und die Abläufe vor Ort von den Menschen gesteuert werden, die vor Ort tätig sind, und nicht von den Planern und Managern. (Abschaffung aller Besserwisserfunktionen des Hintergrunds).

2. **Das Prinzip der Funktionsintegration** zielt auf das Zusammenführen der Tätigkeiten, die eigentlich zusammengehören. Kein Weiterreichen von Schreibtisch zu Schreibtisch, bis endlich mal bearbeitet wird. Was immer ein Mitarbeiter macht,

Fraktale Organisation

macht er vollständig und deckt in seiner Person
den vollständigen Prozeß ab.

3. **Das Prinzip der Eigenverantwortlichkeit** bedeutet, daß jeder für das, was er tut, auch verantwortlich ist. Pflicht und Verantwortung müssen gelernt
werden, und alle Hindernisse, die der Entwicklung
einer Eigenverantwortlichkeit im Wege stehen, sind
zu beseitigen.

Das Ganze funktioniert in sehr dynamischen Grup-
pen- und Teamstrukturen in einer sehr flachen Organisation. Die Schwierigkeiten am Anfang waren
weniger sachlicher als mentaler, emotionaler Natur.
Die Umgestaltung sollte menschengerecht sein, damit sie die Menschen gewinnt. Und dennoch wurde auch hier die Erfahrung gemacht, daß man
lernen und akzeptieren mußte, daß Menschen auch
ihre Schwächen haben, daß es keinen idealen Menschen gibt, daß Enttäuschungen verkraftet werden
müssen. Aber die Neugestaltung ist mit Erfolg ge-
lungen.

Die betriebswirtschaftlichen Vorteile sind offenkundig. Das Unternehmen hat seine Ergebnisse erheblich verbessern können:

–   durch Zuwachs an Anpassungsfähigkeit und
Dynamik für den Markt,

–   durch Reduzierung der Kosten des Unternehmens, weil verantwortliche Mitarbeiter Fehlleistun-
gen deutlich verringern,

–   durch Stärkung des Innovationspotentials, weil
alle Mitarbeiter ihre individuellen Fähigkeiten zum
Wohle des Unternehmens entwickeln und einbringen, Verwaltungsaufwand reduzieren helfen und
ihre Kreativität für neue Produkte verstärken,

–   durch hohe Identifikation der Mitarbeiter mit
dem Unternehmen und mit ihrer eigenen Tätigkeit,
mit den Wertvorstellungen im Unternehmen.

Was muß das Management tun? Es muß Ängste bei den Mitarbeitern abbauen, damit ein Klima des Vertrauens entsteht, es muß Bedingungen schaffen, unter denen es Menschen möglich wird, auf freiwilliger Basis Top-Leistungen zu bieten und dafür Anerkennung und Stolz zu erfahren. Es muß alle Hindernisse beseitigen, die der freien Entfaltung der individuellen Fähigkeiten des Mitarbeiters im Sinne und zum Wohle des Unternemens im Wege stehen, also volle Unterstützung zusichern für Kreativität, Leistungsbereitschaft, Eigenverantwortlichkeit und Motivation der Mitarbeiter.

Das größte Hindernis bei der Umsetzung ist das Management.

SIEMENS-NIXDORF AG, München

SNI hat seit Mitte 1995 im Produktservice ein Projekt mit "selbstgesteuerten Arbeitsgruppen" gestartet mit dem Ziel, eine neue markt- und kundenorientierte Servicepolitik umzusetzen. Das Projekt begann mit einer zweitägigen Info-Veranstaltung für 22 Distrikt-Manager (11 Distrikte) und ca. 130 Service-Team-Manager, um die Strukturen, Vorgehensweisen, Methoden, Erwartungen und Ziele des Projektes zu verdeutlichen. Danach erfolgte das dreitägige Training der 130 Service-Team-Manager in neun Basis-Trainings.

Ein Team besteht aus 15 Mitarbeitern (Service-Technikern), einem Service-Team-Manager (STM) mit Assistenten. Die STM's waren zuvor von den Distrikt-Managern den Teams zugeordnet worden. Darunter waren auch bisherige Service-Leiter und Gruppenleiter, die durchaus schon 20-50 Mitarbeiter geführt hatten und die mit der neuen Struktur und Verantwortung als Service-Team-Manager für "nur" 15-köpfige Teams durchaus ihre emotionalen Probleme hatten. Andere Mitarbeiter, bisher nicht so in der Verantwortung, wurden aufgewertet als Team-Manager und haben eher "gewonnen" als

Bosse, haltet Euch zurück!

"verloren". In Zukunft sollen die Teams ihre Team-Manager versuchsweise selber wählen.

Mitarbeiter, traut Euch mehr zu!

Ein weiterer wichtiger Trainingsschritt war das zweitägige Moderatoren-Training. Danach wurden die 114 Teams etabliert und ebenfalls in einem Basis-Training auf die Inhalte und Vorgehensweisen ihrer Gruppenarbeit vorbereitet:

– Problemfindung mit geeigneten Problemlösungsmethoden

– Wie wird gearbeitet und diskutiert im Team? (Moderation, Brainstorming, Flipcharts, Protokolle mit Ergebnissen: wer, was, bis wann, Aktionsplanung, Dokumentation, Visualisierung, Feedback, keine Rechtfertigungen bei Kritik, Konfliktbearbeitung usw.)

– Provokationen als Feedback-Übungen

– eigenständige Teamdynamik

– produktive Zeitgestaltung

– verbindliche Ergebnisfixierung

– Erarbeitung von Themenkatalogen

Vorsicht vor Ungeduld.

Der Prozeß hat begonnen. Man muß den Gruppen sicherlich Zeit lassen. Die Erwartungshaltung ist sehr groß. Die Teams müssen eigene Erfahrung sammeln. Zwei Jahre braucht man sicherlich, bis ein solches Konzept in den Köpfen verankert ist. Viele Teams sind sehr motiviert, einige andere in einer absoluten Frustphase und suchen Halt in alten Verhaltensweisen.

Den Teams den Rücken stärken.

Hier wäre die Unterstützung durch das Management sehr stark gefragt. Distrikt-Manager, noch in alten Strukturen verhaftet, und Service-Team-Manager müssen lernen, auf demokratischer Basis zu kommunizieren. Die Vorbildfunktion ist erforderlich. Aber das sagt sich leichter, wenn gute Ergebnisse vorliegen.

Wie gesagt, die Mitarbeiter in den Teams sind meistens hochmotiviert. Für sie ist eine Vision schnell umgesetzt worden, die sich auch mit ihren persönlichen Erwartungen und Bedürfnissen deckt, weil sie nun ihre Arbeitsabläufe selbst beeinflussen können. Ihre Kompetenz ist gefragt und sollte auch durch Übernahme von Verantwortung gefördert werden.

Was den Teams sehr bald fehlte, waren konkrete wichtige Kennzahlen ihres Bereichs, damit sie ihn wie ein Profit-Center verantwortlich gestalten können (Profit- und Loss-Verantwortung).

Teambeschlüsse, die das Team nicht lösen oder selbst entscheiden kann, gehen an das sogenannte "Forum" des Produktservice. Hier bearbeiten Fachleute aller bzw. verschiedener Bereiche mit ihrer Kompetenz die Anträge und haben dann gegenüber den Fachabteilungen Vorschlagsrechte. Bei schwierigen Themen entscheidet die Geschäftsleitung. In der Anfangsphase wurde dieses Forum mit viel zuwenig Druck von der Basis viel zu selten eingesetzt. Überhaupt ist erkennbar, daß schnelle, aber meistens komplexe Änderungen kaum möglich sind, daß die Vorgaben für die Dimension des Unternehmens zu mächtig sind, daß alles noch viel zu umständlich, zu wenig transparent abläuft und die Verfahrenskorsetts noch viel zu eng gehandhabt werden.

Erfahrungen müssen erst gesammelt werden.

Die Veränderungen im Unternehmen sind längst veröffentlicht, das "Rad" ist so weit fortgeschritten, daß es nicht mehr zurückgedreht werden kann und sollte. Ob das Projekt von allen Beteiligten schon voll verstanden wurde, war noch lange im Zweifel. Um so wichtiger ist es, daß alle Entscheidungen und deren Hintergründe klarer und für die Techniker verständlicher kommuniziert werden.

Die Teams wollen erfolgreicher werden. Sie haben ihre Meetings während der Arbeitszeit, eventuell entstehen auch Überstunden, die abgefeiert wer-

Die Teams haben sich viel vorgenommen.

den können. Die Teilnahme an dem Meeting ist freiwillig, was aber selten zu Ausfällen geführt hat. Ihre Ziele, die Produktivität zu steigern, die Materialwirtschaft schlagkräftiger und lieferfähiger zu gestalten, einfache und schnelle Abläufe, die dem Techniker Handlungsaufwand abnehmen und ihn nicht zusätzlich zeitlich belasten, wollen sie erreichen. Sie wollen sogar die Verantwortung für Investitions- und Personalentscheidungen übernehmen, die Overheadstrukturen und -kosten reduzieren. Sie beabsichtigen auch, eine stärkere vertriebliche Ausrichtung der Teams zu schaffen und die Steuerung des Tagesgeschäftes ausschließlich durch die Teams zu realisieren. Dazu müssen allerdings noch gezielte Ausbildungsprogramme durchgeführt werden. Sie brauchen vor allem das Vertrauen in die Kontinuität der Führung, sie sind auf entsprechende Förderung und Unterstützung angewiesen, und sie müssen sich die nötige Zeit selbst verschaffen.

Das bisherige Vorschlagswesen wurde von den Technikern zuwenig genutzt. Gründe dafür waren:

- zuwenig oder keine Reaktionen,

- zuviele "abgeschmetterte" Vorschläge und die Art der Absagen,

- viele trauen sich einfach nicht,

- zu schwer durchzuboxen,

- die Beurteilung über Gutachter, meist den Zuständigen des Bereichs, war zu problembeladen,

- kein neutrales Gremium, wie das Forum, und keine Transparenz.

Es gibt noch viel Unsicherheit, wo bleibt die Unterstützung?

Eine schriftliche Befragung unter dem Titel "Teambarometer", die in den Teams anonym die Beurteilung von "Werkzeugen", Methoden, Stimmung, Effizienz, Teamentwicklung und -leistung sowie den Nutzen der Gruppenarbeit abfragte, hat zum Teil für die Teams selbst überraschende, teilweise aufrüttelnde Ergebnisse gebracht. Danach gab es viel zu klären, auszusprechen, viel Handlungsbedarf zur Festigung der Strukturen. Diese Ergebnisse verdeutlichen aber auch die Notwendigkeit von intensivem Erfahrungsaustausch zwischen den Teams und den intensiven Bedarf an Förderung und Unterstützung durch das Management.

Degussa AG, Frankfurt

Nach der erfolgreichen Zertifizierung hat Degussa 1993 im Vorstand die Entscheidung getroffen, im Gesamt-Unternehmen einen Total-Quality-Management-Prozeß und dabei für alle Mitarbeiter die Gruppenarbeit einzuführen. Ende 1993 wurden ein TQM-Lenkungsausschuß, ein TQM-Koordinator und TQM-Arbeitskreise konstituiert, Mitte 1994 ein externes Beratungsunternehmen ausgewählt für die konzeptionelle und schulungsmäßige Umsetzung und Betreuung und ab Mai 1995 wurden, nach einem Pilotprojekt im Herbst 1994, für die verschiedenen Arbeitsgebiete TQM-Prozesse begonnen.

Der Trainingsaufwand für die gesamte Belegschaft war nicht unerheblich: zwei Tage Oberer Führungskreis und Führungskräfte, je vier Tage für die sogenannten Multiplikatoren und Moderatoren, je 4 x fünf Stunden für alle anderen Mitarbeiter in den TQM-Teams (je zehn Mitglieder plus Moderator/ Multiplikator). Es gab ganz feste, zeitlich präzise geplante Trainingsblöcke, um für alle Mitarbeiter die gleiche Ausgangsbasis zu schaffen (vgl. Abb. 10: Vorgehensweise bei der Einführung in der Degussa AG).

TQM als Aufgabe für die Teams.

Ziel war insbesondere, ein Prozeßdenken bei den Mitarbeitern auszulösen. Prozeßorientierung bedeutet: weg von den Funktionsbereichen, hin zu kundenorientierten Wertschöpfungsprozessen, Reduzierung von Reibungsverlusten in den Schnittstellen, Überwinden des Abteilungsdenkens. Die Mitarbeiter sollten lernen, Prozesse in Flußdiagramme aufzunehmen und zu gestalten, Verantwortungs- und Zuständigkeitsmatrizen zu beschreiben, Schwachstellen zu markieren und Verbesserungen und Einsparungspotentiale zu entwickeln. Sie sollten Methoden in der Gruppenarbeit kennenlernen, dokumentieren, mit Mengen und Daten abprüfen und eventuell nacharbeiten. Sie sollten vor allem Qualitätsbewußtsein trainieren und Qualitätsinstrumente kennenlernen. Die Grundlagen und normgerechten Dokumentationen der Zertifizierung werden dabei genutzt und können damit in TQM einfließen. Alle Vorschläge müssen mit Zielvorgaben abgeprüft sein und werden über einen Pool zur Freigabe und Entscheidung weitergeleitet.

Methoden können gelernt werden.

Alle Mitarbeiter wurden gemäß ihren Arbeitsplätzen den Geschäftsprozessen zugeordnet. Zuvor wurden diese Prozesse durch die Arbeitsgebietsleiter in Zusammenarbeit mit der Organisation festgelegt. Bei manchen Mitarbeitern ist es erforderlich, daß sie als "Schnittstellen-Owner" in mehreren Prozessen mitarbeiten. Jedes Team ist einem Geschäftsprozeß-Koordinator (-Owner), eventuell den Bereichs-, Abteilungsleitern, den Führungskräften oder jüngeren, dynamischen Leuten zugeordnet, die allerdings in der Gruppenarbeit nicht weisungsbefugt und nicht disziplinarische Führer sind.

Die Ideenbörse darf nicht versiegen.

Die installierten Gruppen sollen nun lernen, sich eigene Ziele vorzugeben, sich selbst in ihren neuen Geschäftsprozessen zu organisieren und nicht mehr in den bisherigen Produktions- oder Funktionsprozessen. Um dieses zu unterstützen, wurden an einem einzigen Tag vor dem Lenkungsgremium 40 Vorträge (à neun Minuten) über neun Geschäftsprozesse gehalten und diskutiert. Daraus ergaben sich 800 Ideen, und 40 Kleinprojekte wurden zur Ursachen- und Lösungsfindung sowie Entscheidung freigegeben. Es entstand eine regelrechte "Ideenbörse".

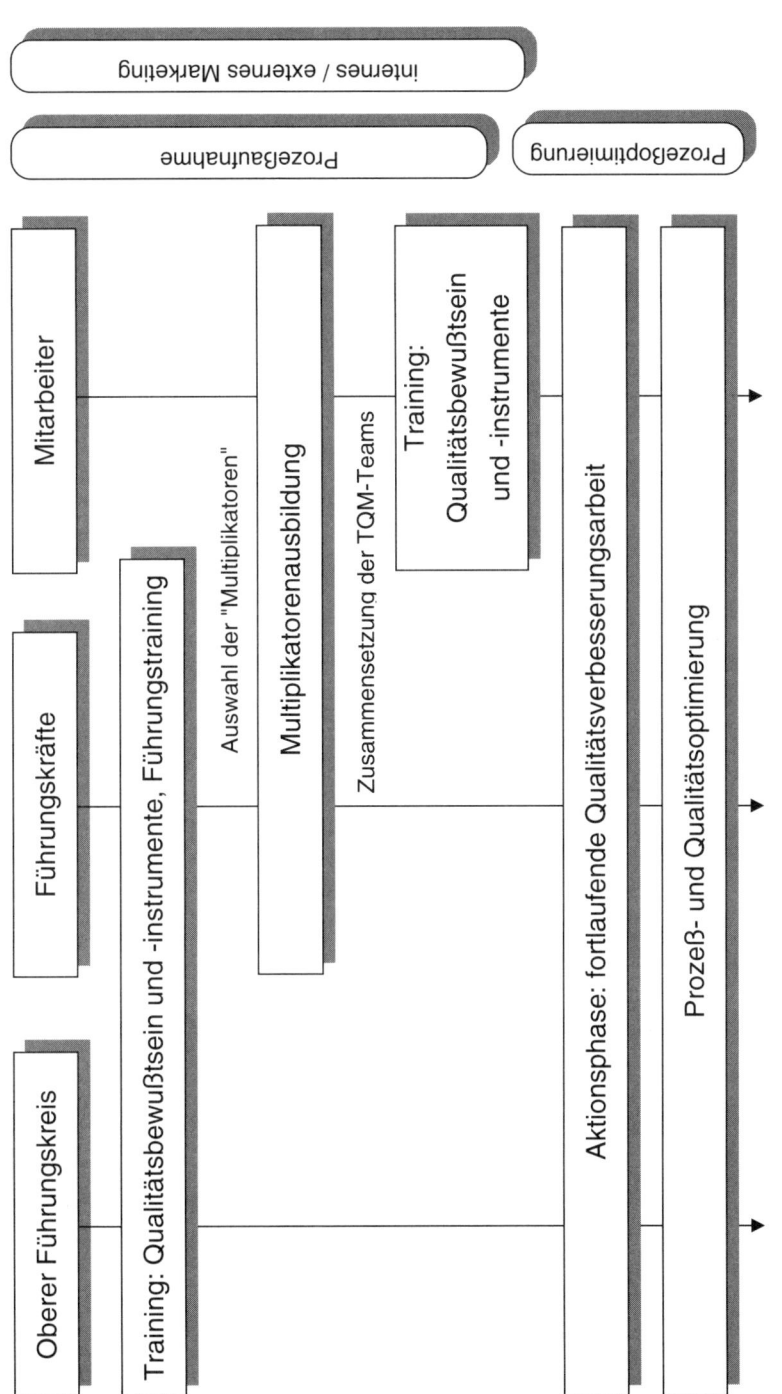

Abb. 10: Vorgebensweise bei der Einführung (Degussa AG)

Die erforderlichen Veränderungen sind selbstverständlich mit den ISO-Verfahrensanweisungen abzustimmen. Es muß also regelmäßig in dieser Dokumentation nachgearbeitet werden, denn Zertifizierungsdokumentation und TQM sollen Hand in Hand wirken.

Beispiele geben, Ziele vorleben auf allen Ebenen.

Die Schwierigkeiten der Einführung lagen darin begründet, daß kurz zuvor ca. 25% Personal abgebaut worden waren und daß nach der abgeschlossenen Zertifizierung die Mitarbeiter verwirrt fragten: "Was, noch ein Programm? Was denn noch?" Die bisherigen Qualitäts-Beauftragten waren durch ihre reine Aufgabendelegation früher eigentlich im Prozeß gar nicht richtig eingebunden und mußten sich erst selbst oder durch entsprechende Einflüsse als Koordinatoren/Moderatoren in den TQM-Prozeß einbringen. Die Mitarbeiter wiederum mußten erst erkennen und lernen, ihre persönlichen Qualitäts-Ziele zu definieren. Der ganze Prozeß wird heute zunehmend durch intensives Visualisieren (grafische Darstellungen, Protokolle, persönliche Bekenntnisse) im unmittelbaren Arbeitsbereich unterstützt.

Externe Starthilfe ist von großem Nutzen.

Training ist sehr wichtig.

Ein starker, externer Berater als Projektleiter, der auch einmal die unbequemen Fakten und Verhaltensweisen offen anspricht, war für das Projekt sehr entscheidend. Er wird sich nach 1,5 Jahren Projekteinführung, nach der Basis-Schulung aller Mitarbeiter, mehr und mehr zurückziehen und den permanenten Prozeß den internen Koordinatoren und den Mitarbeitern überlassen. Die Gruppen werden ständig von den Moderatoren (meistens zu zweit) betreut, die regelmäßig beobachten, wo was passiert, was in die Gruppe einzubringen wäre und was trainiert werden muß. Neue Aufgaben werden vom Lenkungsausschuß gesammelt und nach Wichtigkeit, Dringlichkeit, Wirtschaftlichkeit zugeordnet und den Gruppen vorgeschlagen. Zur Kontrolle werden Meßpunkte festgelegt, laufend erfaßt, kontrolliert und die Verbesserungen werden daran gemessen.

Wichtig ist, den TQM-Prozeß immer wieder im Unternehmen zu kommunizieren durch Filme, Videos (auch für den externen Gebrauch), durch Führungsleitsätze und Beschreibung der TQM-Politik, durch anonyme Mitarbeiter-Befragungen (über Tätigkeiten, Arbeitsumfeld, Organisation und Leitung, über Kollegen und Führungskräfte), durch Benchmarking-Projekte und durch die Teilnahme am Europäischen Qualitäts-Award. Bei Degussa ist man überzeugt, daß durch diesen TQM-Prozeß die Geschäftsziele und das erforderliche Qualitätsbewußtsein in die Köpfe der Mitarbeiter eingehen werden.

"Wir stehen voll dahinter!"

Audi AG, Ingolstadt

Die Audi AG sieht sich in der Automobilindustrie als führend bei der konsequenten Einführung von Gruppenarbeit im Montagebereich (seit 1994 flächendeckend in der Produktion). Ein Großteil der Erfolgsmeldungen der letzten Jahre rechnet man eindeutig den Veränderungen der Prozesse und Abläufe in Folge der Gruppenarbeit zu. Die Entscheidung für die Gruppenarbeit fiel etwa ein Jahr vor ihrer Einführung.

Nach japanischem Vorbild von Lean Production hat man bei Audi den gesamten Montagebereich in Gruppensegmente aufgeteilt, so daß jeweils bis zu zehn Mitarbeiter pro Schicht in einer Gruppe unter der Führung eines Gruppensprechers arbeiten. Ein Fertigungsgruppenleiter (der frühere Meister) wiederum betreut zwei Gruppen und ist dem Segmentleiter (Leiter einer Linie) unterstellt.

Jede Gruppe im Montagebereich hat ihren sehr sauberen, gut gestalteten Gruppenplatz mit Tisch und Stühlen, an dem sie ihre Gruppenarbeit nach Bedarf oder mindestens einmal pro Woche für ca. eine Stunde durchführt. Die Gruppenarbeit wird von den Gruppensprechern (zwei je Gruppe) organisiert und moderiert. Sie wurden in der Anfangspha-

Zielvereinbarungen visualisieren.

se von der Unternehmensleitung ausgewählt und den Gruppen dann vorgeschlagen. Die Gruppen stellen sich selbst Aufgaben, erarbeiten ihren Themenspeicher, legen auch ihre Ziele im Rahmen der allgemeinen Unternehmensziele fest und visualisieren auf den Gruppentafeln ständig ihre Ergebnisse (verantwortlich dafür sind die Gruppensprecher). Sie vergleichen dabei ihre Ist-Ergebnisse mit den selbstgesetzten Planzahlen, also

– ihre Produktivität (Input, Output pro Mitarbeiter, z.B. 2 Min. pro Auto pro Mitarbeiter), die Auslastung und die Kosten.

Selbstkontrolle der Ziele

– ihre Qualität (nach den Fehlermeldungen einer mitlaufenden Fehlerkarte, für ihr Modul per EDV ermittelt). "Null Fehler" ist Ziel, vier erkannte und beseitigte Fehler werden gerade noch akzeptiert.

– die Flexibilität (d.h. welcher Mitarbeiter welche Tätigkeiten im Modul beherrscht, als Anreiz für weitere Eigeninitiative und Qualifikation und gleichzeitig als Lohnbasis).

– die Arbeitssicherheit (wieviel Unfälle am Arbeitsplatz), ihren Arbeitsschutz sowie ihren Krankenstand ("Tage ohne Ausfall").

Die Gruppe muß wissen, wo sie steht.

– die Anzahl Verbesserungsvorschläge (Ziel sind zwei pro Mitarbeiter, bei Bedarf mit Expertenunterstützung).

– die vorbeugende Wartung ihrer Werkzeuge und Geräte und damit die Verbesserung der Anlagenverfügbarkeit.

Die Mitarbeiter planen weiterhin eigenverantwortlich in der Gruppe ihre Anwesenheiten, ihren Urlaub, ihre Freischichten, ihre Weiterbildung auch in vor- oder nachgelagerten Gruppen. Sie wechseln täglich ihre Jobs in der Gruppe, so daß sie jederzeit für alle Tätigkeiten im Modul geschult und einsetzbar sind (ein echtes Job-Rotation und -Enrichment). In den

Gruppen werden außerdem Verbesserungsvorschläge erarbeitet, die ebenso wie die der Einzeleinrei-
cher prämiert werden. Der Fertigungsgruppenleiter
kann sofort Prämien von DM 500,-- zusprechen und
zur Lohnabrechnung anweisen. Er muß das natürlich
mit seiner Budgetkontrolle oder Planung für das
nächste Jahr in Einklang bringen. Er selbst kann nur
mit der Gruppe Vorschläge einreichen.

Außerdem sind die Mitarbeiter verantwortlich eingebunden in die Taktzeitkontrolle neuer Prozesse.
Durch regelmäßige Leistungs- und Zeiterfassung
wird ihre durchschnittliche, gesicherte Auslastung
pro Tag/pro Woche dargestellt (EDV-Unterstüt-
zung). Ihren Materialbedarf steuern sie selbstverantwortlich nach dem Kanban-Prinzip, also
verbrauchsgesteuert.

Bei Problemen wird mit der gelben Reißleine signa-
lisiert: "Ich brauche Hilfe", mit der blauen wird ein
Bandstop ausgelöst (= Stückzahlverlust). Der Fertigungsgruppenleiter, direkt vor Ort angesiedelt, ist
dann sofort zur Stelle, um mit allen Beteiligten das
Problem zu lösen.

Während früher 30-40 Mitarbeiter pro Gruppe/Be-
reich zusammengehörten, ist heute in der kleineren
Gruppierung

– die Verantwortung wesentlich gestiegen,

*Die Mitarbeiter un-
terstützen den Pro-
zeß voll und ganz.*

– die Durchführung der Schichtplanung mit zu-
nehmender Flexibilität viel einfacher,

– der Ehrgeiz zur Flexibilisierung entscheidend
größer geworden,

– wird die Vereinbarung von erreichbaren, aber
in der Regel ehrgeizigen Zielen als motivierend verstanden,

– wurde das Anlernen neuer Mitarbeiter wesentlich beschleunigt durch Training on the job,

- ist die Sozialkompetenz der meist selbstgewählten, mindestens eine Woche über Grundlagen der Gruppenarbeit geschulten Gruppensprecher gewachsen, denn sie müssen sich bei Konflikten, Zielvereinbarungen, in schwierigen Situationen mit den Mitarbeitern der Gruppe einigen können.

Der Prozeß wird immer wieder angestoßen.

Für die Unterstützung der Gruppenarbeit werden besondere, größere Problemstellungen in einem bis zu einwöchigen Klausur-Workshop mit kompetenten Fachleuten durchgearbeitet, mit sehr effizienten Problemlösungsmethoden gelöst und dann dem Management präsentiert. Es sind immerhin 240 Workshops dieser Art pro Jahr für die 4000 Mitarbeiter in Ingolstadt zur Verbesserung der Abläufe und zur Ideenfindung geplant.

Alle Ergebnisse der Planung und Ist-Daten-Erfassung und -Visualisierung werden zusammengeführt im "Control Room" bzw. Steuerungsraum, wo dann die Resultate der einzelnen Gruppen miteinander verglichen werden können und wo die Fertigungsgruppenleiter über ihre Zielerreichungen oder Abweichungen berichten. Die Gruppenmitglieder selbst haben auch hier - ebenso wie am Montageband - die Möglichkeit, sich mit den Ergebnissen anderer Gruppen zu vergleichen. Darüber hinaus informieren auch Firmenzeitschriften über Entscheidungen und Ergebnisse.

Mit Stolz präsentieren die Mitarbeiter in selbst erstellten Videos ihre Erfahrungen und positiven Erlebnisse mit der Gruppenarbeit. Der Krankenstand konnte von 8% auf 5% gesenkt werden, die Auslastung der Anwesenden stieg um weitere 3%.

Führen, Fördern, Fordern

Der Wille ist groß, noch besser zu werden, Probleme konsequenter anzugehen, Verantwortung für die Prozesse zu delegieren, die Führung nach den neuen Führungsrichtlinien zu optimieren. Das sind die neuen Vokabeln, die für die Führungskräfte gelten: Vorschlagen, delegieren, motivieren, Qualifizierung veranlassen, Wir-Gefühl stärken, Ziele vereinbaren, einfordern, Standards übertragen, Zielerreichung und Transparenz sicherstellen, aktiv fördern, beraten, anregen. Die Führungskraft als Fachmann, aber insbesondere als Integrator, Förderer, Macher und Visionär ist im Anforderungsprofil für Führungskräfte ganz klar angesprochen. Das wird auch nachhaltig trainiert ("Grundsätze der Führung").

Die Führungskräfte sind Dienstleister für die Mitarbeiter. Sie sollen sich mehr auf ihre Führungsaufgaben konzentrieren und das operative Tagesgeschäft stärker auf ihre Mitarbeiter/Gruppen delegieren. Sie sollen aber auch der Gruppenarbeit wesentliche Unterstützung zukommen lassen, und sie werden an dieser Unterstützung der Gruppenarbeit gemessen.

Überzeugen statt anweisen.

Unter dem Slogan "Prozesse verbessern im Team" wurde aus dem Programm "Wir bei Audi" ein kontinuierliches "Audi-Ideen-Programm" initialisiert: Jede Idee ist gut und soll schnellstens realisiert werden. 35.000 Mitarbeiter sollen permanent mitmachen. Die Linienvorgesetzten sind eingeschworen, diesen Prozeß optimal zu unterstützen. Sämtlichen Mitarbeitern von Audi wurden unter dem Slogan "Mensch im Mittelpunkt" ein Faltblatt zu Beginn des neuen Prozesses übergeben, indem ihre Verpflichtungen und Aufgaben als Mitarbeiter der Gruppe, als Gruppensprecher, Fertigungsgruppenleiter, als Fertigungsabschnittsleiter oder Segmentleiter klar beschrieben wurden mit der Bitte: "Werden Sie diesem Anspruch gerecht." Und die Erfolge beweisen die Umsetzung.

Sozialkompetenz ist mindestens so wichtig wie Methodenkompetenz.

Zahnradfabrik Passau GmbH

Die ZF Passau startete zunächst Anfang 1995 ein Pilotprojekt zur Gruppenarbeit mit 40 Mitarbeitern. Bis Ende 1996 soll nun der Prozeß in der mechanischen Bearbeitung und Getriebe-Montage flächendeckend eingeführt sein.

Für 15 Bandsegmente, an denen Teile oder Teilefamilien hergestellt werden, wurde jeweils eine Gruppe gebildet, ebenso in der Gelenkgehäuse- und Getriebegehäuse-Fertigung. Die Teams wurden je Band schichtübergreifend definiert mit durchschnittlich 20-25 Mitarbeitern, maximal 32 Mitarbeiter in einer Gruppe.

Bevor ein Team gestartet wurde, hatte jeweils ein Planungs-Team ein 20-Punkte-Programm durchgearbeitet, um die Rahmenbedingungen für diese Gruppe klar zu definieren. Das Planungs-Team bestand jeweils aus dem Meister der Gruppe sowie drei bis vier Mitarbeitern pro Schicht, die von der Gruppe gewählt worden waren, ebenso wie der Gruppensprecher. Dessen Wiederwahl oder Neuwahl wird alle sechs Monate durchgeführt.

Das 20-Punkte-Programm als Einstieg in die Gruppenarbeit.

Dieses 20-Punkte-Programm beinhaltete folgende Schritte:

• Festlegung des Planungsauftrags und des Ablaufs zur Einführung der Gruppenarbeit

• die Zusammensetzung der Gruppe

• die Definition des Stammpersonals in der Gruppe (die Teilnahme war laut Betriebsvereinbarung freigestellt, jedoch hat sie keiner der Mitarbeiter abgelehnt)

• den Zeitpunkt der Einführung von Gruppenarbeit

• die Häufigkeit der Gruppenarbeit (z.B. 1x wöchentlich für 1 Std.)

• die Art der Protokollierung und Information

• die Erfassung der Ausgangssituation (Ist-Zustand), z.B. Personalstärke, Schnittstellen, Ablaufdiagramme, Transparenz der Abläufe

- die Festlegung von Leistungs-Kenngrößen in der Ausgangssituation, z.B. nicht-produktive Stunden der letzten sechs Monate für einzelne und für die Gruppe

- die Festlegung der Ziele, die der Gruppensprecher regelmäßig mit den Zielen des Betriebes vergleichen soll (z.B. mehr Leistung, mehr Produktivität, mehr Ideen und Vorschläge, mehr Mitsprache)

- die Überprüfung und die neue Festlegung von Kostenstellen zur Klarheit in der Abrechnung der Ergebnisse und Leistungen

- die Definition der Tätigkeiten, eventuell neue Soll-Vorschläge

- die Optimierung der Arbeitsplatzgestaltung, wobei bereits bekannte Vorschläge der Gruppe mit eingearbeitet wurden

- ein viertägiges Moderatoren-Training für das Planungsteam

- das Aufstellen von Info-Tafeln im Bereich der Arbeitsgruppe

- die Durchführung einer Informations-Veranstaltung über das neue Bonus-Entlohnungssystem (s. unten) für die Gruppen mit einem Wiederholungstermin zur Klärung offener Fragen

- die Beschreibung und Erklärung der neuen Formulare für die EDV-mäßige Leistungserfassung ("was läuft vom Band")

- die Erstellung von Wartungsplänen

- die geheime Wahl der Teamsprecher

- die Vorab-Information über einen ersten eintägigen Workshop

- die Durchführung des Workshops durch die Moderatoren mit Kleingruppenarbeiten und gemeinsamer Diskussion mit der Geschäftsleitung und den Vorgesetzten über den Sinn und Nutzen von Gruppenarbeit (Ängste beseitigen, Unterstützung durch Geschäftsleitung demonstrieren, Entlohnungskonzept verdeutlichen und Fragen klären, ob bezahlte Arbeitszeit und eventuell auch der Samstag erforderlich ist.

Am nächsten Tag konnte jeweils sofort in diesem Bereich mit der Gruppenarbeit begonnen werden.

Selbstverantwortung muß erst gelernt werden.

Angst nehmen und Chancen aufzeigen, das waren die wichtigsten Aufgaben des Planungsteams. Die Mitarbeiter sollten lernen und verstehen, daß sie ihre eigene Urlaubsplanung, die Auftrags-Feinplanung, die Zeit- und Schichtplanung selbst übernehmen, daß ihre Arbeit interessanter wird und ihre Bezahlung selbstverantwortlich gesteuert werden kann.

Der alte Akkordlohn wurde abgeschafft, es wurde ein Bonus-System eingeführt. Der frühere durchschnittliche Akkordlohn wurde als Basis genommen. Die Mehrleistung über diese Basis (also schnellere Fertigung, weniger Störungen, weniger Leute) wird zu 80% ausbezahlt. Eine viermonatige Mehrleistung kann von der Gruppe mit einer einmaligen Prämie "abgekauft" werden, was aber die Leistungs-Kennzahlen um 3% hebt.

Die Gruppenarbeit kann auch in Überstunden durchgeführt werden, jedoch ohne Überstunden-Ausgleich. Dafür wurde ein Zeitkorridor von +/- 100 Arbeitsstunden eingeführt.

Visualisieren motiviert zu neuen Aktivitäten.

Die Gruppen visualisieren in ihren Bereichen an Info-Tafeln eine Reihe von Ergebnis-Darstellungen, Statistiken und Informationen ihrer Arbeit: Leistungen, Ausbringungen, Ausfallstatistiken der Endprüfung von Getrieben, Krankenstand, Team-Qualifizierung (wer kann was), Gruppenarbeitsprotokolle, Workshop-Protokolle, Gruppenziele, Fehlzeiten, Kunden-Reklamationen, Namen und eventuell Geburtstage der Gruppenmitglieder, interessante Presseinformationen, TQM-Infos, Auditierungspläne (ISO), die Betriebsvereinbarung und so weiter. Es ist den Gruppen freigestellt, was und wieviel auf den Tafeln präsentiert und wie häufig gewechselt wird.

Der Prozeß hat schon in der Anfangsphase zu erheblichen Produktivitätssteigerungen und Qualitätssteigerung bzw. Fehlervermeidungen geführt. Immerhin wurde dieser Prozeß der Einführung von Gruppenarbeit nach einem sehr schwierigen Crash-Kurs begonnen. Die 4.600 Mitarbeiter waren um ca. 1.000 vermindert worden. Der ursprüngliche Umsatz von etwa 1 Mrd. DM soll in Kürze mit der reduzierten Mitarbeiterzahl wieder erreicht werden.

Porsche AG, Stuttgart

Die ständigen Herausforderungen für die Zukunft sowie die neue Änderungsgeschwindigkeit im Kampf um die internationalen Märkte verlangen nach Meinung von Dr. Joos, Vorstand der Porsche AG (Controller Congress 1996, München), "eine grundsätzliche Neuorientierung des Managementverhaltens mit dem Ziel der systematischen Einbeziehung aller Mitarbeiter als entscheidenden Wettbewerbsvorteil". Mitarbeitermotivation und -einbeziehung muß frühzeitig gefördert werden. Je schneller dieser Prozeß mit den Beteiligten anläuft, um so eher entsteht ein lernendes Unternehmen. "Wir benötigen Quantensprünge zur Verteidigung der Arbeitsplätze und damit des Standortes Bundesrepublik Deutschland."

Die Einbeziehung aller Mitarbeiter forcieren.

Träger dieses Unternehmensprozesses sind also die Mitarbeiter der Unternehmen selbst. Ihre Kreativität, ihre Innovationskraft und ihre Leistungsbereitschaft stellen das eigentliche Kapital der Unternehmen dar. Bei Porsche ist die Führung und die Vision des Unternehmens darauf ausgerichtet, daß neben der Methodenkompetenz auch die soziale Kompetenz gesteigert und ein lebenslanger Lernprozeß ganzheitlich eingeführt werden muß. Permanentes Lernen, orientiert an den weltweit Besten der Industrie (ein echtes Benchmarking-Denken) und eine neue Unternehmenskultur, die die ständigen Verbesserungen im Prozeß fördert und unterstützt, basiert auf mitarbeiterorientiertem Führen, prozeßorientiertem Denken und zielt letztendlich auf die optimale Kundenzufriedenheit.

Visualisierung fördert das Mitdenken.

Nur gut informierte Mitarbeiter können kreativ bei Problemdiskussionen und -lösungen mitwirken. Offenheit und Ehrlichkeit, eine neue Form der Streit- und Diskussionskultur sind gefragt; nicht die Suche nach dem Schuldigen, sondern die Lösungsfindung ist vorrangig. Ein umfassendes Info-System sorgt für total offene Informationspolitik, z.B. werden den Mitabeitern an 22 Videosäulen 15 Minuten dauernde Info-Videos über alle Standorte angeboten. Info-Tafeln über den Stand von Verbesserungsvorschlägen und -umsetzungen, über Abteilungsziele, Wettbewerbsinformationen, Betriebsratsthemen, interne Auditierungen werden durch die Abteilungsleiter ständig aktualisiert.

Die Porsche Trainings-Card

Den Mitarbeitern steht eine Trainings-Akademie zur Verfügung, wo sie ihren Schulungs- und Weiterbildungsbedarf decken können. 40-50 Trainingsstunden pro Mitarbeiter und Jahr, in manchen Bereichen 10-15 Tage pro Mitarbeiter, sind als Zielvorstellung geplant. Selbst durch Produktivitätsverbesserungen freigestellte Mitarbeiter haben Anspruch und Gelegenheit, sich durch zehn Moderatoren und Trainer hausintern schulen zu lassen. Sie müssen sich allerdings selbst darum kümmern.

Teamsprecher trainieren

Die Einführung von Teams mit fünf bis acht Mitarbeitern und einem selbstgewählten Teamsprecher soll helfen, die erwünschen Kosten-, Qualitäts- und Innovationsprünge zu initiieren und abzusichern.

Teamsprecher werden alle sechs Monate neu bestätigt oder neu gewählt. Alle Teamsprecher erhalten ein fünftägiges Vorbereitungsseminar mit den wichtigsten Themen, wie z.B. Vorschlagswesen, Unfallschutz, Optimierung der Arbeitsplätze, Umsetzung des Porsche-Verbesserungs-Prozesses, Kenntnisse der Gruppendynamik usw.

Das betriebliche Vorschlagswesen ist ein wesentlicher Erfolgsfaktor im Hause Porsche geworden. Die Entwicklung von 40 Vorschlägen pro Monat in 1992 auf über 5.000 pro Monat hat Porsche zum absoluten Spitzenreiter im Vorschlagswesen in Deutschland gemacht. 1995 wurden mehr als 12 Vorschläge pro Mitarbeiter pro Jahr eingereicht und die Akzeptanzquote lag dabei bei 74%. Rasche Umsetzung der Ideen steht im Vordergrund, egal ob eine Rieseneinsparung oder eine nicht berechenbare Verbesserung am eigenen Arbeitsplatz dahinter steht. Der Verwaltungsaufwand ist gemessen an den Ergebnissen minimal. 24 Vorschläge pro Mitarbeiter werden für 1997 erwartet, freilich noch nicht vergleichbar mit japanischen Vorbildern, wobei sich bei Toyota allerdings der Trend von maximal 50 auf inzwischen 30 Vorschläge wieder reduziert hat.

Durch die Informationen über eine Idee (Verbesserungsvorschlag) sowie durch die Diskussion zwischen Einreicher und Umsetzer (Beurteiler) werden häufig wieder neue Verbesserungspotentiale gefunden. Zehn umgesetzte Vorschläge machen etwa 0,5% Kosteneinsparung pro Mitarbeiter aus, allein in 1995 waren es 12-13 Mio. DM Kosteneinsparungen. Die Mitarbeiter visualisieren ihre Ziele in ihrem Bereich. Zielerreichungen werden durch ein Bonus-System unterstützt. Dadurch wurden z.B. die Serienzeiten um mehr als 40% gesenkt, die Produktionsbestände um ca. 55%, der Krankenstand von 9% auf 5,3% und vieles mehr.

Die Eigendynamik des KVP

Öffentlichkeit und Transparenz der Zielerreichung ist ein Kommunikationsmittel für alle 250 Führungskräfte geworden. Es wird über Ziele und Umsetzungen nicht nur geredet, sie werden auch sichtbar als Erfolgsfaktoren deklariert und damit in den Köpfen aller Mitarbeiter verankert.

Prozeß vor Kosten

Nach der Fokussierung auf die Kosten (1992/93) folgte 1994 die Konzentration auf die Prozesse. Heute findet eine absolute Fokussierung auf die Teamarbeit statt, der Ausbau einer lernenden Organisation mit der ständigen Verbesserung von Methodenkompetenz, sozialer Kompetenz, lebenslanges Lernen, Selbstoptimierung sollen die erhebliche Ergebnisverbesserung der letzten Jahre zu einem langfristigen Unternehmenserfolg führen, zum World Best Practice im Sportwagengeschäft.

Hewlett-Packard GmbH, Böblingen

Was würde der Welt fehlen, wenn wir nicht mehr da sind?

Bei HP steht die Kundenorientierung im strategischen Ansatz sehr stark im Vordergrund: Das Richtige für den Kunden tun. Man muß wissen, **warum** man im Geschäft ist. Das sagt einem nicht nur die Marktforschung, die ja auch mit vielen Annahmen, Trends und Mittelwerten arbeitet. Vielmehr müssen wir die Kunden und unsere Mitarbeiter ständig in die strategischen Zielfindungen einbeziehen. "Die Zeit läuft uns unter den Fingern weg. Es geht immer schneller, vielleicht bis zu einem Punkt, wo es nicht mehr wirtschaftlich ist."

Immer schneller und immer innovativer

HP hat 1995 zwei Drittel des Umsatzes mit Produkten gemacht, die sie erst vor zwei bis drei Jahren eingeführt haben. Da muß man seine eigenen Kompetenzen klar erkennen und genügend Selbstbewußtsein haben, wenn man ständig nach dem Leitgedanken agiert: "Do the right thing right the first time fast." Benchmarking - von den Besten lernen, nicht von irgendwelchen Unternehmen - gehört mit zur Firmenphilosophie.

Die ist hauptsächlich geprägt durch nicht veränderliche Werte, wie:

• Wir vertrauen unseren Mitarbeitern, daß sie gute Arbeit leisten (keine Stechuhren, richtige Bezahlung, Gewinnbeteiligung)

• Man kann bei HP Fehler machen, wir brauchen diese "angstfreie" Umgebung, sonst kommt keine Kreativität auf. Man darf den gleichen Fehler nur nicht zweimal machen.

Vertrauen verhindert Angst.

• Wir brauchen keine Titel, keine Statussymbole, keine Vorzimmer, keine stand-by-Chauffeure, keine "Offiziers-Casino". Der Lagerarbeiter sitzt dort neben dem Top-Manager. Wir reden uns mit dem Vornamen an. Teamgeist wird gefördert durch gegenseitiges Helfen, offene Kommunikation und Information, Management by walking-around.

• Wir führen unsere Mitarbeiter über Zielvereinbarungen, bieten beispielhafte flexible Arbeitszeitmodelle, ein hohes Angebot an Weiterbildungsmaßnahmen und fördern damit die Flexibilität und Innovation in unserem Unternehmen.

• Das hohe Leistungsniveau unterstützen wir durch Beteiligung am Unternehmenserfolg und eine verständliche, permanente Schulung unserer Qualitätsphilosophie.

• Wir wollen unser Wachstum aus eigenen Mitteln finanzieren und propagieren unsere Geschäftsgrundsätze intern und extern als allgemein verbindlich.

HP braucht immer wieder völlig neue Produkte. KVP reicht da manchmal nicht aus, führt vielleicht auch nicht zu den Quantensprüngen. Schließlich wurde das elektrische Licht auch nicht durch die kontinuierliche Entwicklung der Kerze erfunden. Die Umstellung auf eine projektbezogene Organisation (statt der funktionsbezogenen, die z.T. noch

Projektorientierung und Outsourcing

in den Köpfen ist), die klare Zuordnung von Verantwortung und Entscheidungsfähigkeit (wenn ich entscheiden soll, muß ich auch verantwortlich sein), die Klarheit, daß man nicht mehr alles selber machen muß (Fragen wie: Muß ich das alles selbst besitzen, kann das jemand anderes besser, würde das den Kunden stören?) und der Aufbau einer lernenden Organisation (mit vielen Experimenten und auch der Gefahr, daß man Fehler macht) sollen den langjährigen Unternehmenserfolg von HP (auch in den letzten Jahren, wo es anderen wesentlich schlechter ging) weiterhin sichern.

Die Firmenphilosophie verdeutlicht die Mission:

– Stets experimentieren

– keine Angst vor dem Risiko

– niemals ganz zufrieden sein

– kein Ausruhen auf Lorbeeren

– stets die Trends vor den anderen erspüren

– gut zuhören

– ein hohes Energieniveau sichern

4.2 Welches sind die Probleme in der Gruppen- und Teamarbeit?

Gründe, warum Gruppenarbeit scheitert

Bei der Einführung von Gruppenarbeit werden nach unserer Erfahrung viele Fehler gemacht, die zum Teil dem Erfolg des Prozesses schon frühzeitig das Wasser abgraben. Dieses sind die zwölf wichtigsten Gründe:

1. Zuviel Distanz der Führung ("Macht mal schön").

2. Zuviel Passivität des mittleren Managements statt aktiver Unterstützung ("Beweist mal, daß ihr es besser könnt").

3. Ungeeignetes Führungsverhalten zerstört Vertrauen, Offenheit und Selbstverwirklichungswünsche der Mitarbeiter.

4. Verantwortung wird nicht konsequent delegiert und zugelassen.

5. Es werden zu schnell Erfolge erwartet, obwohl die Gruppenarbeit als mittel- bis langfristiger Prozeß zu sehen ist.

6. Mangel an methodischem Vorgehen beziehungsweise Unterstützung reduziert die Effizienz der Ergebnisse, zuviel übliche Diskussionen, zuwenig detaillierte, sofort umsetzbare Ergebnisse.

7. Schlechte Moderationsumgebung und -mittel, unprofessionelle Moderations-Workshops, zuwenig Schulung und Betreuung.

8. Führungskräfte wollen selber Gruppen moderieren, statt sich als Gruppenmitglieder einzubringen.

9. Strategische Ziele des Unternehmens sind nicht bekannt oder werden zu wenig als Orientierungsgrößen verwendet.

10. Versuche mit Insellösungen und zu späte Integration aller Abteilungen und Bereiche.

11. Zuwenig Zeitaufwand für Gruppenarbeit, zuviel Freizeit der Mitarbeiter erforderlich.

12. Mangelnde Projektabwicklung, Zeitplanung und Koordination der Schnittstellenthemen.

Darüber hinaus beobachten wir häufig ein starkes Schleifenlassen in der konsequenten Unterstützung durch die Unternehmensleitung und zuwenig Aufforderung, den Prozeß zügig zu beginnen und fort-

Am Anfang wird viel verkehrt gemacht.

zusetzen. Wenn Monate vergehen zwischen der Informationsveranstaltung für alle Mitarbeiter bis zur ersten Gruppenarbeit oder bis zu ersten Erfolgsmeldungen, ist sowohl das Interesse der Beteiligten als auch der unbeteiligten Beobachter erloschen. Ein Gruppenprozeß muß pausenlos wieder angestoßen, koordiniert und gefördert werden. Die Unternehmensleitung muß ihn wollen und permanent anfordern, zumindest in der Anfangsphase. Eine Info-Veranstaltung alleine kann keinen Prozeß auslösen.

Gruppenarbeit bewirkt grundsätzliche neue Verhaltensweisen und Strukturveränderungen, die erst erkannt, gelernt, verstanden und akzeptiert werden müssen. Gruppenarbeit bedeutet auch insbesondere am Anfang Mehrarbeit, mehr Abstimmung, Unsicherheit, Zweifel, vielleicht sogar Irritation und Ängste. Damit wird deutlich, daß Gruppenarbeit eine neue Führungsanstrengung erfordert. Es genügt nicht zu sagen: "Jetzt macht Gruppenarbeit! Wir sind so großzügig und lassen es zu." oder aber "Wir verlangen es von Euch. Wir geben Euch auch noch die Verantwortung für das, was dabei herauskommt."

Lassen Sie Ihre Gruppenführer nicht im Regen stehen.

Die Frage der Freiwilligkeit ist häufig ein kritischer Diskussionspunkt. Jeder zehnte bei BMW lehnt z.B. Gruppenarbeit ab. Gruppenarbeit allerdings mit Abmahnungen einzufordern ist genauso problematisch, wie eine zu laxe Laissez-Faire-Haltung ("mal sehen, ob jemand sich dazu bereit erklärt oder ob die was zustande bringen"). Mitarbeiter, die Verantwortung im Projekt übernehmen, müssen voll unterstützt werden durch klare Aussagen der Führung über Ziele, Ergebnisse, Erwartungen, Anerkennungen, Rahmenbedingungen, Budgets, Entlohnungs- und Zeitvereinbarungen sowie den organisatorischen Rahmen der Umsetzung von Verbesserungen und der Ergebnissicherung.

Der Zwang zur Teilnahme an der Gruppenarbeit, insbesondere mit Themen, die den einzelnen überfordern oder nichts an Wissen vermitteln, die ständige Inanspruchnahme von Freizeit, der Mangel an Interesse für Probleme oder den Fortschritt der Gruppenarbeit durch die Vorgesetzten ebenso wie die anschließende Blockade der Ideen, insbesondere der respektlose Umgang mit Vorschlägen, haben schon frühzeitig Gruppenarbeit zum Scheitern oder zum Stillstand gebracht. Überziehen Sie aber auch nicht mit Belohnungen und Incentives, denn meistens entstehen parallel dazu Verlierer (die Nicht-Belohnten).

Führen zur Selbstverantwortung

Wenn wir mit Gruppenarbeit in einem Unternehmen beginnen, so ist als eine der ersten Trainings-Maßnahmen ein Führungstraining erforderlich, damit für den Prozeß der Gruppen- und Teamentwicklung das nötige Verständnis und das entsprechende Führungsverhalten abgesichert werden. Gruppenarbeit setzt Vertrauen voraus und führt dann erst zur Übernahme von Verantwortung durch die Gruppe.

Die meisten Führungskräfte tun sich sehr schwer mit der Delegation von Aufgaben, auch gegenüber Gruppen. Am liebsten würden sie alles alleine machen, aber das schaffen sie aus Zeitgründen nicht. So bleibt es bei der Kontrolle der Arbeit ihrer Mitarbeiter, denn sie wollen ja, daß sie alles richtig machen. Und was richtig ist, weiß nur die Führungskraft (meint sie).

Die Mitarbeiter lernen also Dinge so zu machen, wie sie dem Chef gefallen. Sie denken permanent darüber nach, was und wie es ihm recht wäre, und wenn sie es nicht genau wissen, fragen sie einfach nach. So wird der Boss ständig darüber informiert, daß die Aufgaben in seinem Sinne ausgeführt wer-

Führen Sie Ihre Mitarbeiter aus der erlernten Hilflosigkeit heraus.

den. Von Selbstverantwortung keine Spur. Das ist ja auch viel bequemer: offenkundig für beide Seiten.

Du entscheidest und Du handelst auch!

Der Mut, die Mitarbeiter ihren Job so machen zu lassen, wie sie ihn machen wollen, fehlt vielen Führungskräften. Man sei ja schließlich in der Verantwortung. Und hierin können wir den eigentlichen Fehler im Denken und Verhalten sehen. Dr. Sprenger hat in einem bemerkenswerten Vortrag beim Controller Congress 1996 in München deutlich gemacht, daß die Verantwortung immer bei dem liegt, der den Job macht. Das gilt auch für Gruppen. Jedenfalls muß man das allen Beteiligten klarmachen.

Selbstverantwortung ist eine innere Einstellung.

Sie können als Führungskraft andererseits niemandem Verantwortung (von außen) geben, wenn er sie nicht haben will. Verantwortung kann man nicht delegieren. Aufgaben können Sie delegieren, Verantwortung nicht. Wenn jemand zu einer Aufgabe "ja" gesagt hat, muß ihm klar sein, daß er dann automatisch die Verantwortung hat. Sie könnten ihn dann auch zur Verantwortung ziehen. Wir sollten den Mitarbeitern und den Teams deutlich machen, daß Verantwortung eigentlich immer Selbstverantwortung ist, die nicht übertragbar ist. Sie ergibt sich aus der Aktion der Mitarbeiter.

Wenn Sie Sorge haben, daß Fehler passieren und die Aufgabenerfüllung nicht Ihren Erwartungen entspricht, müssen Sie dem Mitarbeiter die Aufgabe wegnehmen und damit die Verantwortung. Aber lassen Sie ihn in der Verantwortung, wenn er den Job macht, sonst bleibt in Ihrem Haus der "Kelch der Verantwortung" ein Wanderpokal, der ständig weitergereicht wird.

Lösen Sie nicht Probleme, die nicht die Ihren sind.

Machen Sie nicht immer gleich alles zur "Chefsache". Damit demonstrieren Sie nur die Inkompetenz Ihrer Mitarbeiter, selbst wenn es Ihnen um die Demonstration der ungeheuren Wichtigkeit aller Ihrer Angelegenheiten und Ihre glänzenden kreativen Lösungsaspekte geht. Sie können auch Herr im Hause sein, wenn Sie Mitarbeiter haben, die selbstverantwortlich handeln.

Es ist überraschend, welche erstaunlichen Ergebnisse Sie erzielen, wenn Sie die Entscheidungskompetenz dahin verlagern, wo auch die Sachkompetenz sitzt. Lassen Sie z.B. die Mitarbeiter "ihre" Maschinen kaufen, für die sie dann auch verantwortlich sind. Sie werden nicht enttäuscht werden, sondern ein hohes Maß an Motivation ernten. Mitarbeiter müssen verstehen lernen, Entscheidungen selbst zu treffen und dann mit den Konsequenzen zu leben. Das gilt auch in hohem Maß für die Gruppenarbeit.

Lassen Sie die Verantwortung dort, wo sie hingehört.

Haben Sie kein Vertrauen in die Entscheidungen Ihrer Mitarbeiter? Dann wundern Sie sich nicht, daß Ihre Mitarbeiter kein Vertrauen zu Ihnen haben. Glauben Sie nicht, daß Sie "die einzig richtige" Entscheidung alleine treffen und dann auch noch durchsetzen können. Wenn das Ihr Führungsverständnis ist, dann werden Sie keine Selbstverantwortung bei Ihren Mitarbeitern erreichen. Also lassen Sie Ihre Mitarbeiter und Teams ihre eigenen Antworten finden, ermutigen Sie zur Übernahme von Verantwortung für die eigenen Leistungen.

Überlastungsgejammer ("alles muß man selber machen") ist meistens selbstverschuldet. Viele Vorgesetzte fördern die Unselbständigkeit ihrer Mitarbeiter durch ständiges "Retter"-Gehabe und Aufdrängen von Ratschlägen. Sie gefallen sich in ihrer Grandiosität und die Mitarbeiter wiederum verstehen es, ihren Chef hart arbeiten zu lassen. Mitarbeiter erwarten oder fordern oft eine Lösung, obwohl sie selber die Lösung oder Lösungen kennen, aber sie wollen nicht die Verantwortung dafür übernehmen, oder sie wollen sich absichern.

Ratschläge erschlagen Selbstverantwortung.

Regel: Wer ein Problem hat, hat auch immer eine Lösung. Also sind Sie lieber ein guter Gesprächspartner, um im Dialog eine Lösung gemeinsam zu

Tun Sie nichts, was der Mitarbeiter selbst tun könnte.

entwickeln. Auch das gilt insbesondere für den Moderator und Gruppensprecher im Team.

Chefs und Team-Leader, die sich zu leicht einbinden lassen oder das Problem den Mitarbeitern wegnehmen, unterstützen zwei Denkansätze, entweder

> "Es hat wieder geklappt. Es ist ja leicht, Verantwortung und Arbeit abzugeben."

oder

> "Ich kann einfach meine Probleme nicht alleine lösen, ich bin ja so schwach", die typische "Opfer"-Rolle.

Wegnahme von Verantwortung demotiviert.

So lernen diese Mitarbeiter nie, die Folgen ihres Handelns selbst zu tragen und zu verantworten. Der "Retter" des "Opfers" gefällt sich in ständigen Gedanken und Formulierungen:

> "Ich sehe doch, Sie haben ein Problem. Soll ich Ihnen helfen?"

> "Sie können jederzeit zu mir kommen, die Tür steht für Sie immer offen."

> "Nun sagen Sie schon, was Sie bedrückt."

Oder etwas schärfer formuliert:

Ratschläge sind meistens auch Schläge.

> "Wie oft soll ich Ihnen denn noch sagen..."

> "Wenn Sie mich nicht hätten."

Diese ständigen Einmischungen, selbstgerecht, fürsorglich, gönnerhaft, unterstützen die Hilflosigkeit oder aber auch die rebellische Ablehnung von Verantwortung und Initiative. Fragen Sie sich lieber selbst: "Was passiert eigentlich, wenn ich mich nicht einmische?" Und wenn Ihnen dann nichts Dramatisches einfällt, dann lassen Sie die Mitarbeiter in der Verantwortung, und fordern Sie sie auf, selbstbewußt zu handeln und zu entscheiden.

Helfen Sie höchstens mit Fragen:

- An welche Alternativen haben Sie bisher gedacht?
- Wo liegen aus Ihrer Sicht Vorteile und Nachteile?
- Welche weiteren Informationen brauchen Sie, um das Problem zu lösen?
- Was ist Ihr Vorschlag?
- Was geschieht, wenn Sie nichts tun?

Führen durch Fragen, nicht durch Ratschläge erteilen. Rückdelegation verweigern, selbständige Suchprozesse bei den Mitarbeitern anregen, den Blick auf Alternativen und Zusammenhänge lenken. Eine vorbildliche Moderatoren- und Coaching-Einstellung. Eine indische Weisheit sagt: "Gibst Du einem Hungernden einen Fisch, so hat er was zu essen für einen Tag; lehrst Du ihn zu angeln, dann wird er überleben."

Verteilen Sie nicht Fische, sondern lehren Sie zu angeln.

Lassen Sie sich auch als Moderator, Gruppensprecher, Führer nicht in Konflikte hineinziehen nach dem Motto: "Wir können uns nicht einigen, und nun sagen Sie, wer von uns recht hat." Spielen Sie nicht Richter. Wenn Sie sich für eine der beiden Parteien entscheiden, haben Sie anschließend mit der anderen ein Problem. Vorher hatten Sie kein Problem, jetzt haben Sie eins. Votieren Sie für die Mitte, haben Sie anschließend zwei Probleme. Es ist meistens für dritte sehr schwer herauszufinden, wer recht hat oder wer schuldig ist.

Der Retter ist immer der Dumme.

Nehmen Sie die zwei Streithähne nicht aus der Verantwortung. Die Mitarbeiter müssen lernen, ihre Konflikte selbstverantwortlich zu lösen. Lassen Sie sich nicht in den Streit verwickeln, belassen Sie die Verantwortung da, wo sie hingehört, nämlich bei den Streitenden. Das muß nicht immer helfen, aber wer will schon sicher sein, daß es sich diesmal um die berühmte Ausnahme handelt.

Wer hat schon die Wahrheit gepachtet?

Führungskräfte und Gruppenführer haben nicht das Recht, die Verantwortung ihrer Mitarbeiter oder Gruppenmitglieder auf sich zu nehmen. Sie sollten auch die Folgen ihres Handelns nicht tragen, das ist alles Sache der Mitarbeiter. Berauben Sie Ihre Mitarbeiter und Team-Kollegen auch nicht der Gelegenheiten, Konfliktkompetenz zu erwerben. Spielen Sie nicht ewig den Retter, den Richter, den Sheriff.

Im Kapitel 6 können Sie praktikable Übungen zu Konfliktlösungen in Gruppen kennenlernen, die den Betroffenen helfen, für beide Seiten tragbare Ergebnisse zu finden. Rollenverhandeln und Win-Win-Verständnis sind hierzu wesentliche Voraussetzungen.

Wie weit sind mittelständische Unternehmen in der Teamentwicklung?

Viele behaupten, schon Teamarbeit zu praktizieren.

Wenn wir diese Frage so direkt stellen, dann behaupten viele Führungskräfte, daß sie schon lange Gruppenarbeit machen und daß sie ohne Teamgeist ja nicht das leisten könnten, was sie heute leisten. Der Sinn von Teamarbeit ist allen eindeutig bewußt, aber die Verwirklichung läßt nach unserer Erfahrung viel zu wünschen übrig. Das ist übrigens auch die Erkenntnis vieler BDU-Beraterkollegen und von einigen Steuerberatern, die die Geschäftsführungen ihrer Klienten etwas genauer beobachten.

Wir haben an über 200 mittelständische Unternehmen einen Fragebogen zur Personal- und Teamentwicklung geschickt. 35 Antworten liegen vor und wurden in der Abb. 11: "Personal- und Teamentwicklung in unserem Unternehmen" zusammengefaßt. Sehen Sie selbst, wie es um den Mittelstand steht.

Unser Unternehmen	trifft voll zu					trifft gar nicht zu
	1	2	3	4	5	6
1 Die einzelnen Mitarbeiter können eigenständig denken und handeln.	6 •	16	12	0	1	0
2 Die Mitarbeiter werden entsprechend ihren Fähigkeiten und Fertigkeiten eingesetzt und haben die Möglichkeit zu persönlicher Aus- und Weiterbildung.	2 •	16	12	3	0	0
3 Innerhalb der Organisation werden die Strukturen, Strategien, Prozesse, Ergebnisse, Spielregeln und Auswirkungen regelmäßig zum Thema gemacht und kritisch hinterfragt.	2 •	10	9	8	2	1
4 Auch Unansprechbares kann von Zeit zu Zeit angesprochen werden.	8 •	11	10	2	2	0
5 Veränderungen und Entwicklungen, Prozeßplanungen und -gestaltung werden gemeinsam entwickelt, eingeleitet und umgesetzt.	6 •	4	14	6	6	0
6 Veränderungsprozesse werden kritisch hinterfragt, um daraus für die Zukunft zu lernen.	3 •	13	7	5	2	0
7 Ziele, Arbeitsablaufprozesse, Handlungen und Ergebnisse werden immer wieder zur Diskussion gestellt.	3 •	10	13	4	0	0
8 Aufkommende Widerstände werden gehört und ernst genommen.	4 •	9	14	5	1	0
9 Sinnlosigkeiten dürfen angstfrei zum Thema gemacht werden.	6 •	10	9	2	3	0
10 Vorgesetzte holen aktiv Feedback hinsichtlich ihrer Führungsqualität von ihren Mitarbeitern ein und leiten daraus auch Konsequenzen für sich selbst ab.	2 •	6	8	10	6	2
11 Arbeitsplatz-, Informations-, Kooperations- und Entscheidungsstrukturen sind so gestaltet, daß ein Lernen auf allen Ebenen ermöglicht wird. Die Führungskräfte bieten dafür ausreichend Möglichkeiten und schaffen die dafür notwendigen Rahmenbedingungen.	1 •	8	11	5	7	1
12 Mitarbeiter und Führungskräfte interessieren sich vornehmlich für die Lösung von Problemen und das Stiften von Kundennutzen.	4 •	10	17	3	1	0
13 Gemeinsam gemachte Erfahrungen werden dokumentiert und sind für alle zugänglich und erweiterbar.	2 •	7	8	9	4	4

• *Idealtypische Einschätzung für Teamentwicklung und lernende Organisation*

Abb. 11: Personal- und Teamentwicklung in unserem Unternehmen

Unser Unternehmen	trifft voll zu				trifft gar nicht zu	
	1	2	3	4	5	6
14 Verbesserungen werden nicht dem Zufall überlassen, sondern bewußt organisiert und institutionalisiert (z.b. betriebliches Vorschlagswesen)	6 •	8	9	8	3	0
15 Fehler werden als Lernquellen genutzt.	6 •	11	11	2	4	0
16 Entwicklungen im Umfeld der Organisation (z.b. Kundenwünsche, Konkurrenz, Trends usw.) werden nicht ignoriert, sondern kritisch und auf mögliche Konsequenzen hin geprüft.	5 •	19	6	2	0	0
17 Lernfördernde Faktoren von Kultur, Struktur, Strategie und Personal werden aufgegriffen und als Ausgangsbasis für weitere Entwicklungsprozesse genutzt.	1 •	6	14	5	5	2
18 Mitglieder mit Außenkontakten (Außendienst) werden in das Reporting-System eingebunden.	8 •	8	8	2	4	2
19 Es werden Störungen im Ablauf (z.b. Reklamationen, Lieferverzögerungen) systematisch untersucht und gemeinsam gelöst.	5 •	12	7	7	3	0
20 Es wird das Wissen neuer Mitarbeiter systematisch genutzt, um Betriebsblindheit und Informationsmängel zu relativieren.	3 •	7	7	6	3	2
21 Die Mitarbeiter erhalten Feedback zu ihrer Leistung.	4 •	9	12	4	4	1
22 Die einzelnen Führungskräfte wie auch Mitarbeiter wissen, was man von ihnen erwartet, und kennen die gemeinsam vereinbarten Ziele.	11 •	9	11	0	2	0
23 Ein beträchtlicher Anteil der Veränderungen geht von der Basis aus.	2	14	5	7	4	2
24 Wandel wird als Chance und nicht als Bedrohung begriffen.	5 •	13	11	5	1	0
25 Falsche Entscheidungen werden mit Offenheit revidiert und zurückgenommen - es besteht eine konstruktive Bereitschaft zu Kritikfähigkeit.	5 •	13	9	2	5	1
26 Bereichsübergreifende Veränderungen werden so gestaltet, daß sie eine größtmögliche Zustimmung aller Beteiligten erzielen.	4 •	7	11	8	3	1
27 Zeit wird als wichtiger Wettbewerbsfaktor empfunden.	9 •	15	6	1	0	1

• *Idealtypische Einschätzung für Teamentwicklung und lernende Organisation*

Abb. 11: Personal- und Teamentwicklung in unserem Unternehmen

Unser Unternehmen		trifft voll zu					trifft gar nicht zu
		1	2	3	4	5	6
28	Entscheidungen werden durch den hierarchisch Zuständigen getroffen und selten mit den Betroffenen abgestimmt.	1	5	6	11	8	3 •
29	Abteilungs- und bereichsübergreifende Kommunikation erfolgt meist über die vorgegebenen Dienstwege.	0	10	13	2 •	4	5
30	Formulare spielen eine wichtige Rolle für die unternehmensinterne Kommunikation.	4	11	10	4 •	3	2
31	Entscheidungsspielräume sind eng begrenzt und nahezu abschließend festgelegt (z.B. durch Unterschriftenregelungen und fixierte Entscheidungswege).	1	9	7	8 •	6	3
32	Eigeninitiative wird ungern gesehen und erst recht nicht belohnt.	1	4	4	5	9	11 •
33	Informationen sind Herrschaftswissen; Informationsmonopole werden gepflegt.	1	4	6	7	6	10 •
34	Beständigkeit hat im Wertesystem einen hohen Stellenwert - Mitarbeiter werden nach Zugehörigkeit entlohnt und befördert.	0	3	6	6	8 •	6
35	Bereichs- und abteilungsbezogenes Denken dominiert Entscheidungen.	1	6	8	9 •	7	2
36	Positionsmacht ist in der Organisation von entscheidender Bedeutung.	1	8	9	2	7	4 •
37	Wir sorgen für regelmäßiges Training der Kreativität und Spontanität der Mitarbeiter.	1 •	3	7	7	9	5

• Idealtypische Einschätzung für Teamentwicklung und lernende Organisation

Abb. 11: Personal- und Teamentwicklung in unserem Unternehmen

Wir haben die idealtypische Beantwortung, die wir hinter dem Sinn und dem Inhalt der Fragen ansprechen wollten, mit einem Punkt gekennzeichnet. Und wir fühlen uns weitgehendst bestätigt durch einige Antworten, insbesondere durch eine der besuchten Firmen, die schon etwas länger Gruppenarbeit praktiziert und nahezu 100%-ig diese sogenannte idealtypische Kennlinie für sich markiert hat.

Es gibt noch viel zu verbessern bei der Teamentwicklung.

Die meisten Antworten liegen etwa ein bis drei Punkte von der "Ideal"-Aussage entfernt. Natürlich müssen wir akzeptieren, daß über jede Frage diskutiert werden könnte und daß es plausible Gründe gibt, warum man noch nicht so weit ist oder eine andere Bewertung bevorzugt. Aber wir wollen die Praxis nicht verwissenschaftlichen. Uns geht es um tendenzielle Aussagen, die Gedanken und Handlungsweisen anstoßen können.

Verschiedene Meinungen bedeuten nicht fehlender Teamgeist.

Wie bei anderen Fragenkatalogen, die wir z.B. auch in Gruppen zum Thema Qualität oder Führung einsetzen, gibt es eine relativ breite Streuung der Meinungen. Den Gruppen hilft diese Erkenntnis zu verstehen, daß die Meinung des einzelnen selten die einzige "Wahrheit" ist, sondern daß die Gruppenmeinung in ihrer Streuung auch die Chance beinhaltet, sich mit dem Gedanken in der Gruppe gemeinsam intensiver auseinanderzusetzen.

Das sind die wesentlichen Interpretationen unserer Fragebogen-Aktion:

• Die befragten Firmen setzen die Eigenständigkeit, die Qualifikationsmöglichkeit, die Offenheit, die Kundenorientierung, die Lernfähigkeit aus Fehlern, die kritische Auseinandersetzung, die gemeinsame Zielvereinbarung, die Flexibilität der Mitarbeiter schon relativ hoch an (zwischen eins und drei). Dabei haben wir durch firmeninterne Auswertungen festgestellt, daß hier die Führungskräfte optimistischer urteilen, daß Mitarbeiter sogar recht pessimistische Aussagen treffen, weil sie ihre großen Zweifel und Frusterfahrungen mitbringen.

• Am meisten Nachholbedarf scheint es zu geben im Trainingsbereich von Kreativität, Führungsverhalten, Teamentwicklung, Kommunikation und Information, Vertrauen und Verantwortung, Verbesserungsprogrammen, Ursachenforschung und Problemlösungen.

- In Betrieben, die schon mit Gruppenarbeit positive Erfahrungen gemacht haben, liegt die Meinung der Führungskräfte von denen der Mitabeiter nicht weit entfernt, eher sogar deckungsgleich. Natürlich kann man Abweichungen um einen Punkt fast ignorieren, eine breite Streuung ist wiederum sehr interessant und sollte auf alle Fälle thematisiert werden.

Gruppenarbeit fördert gemeinsames Verständnis.

- Bei der Befragung von Führungskräften (zweite Ebene) in einem 400-Mitarbeiter-Unternehmen war der Trend zur idealtypischen Aussage stärker ausgeprägt (Werte eins bis drei), aber dennoch fast in allen Punkten eine Streubreite von über fünf Punkten gegeben. Einige Führungskräfte "beklagen" also mit dieser Wertung: "Wir sind noch weit entfernt vom optimalen Zustand" oder "Wir sind uns leider auch nicht einig, was wüschenswert wäre."

- Betriebe, die noch wenig in Gruppenarbeit umsetzen, liegen im Gesamtergebnis mit recht gestreuten Werten im eher mittleren Bereich der Skala zwei bis fünf. Hier ist noch viel an Verständnis und Verhaltensänderungen nachzuholen.

Vielleicht nehmen Sie diesen Fragebogen und geben ihn einigen Mitarbeitern Ihres Hauses zum namentlichen oder anonymen Ausfüllen. Wichtig ist, daß die Ergebnisse anschließend thematisiert und gemeinsam verarbeitet werden. Der Fragebogen alleine löst noch keine Bewußtseinsänderung aus. Dennoch werden dadurch Denkansätze für die Zusammenarbeit und die Personalentwicklung an die Mitarbeiter herangetragen. Der Fragebogen ist also auch eine nützliche Startunterstützung für den Teamentwicklungsprozeß. Hierdurch werden die Gedanken auf einige Schwachpunkte in der betrieblichen Zusammenarbeit gelenkt und das Bewußtsein gefördert, die Verantwortung zur Mitgestaltung zu übernehmen.

Fragebögen geben Denkanstöße.

5. Wie unterstützen wir die Teamentwicklung in der Gruppenarbeit?

Wenn wir uns in den Unternehmen die auftretenden Probleme vornehmen und analysieren, dann kommen wir häufig zu der Meinung, daß wir auf dem Gebiet des menschlichen Zusammenlebens, zumindest außerhalb der Familien, fast alle sozusagen "soziale Analphabeten" sind.

Wenn jemand anderer Meinung ist, denken wir immer gleich, mit ihm sei irgendetwas nicht in Ordnung.

Wir wissen über uns selbst und über andere eigentlich viel zuwenig. Wir wissen auch gar nicht genau, was andere über uns denken und welche Vorstellungen sie über uns haben, oder wir schätzen diese Vorstellungen falsch ein.

5.1 Selbstbild-/Fremdbild-Abgleiche

Unser Selbstbild hängt nicht nur davon ab, wie andere uns wirklich objektiv sehen, sondern auch davon, welches Fremdbild nach unserer Meinung andere von uns haben. Wir sind also in der Regel auch sehr daran interessiert, wie andere uns sehen und ob ihr Fremdbild über uns mit unserem Selbstbild übereinstimmt.

Feedback hilft uns, mehr darüber zu erfahren, wie wir auf andere wirken.

Es gibt viele Dinge, die uns persönlich in bezug auf unser eigenes Verhalten in unseren zwischenmenschlichen Beziehungen unbekannt sind, die aber von anderen erkannt werden. Man spricht hier vom sogenannten "blinden Fleck", den wir nur verändern und abbauen können, wenn wir uns bemühen, die Meinung anderer über uns zu erfahren, und wenn wir über uns selbst sprechen können. Anderen Menschen Dinge über sich selbst mitzuteilen ist ein Ausdruck von Vertrauen. Dazu müssen wir aber auch einmal etwas Privates preisgeben.

Nur überzeugte Einzelkämpfer werden von sich sagen: "Die Meinung anderer Menschen kümmert mich nicht!" In Gruppen- und Teamarbeit kann und darf es dem einzelnen nicht egal sein, wie er gegenüber den anderen wirkt. Hier sollten wir jedem Gruppenmitglied zu einem objektivierten Selbstbild verhelfen, ihm Möglichkeiten geben, ehrliche Meinungen anderer Menschen über das eigene Verhalten zu erhalten. Dazu bieten sich zum Beispiel gemeinsame Gespräche über das Persönlichkeitsprofil des einzelnen an (s. Abb.12: "Persönlichkeitsprofil/Selbst-Einschätzung"), das zunächst vom einzelnen selber als Selbstbild erstellt wird und dann von ihm zusätzlich mit verschiedenen Fremdbildern (offen oder anonym) abgeglichen wird.

Wir entwickeln unsere Persönlichkeit durch ständige Feedbacks.

Wir werden feststellen, daß jeder Feedback-Geber die Bewertungen unterschiedlich zuordnet. Gerade die Unterschiede geben einen realistischen Bezug zwischen Selbst- und Fremdeinschätzung. Für ein hohes Maß an Unternehmens- und Gruppenkultur spricht, wenn mit einzelnen und auch offen in der Gruppe über die Abweichungen gesprochen werden kann.

Solche Selbst- und Fremdeinschätzungen können Sie in der gleichen Struktur zum Beispiel nach einer Zeitspanne von einem Jahr oder in Varianten wiederholen, um den Veränderungsprozeß sichtbar zu machen.

Diesen Kriterienkatalog können Sie beliebig erweitern. Vielleicht fragen Sie sich und andere auch einmal: "Bin ich .....?"

intelligent	impulsiv
kreativ	ungeduldig
schlagfertig	temperamentvoll
vielseitig	entschlossen
aufgeschlossen	zuverlässig
ehrgeizig	tolerant
geltungsbedürftig	freundlich
kompromißbereit	sympathisch
objektiv - neutral	hilfsbereit
anpassungsfähig	optimistisch
selbstbeherrscht	dominant
aggressiv	autoritär

Selbsterkenntnis durch den Blick in den Spiegel

Derjenige, der offen und ehrlich zu sich selbst ist, wird durch das eigene oder das fremde "Urteil" sicherlich Denkanstöße zu Veränderungen verspüren.

5.2 Der Sinn und die Chancen von Gruppen-"Spielen"

Statt "Spielen" können Sie auch Simulation sagen.

Teamtraining bietet ganz gezielte Möglichkeiten, um in der Gruppe eine ganze Menge über menschliches Verhalten - das eigene und das der anderen - zu lernen und bewußt zu machen. Prozesse der Verhandlungen, der Koalitionsbildung, der Konfliktlösung, der Entscheidungsfindung, der Aufgabenplanung und -durchführung können auch in "Spielen" und in Trainingsaufgaben ernsthaft geübt werden. Das Spiel ist also ein Modell des Ernstfalles, in dem sich die Beteiligten keineswegs ganz anders verhalten als in der Praxis.

Die Auswertungen solcher Übungsaufgaben und die anschließenden Diskussionen sind übrigens mindestens genauso wichtig und interessant wie das Spiel selbst.

Vielleicht versuchen Sie in Gruppen und Teams einmal folgende Übungen durchzuführen: (entnommen aus "Gruppentraining", R. Kisten/J. Müller-Schwarz, Reinbeck b. Hamburg 1996)

Ich beschreibe mich selbst	Trifft nicht zu				Trifft voll zu
	0	1	2	3	4
sachlich / förmlich					
selbstbewußt					
tatkräftig, aktiv					
gesprächig					
zurückhaltend / abwartend					
kontaktfreudig, gehe auf andere zu					
einfühlend, warmherzig					
temperamentvoll					
ausgeglichen / ruhig					
angriffslustig					
hilfsbereit					
fähig, andere zu beeinflussen					
kann gut zuhören					
zögernd / abwartend					
fröhlich / unbeschwert					
unsicher					
kämpferisch / offensiv					
beeindrucke andere					
Erfolg beim anderen Geschlecht					
offen, zeige viel von mir					
sparsam					
gutmütig					
skeptisch					
über den Dingen stehend					
begeisterungsfähig					

Abb. 12: Persönlichkeit/Selbst-EinschätzungAbb.

Nasa-Weltraum-Spiel:

In dieser Übung wird zwei oder mehr Gruppen die gleiche Aufgabe gestellt. Sie sollen überlegen, diskutieren, entscheiden, welche vorgegebenen Ausrüstungsgegenstände bei einer Bruchlandung auf dem Mond in welcher Reihenfolge nach der Wichtigkeit für das Überleben der Gruppe in dieser Notsituation zu wählen sind. Zunächst muß jeder einzelne für sich die Rangfolge festlegen, danach muß die Gruppe einstimmig ohne faule Kompromisse zu einer gemeinsamen Lösung kommen. (Die gleiche Übung könnte auch die Notlandung in der Sonora-Wüste sein).

Soziales Verhalten und Gruppendynamik beeinflussen das Gruppenergebnis.

In einer solchen Aufgabenstellung, die mit der täglichen Praxis herzlich wenig zu tun hat, soll das Team einen gruppendynamischen Prozeß auslösen, bestimmte Verhaltensweisen einzelner beobachten, die sozialen Beziehungen erkennen und vor allem überwachen, ob und wie einzelne Gruppenmitglieder besonders dominierend sind, die Meinungen der anderen unterdrücken und damit echte gemeinsame Lösungen verhindern.

Allen Teilnehmern wird dabei aber auch deutlich, wie sie sich in einer solchen "ernsten" Situation dominieren lassen und wie sie das zu einem besseren oder schlechteren Teamergebnis hinführt.

Sie glauben gar nicht, wie sich bei einer solchen Aufgabe, wo keine eingefahrenen Beziehungsregeln mehr gelten, die einzelnen Gruppenmitglieder ungewohnt verhalten und damit neue Stärken, aber auch Schwächen zu erkennen geben.

In der Regel wird jedoch das Gruppenergebnis selbst der schlechtesten Gruppe noch besser sein als das beste Einzelergebnis, denn "keiner sieht und versteht soviel wie alle". Die geistige Leistung mehrerer einzelner Personen verhindert mit größerer Wahrscheinlichkeit falsche Entscheidungen, es sei denn, die Gruppe läßt sich durch entsprechendes Verhalten einzelner dominieren und in ihrer Kreativität und Entscheidungsfähigkeit bremsen.

Wichtig ist auch hier, wie nach jeder Übung, daß die Beobachtungen in der Gruppe gemeinsam diskutiert werden, zum Beispiel auch durch eine Befragung nach dem *Verhalten in der Gruppe*:

Reflexion führt zum eigentlichen Lernerlebnis.

- Wer hat bei der vergangenen Gruppenarbeit am meisten/am wenigsten zu beeinflussen versucht?

- Wer hat der Gruppe am meisten/am wenigsten geholfen, ihre Aufgabe zu erfüllen?

- Wer war das beweglichste und vieseitigste Gruppenmitglied, wer war das unbeweglichste?

Verhaltensweisen in der Gruppe:

Durch eine solche Übung können den Gruppen auch unterschiedliche Verhaltensweisen verdeutlicht werden:

Beim *selbst-orientierten* Verhalten sind Gruppenmitglieder mehr an der Erfüllung ihrer eigenen Bedürfnisse interessiert als daran, der Gruppe bei ihrer Aufgabe zu helfen.

Verhaltensweisen, die Teamentwicklung fördern und bremsen.

Beim *interaktions-orientierten* Verhalten werden besonders die Interessen aller Gruppenmitglieder unterstützt, um wirksam zusammenarbeiten zu können.

Und bei *ziel- bzw. aufgaben-orientiertem* Verhalten wird vor allem die Lösung der Gruppenaufgabe im Vordergrund stehen. (vgl. Abb. 13: "Verhalten in der Gruppenarbeit")

In einem Gruppenprozeß wäre eine möglichst gleichmäßige Mischung aus allen drei Verhaltensarten ideal und für die Entwicklung der sozialen und fachlichen Kompetenz in der Gruppe förderlich.

Neben der verbalen Kommunikation ist auch die nicht-verbale Kommunikation von Bedeutung wie Mimik, Körperhaltung, Gesten, Handbewegungen, Blickkontakte, Gefühle, persönliche Nähe und dgl. Wenn wir unseren Geist und unsere Beobachtungsgabe für solche Arten von Beziehungs- und Ergebnisbeeinflussungen schärfen und diese Erkenntnisse positiv für den Gruppenprozeß einsetzen, wird die Teamentwicklung von allen Beteiligten fördernde Impulse erhalten.

Was ist ein Gruppenprozeß?

Der Moderator ist für den Prozeß verantwortlich.

In einer Gruppe oder einem Team geht es nicht nur um sachliche Inhalte, sondern auch um die Wahrnehmung, wie in der Gruppe kommuniziert wird, also um den **Prozeß**:

- Wer spricht mit wem?

- Wer unterbricht wen?

- Wer schweigt und warum schweigt er?

- Wie werden Entscheidungen in der Gruppe gefällt?

Die Beobachtung des Prozesses konzentriert sich also darauf, wie die Gruppe arbeitet. Dabei werden Beobachtungen und Wahrnehmungen der Gruppenmitglieder untereinander ausgetauscht und bewußt gemacht.

Durch Fragen und Wahrnehmungen zu dem begonnenen Gruppenprozeß lassen sich bessere sachgerechte Lösungen anbahnen.

Die einzelnen Gruppenmitglieder spielen in der Gruppe ihre Rolle, sie führen, sie opponieren, sie sind Mitläufer, Sündenböcke, Außenseiter.

Darüber hinaus ist es wichtig, vergleichbar mit den vorher erwähnten Verhaltensweisen, auch andere Rollen in einer Gruppe zu initialisieren und zu för-

dern, nämlich Aufgabenrollen und Erhaltungsrollen
im Gegensatz zu dem selbst-konzentrierten Verhalten der Gruppenmitglieder.

Selbst-orientiertes Verhalten:

- Versuche, die Diskussion zu beherrschen
- andere unterbrechen
- nicht zuhören können
- übererregt und empfindlich reagieren
- über Argumente hinweggehen
- Verantwortung ablehnen.

Interaktions-orientiertes Verhalten:

- Andere ansprechen
- andere in die Diskussion hineinziehen
- Vermitteln bei unterschiedlichen Meinungen
- Aufgreifen und Beachten guter Beiträge
- Spannungen reduzieren/lösen
- zur Kooperation ermutigen.

Ziel-orientiertes Verhalten:

- Arbeitsprozesse in Gang bringen
- Informationen mit anderen teilen
- Meinungen vertreten
- organisieren
- zusammenfassen
- Übereinstimmung feststellen
- Probleme herausstellen und klären
- Ursachen bestimmen
- Lösungsvorschläge unterbreiten
- zur Entschlußbildung beitragen.

Abb. 13: Verhalten in der Gruppenarbeit

Wir verstehen unter

Aufgabenrollen (Funktionen, die zur Erfüllung der Gruppenaufgabe wahrgenommen werden):

Gruppendynamik
bewußt machen und
aktiv unterstützen.

– Initiative ergreifen, neue Ideen und Verfahren vorschlagen, die Ziele der Gruppe definieren.

– Interpretationen und Meinungen geben und suchen.

– Koordinieren und Zusammenfassen von Ideen. Abstimmen mit Ideen anderer Gruppen.

Wir verstehen unter

Erhaltungsrollen (Funktionen, die zur Erhaltung der Gruppe wahrgenommen werden):

– Aufmuntern - Schaffen einer freundlichen Gruppenatmosphäre durch ermutigendes und unterstützendes Verhalten.

– Spannungen reduzieren.

– Gruppengefühl ausdrücken. Versuch, offene Kommunikation der Gruppe herzustelllen.

– Harmonisierung.

Aufgaben- und
Erhaltungsrollen
gleichgewichtig
unterstützen.

Eine Gruppe kann nur effektiv arbeiten, wenn Aufgaben- *und* Erhaltungsrollen wahrgenommen werden.

Diesen Aufgaben- und Erhaltungsrollen steht häufig das **selbst-konzentrierte Verhalten** konträr gegenüber:

– Aggressives Verhalten

– Dominieren

– Blödeln

– Um Sympathie buhlen

– Sich zurückziehen

Machen Sie dieses Rollenverhalten, diese Interaktions-Prozesse in der Gruppe bewußt. Fördern Sie die Bereitschaft und die aktive Unterstützung für solche Aufgaben- und Erhaltungsrollen dadurch, daß Sie die Teammitglieder motivieren,

– Information bereitwillig zu geben,

– aufmerksam zuzuhören,

– gute Ideen zu unterstützen,

– die Meinungen anderer zu erfragen,

– jemanden um Rat zu fragen,

– Wichtiges zusammenzufassen,

– Übereinstimmungen bei unterschiedlicher Meinung zu finden,

– Zurückhaltende auch ins Gespräch zu bringen.

Persönliche Bedürfnisse nach Macht und übertriebener Anerkennung können den Prozeß im Team sehr stören und behindern. Fördern Sie als Moderator oder auch als Gruppenmitglied stattdessen insbesondere durch interaktions-orientiertes Verhalten und Ausnutzung Ihrer Erhaltungsrolle das emotionale Klima in der Gruppe. Unterstützen Sie auch geeignete Kommunikationsmöglichkeiten in den Entscheidungsprozessen der Gruppen.

Spiel der Stummen (Kirsten/Müller-Schwarz, S. 65)

Durch eine solche Übung können Sie den Gruppenmitgliedern einmal alle sprachlichen und nicht sprachlichen Waffen aus der Hand nehmen. Keiner kann mit seiner Redekunst und Sprachgewandtheit mehr dominieren.

Kooperationsfähig sein, ohne zu reden.

Dieses Spiel stellt fünf Gruppen-Mitspielern in entsprechender Mischung Einzelteile von Quadraten zur Verfügung, die - ohne, daß sich die Mitspieler Zeichen geben oder sprechen - wieder zu passenden Quadraten zusammengesetzt werden müssen. Dies tut jeder für sich und damit auch für die Gruppe. Hier wird also die Kooperationsfähigkeit des einzelnen unter Streß, nämlich unter Zeitdruck, getestet.

Damit sich nicht wieder diejenigen durchsetzen, die am besten reden können (überreden können), weil sie angeblich die besseren Sachargumente auf ihrer Seite haben und die Stilleren an die Wand argumentiert werden, sind alle sprachlichen Fähigkeiten außer Kraft gesetzt.

Nach der Lösung der Aufgabe muß der eigentliche Nutzen den Teilnehmern verdeutlicht werden. Stellen Sie daher anschließend in der Gruppe folgende Fragen und diskutieren Sie darüber:

– Welche Gefühle empfindet man gegenüber Teilnehmern, die die Lösungsmöglichkeiten nicht so schnell erfaßten?

– Wie fühlt man sich, wenn andere eigene mögliche Lösungsansätze nicht sehen?

– Welche Gefühle und Gedanken tauchen auf, wenn sich andere nach einer falschen Lösung genüßlich zurücklehnen?

Gefühle und Gedanken reflektieren, um das Bewußtsein zu fördern.

– Wie fühlt sich der vermeintliche Sieger, auch im Vergleich zu den anderen?

– Hat man Sie unterstützt?

– Welche Erfahrungen und Beobachtungen lassen sich auf die tägliche Arbeit übertragen?

Jedes Gruppenmitglied sollte sich selber darüber klar werden, wie und was es zur Lösung eines Problems beitragen kann und daß es auch andere wichtige Beiträge zur Lösung liefern kann. Die Gruppenmitglieder insgesamt sollten die individuellen Schwierigkeiten eines anderen in der Gruppe wahrzunehmen lernen und ihm dann helfen, diese

Schwierigkeiten im Sinne einer effektiven Zusammenarbeit zu beseitigen.

5.3 Team-Entwicklung gestalten

Gruppenmitglieder, die von Vorgesetzten oder auch auf freiwilliger Basis zu bestimmten Projekt- oder Prozeßaufgaben zusammengeführt wurden, werden nicht automatisch zu Super-Teams.

Wenn wir uns vornehmen, ein solches Super-Team zu entwickeln, dann müssen wir folgende Voraussetzungen und Erfolgsfaktoren einbringen:

Wie werden wir ein Super-Team?

- die menschliche Beziehung untereinander verbessern

- die persönlichen Ressourcen ins Team einbringen

- die Stärkung des Selbstbewußtseins jedes einzelnen fördern

- weg vom Denken des Einzelkämpfers

- die Erarbeitung neuer Konzepte durch höhere Kreativität unterstützen

- die Aufwertung des einzelnen im Team begünstigen

- Rahmenbedingungen für die Entscheidungsfreiheit der Mitarbeiter schaffen

- Teamgeist den Mitarbeitern vorleben

- mehr Vertrauen, mehr Entscheidungsfreiheit von vorgesetzter Stelle geben

- kooperative Zusammenarbeit mit der Geschäftsführung sichern

- das räumliches Zusammensein intensivieren

Einigungen statt
Kuhhandel oder
Vermeidung von
Konflikten.

Wir wissen alle, daß in der Praxis auch noch so demokratische Regeln nicht unbedingt zu überzeugenden Einigungen und vor allem nicht zu Ergebniszufriedenheit bei allen Beteiligten führen kann. Wir können zwar durch entsprechende Moderation dafür sorgen, daß sich keiner übergangen fühlt. Dennoch, die Einigungen müssen miteinander ausgehandelt werden ("Gibst Du mir, dann geb' ich Dir"), was durchaus Konfliktstoff ans Tageslicht fördert und im Team bestimmte Verhaltensnormen verlangt. (s. später)

Wir sollten uns im klaren sein, daß wir auch außerhalb von Teams, aber erst recht im Team, bei unseren Entscheidungen von einer erkennbaren oder vermuteten Handlungsweise anderer Menschen abhängig sind, diese zumindest in unsere Überlegungen einbeziehen. Wir sitzen häufig zwar im gleichen Boot, aber jeder versucht doch, auf die Fahrtrichtung Einfluß zu nehmen.

Je mehr WIR-Gefühl und -Verständnis in einer Gruppe vorhanden ist, um so direkter und leichter wird sich die Energie des einzelnen für eine gemeinsame Richtung auswirken. Generell können wir jedoch davon ausgehen, daß die meisten Gruppenmitglieder sowohl auf der sachlichen Ebene der Übereinstimmung als auch auf der emotionalen Ebene des Vertrauens an ihrem WIR-Gefühl intensiv arbeiten und methodisch unterstützt werden müssen.

Teams entwickeln häufig ihren Teamgeist erst nach und nach in verschiedenen Phasen.

Das Phasenschema
der Teamentwicklung.

1. In der anfänglichen *Konfliktphase* ist die gemeinsame Zusammenarbeit noch durch gegenseitiges Mißtrauen, geringe Übereinstimmung über Gruppenziele und die Vorgehensweise geprägt.

2. In der *Anpassungsphase* erfolgt die erste Annäherung der sachlichen Standpunkte, wenn auch noch kein großes persönliches Vertrauen vorhanden ist.

3. In der folgenden Phase der *Uneinigkeit* kann durchaus schon das Vertrauen im persönlichen Bereich gewachsen sein (man kennt sich nun schon besser), aber es gibt sachlich noch keine Übereinstimmung.

4. In der letzten Phase der *Einigkeit* sind dann ein hoher Vertrauensgrad zwischen den Gruppenmitgliedern und gemeinsame Gruppeninteressen entstanden, die auch das WIR-Gefühl in der Gruppe bewußt werden lassen.

Wir haben sehr oft in Gruppen beobachtet, daß durch den wiederholten Wechsel von Anpassungs- und Uneinigkeitsphasen, also auch durch offenes, faires Streiten, sich allmählich ein höheres Maß an Gruppenkultur und Teamgeist entwickelt. Wir wissen aus Familie und Freundeskreis, daß auch Klarheiten im Denken, Fühlen und Einschätzen von Standpunkten erst durch offene Auseinandersetzungen mit den Meinungen der anderen zustande kommen und mehr als Zeichen des Vertrauens als des Mißtrauens gewertet werden.

> Auseinandersetzung für Vertrauen nutzen.

Das, was eine Gruppe (als aufgabenbezogene und zielverpflichtete Ansammlung von Menschen) als Entwicklungsschwierigkeiten verspürt, erfährt erst recht der "Neue" in einer Gruppe. Beispiele finden sich genug: Der Neuling im Betrieb, in der Nachbarschaft, im Sportverein, im Seminar, auf einer Party. Er wird sich folgende Fragen stellen:

— Wie soll ich mich in dieser Gruppe verhalten, und als was werde ich von dieser Gruppe akzeptiert? Welche Rolle will ich in dieser Gruppe spielen?

> Wie finden Sie in eine Gruppe hinein?

— Welche Ziele hat diese Gruppe, und inwieweit decken sich diese Ziele mit meinen eigenen Bedürfnissen?

– Wer beansprucht in dieser Gruppe eine führende Rolle (Macht) und wie kann ich selbst die Gruppe im Hinblick auf meine Bedürfnisse beeinflussen?

– Wie offen sind die Mitglieder dieser Gruppe untereinander, und was darf ich selbst von mir und meinen Wünschen preisgeben?

5.4 Kommunikationsverhalten verbessern

Soll in einer Gruppe ein WIR-Gefühl entstehen, müssen wir dafür sorgen, daß die Gruppenmitglieder sich überhaupt verstehen und verständigen können.

Dafür sollten schon sehr bald "Regeln der Kommunikation" *vereinbart* werden, auf die sich die Gruppenmitglieder und auch der Moderator der Gruppe jederzeit berufen können:

Regeln der Kommunikation

Kommunikationsregeln ganz bewußt ansprechen und vereinbaren.

• Jeder ist für sich selbst verantwortlich

Jeder einzelne trägt durch sein Verhalten und seine Aussagen zum Erfolg oder Mißerfolg einer Gruppe bei. Er muß dafür die volle Verantwortung übernehmen.

• Sprechen Sie nicht per "man" oder "wir", sagen Sie "ich".

Hinter "man"- oder "wir"-Formulierungen können Sie sich leicht verstecken. Zeigen Sie sich als Person und übernehmen Sie die Verantwortung für das, was Sie sagen. Sprechen Sie nicht für andere mit, von denen Sie gar nicht wissen, ob sie das wünschen.

- Leiten Sie Fragen dadurch ein, daß Sie erklären, was diese für Sie bedeuten.

  Fragen sind oft eine Methode, um seine eigene Meinung zu verstecken. Bei dieser Gelegenheit kann man dann auch andere gut in die Enge treiben! Äußern Sie lieber Ihre eigene Meinung - vielleicht schließen sich andere an! Und wenn Sie Fragen stellen, begründen Sie, warum Sie sie stellen.

- Wenn mehrere gleichzeitig sprechen wollen:

  Einigen Sie sich über den Gesprächsablauf. Vermeiden Sie "Seitengespräche"! Vielleicht ist das, was Sie zu sagen haben, auch für die anderen sehr wichtig.

- Behandeln Sie Gesprächsstörungen vorrangig.

  Sagen Sie offen, wenn Sie sich auf Gespräche nicht konzentrieren können - z.B. wenn Sie gelangweilt, ärgerlich, unzufrieden oder vom Gefühl her aus irgendeinem anderen Grund mit anderen Dingen beschäftigt sind.

- Vermeiden Sie es, andere zu interpretieren, teilen Sie statt dessen lieber Ihre persönliche Wahrnehmung mit (Feedback):

  Wenn das Verhalten eines Gesprächspartners bei Ihnen angenehme oder unangenehme Gefühle auslöst, teilen Sie es möglichst sofort mit. Teilen Sie dem anderen aber nicht Ihre Interpretation mit ("So sind Sie!"), sondern Ihre Wahrnehmung ("So wirken Sie auf mich") oder ("Folgende Reaktionen lösen Sie dadurch bei mir aus").

- Richten Sie Aussagen nicht an die Gruppe, sondern immer an bestimmte Personen.

  Sprechen Sie nicht über einen Dritten zu einem anderen, sprechen Sie nicht allgemein zu einer ganzen Gruppe, wenn Sie einen bestimmten meinen. Sagen Sie immer einer bestimmten Person, was Sie mitteilen wollen.

- Reden Sie nicht über Abwesende.

Lassen Sie es auch nicht zu in Ihrer Gegenwart. Nur so können Sie das in Sie gesetzte Vertrauen rechtfertigen.

In vielen Gruppengesprächen wird immer wieder deutlich, daß die Mitglieder die Neigung haben, während der Argumentation und den Aussagen eines anderen schon die eigenen Gesprächsbeiträge vorzubereiten und hektisch nach einer geeigneten Pause suchen, um loszureden. So redet letztendlich jeder am anderen vorbei, und nicht selten entsteht daraus ein kräftiger Streit, der zur Klärung der beiderseitigen Interessen denkbar ungünstige Voraussetzungen mit sich bringt: Keiner weiß nämlich, was der andere gesagt hat, überhaupt meint oder mit seiner Aussage beabsichtigt.

Lernen Sie, aktiv zuzuhören und wahrzunehmen.

Zuhören und emotional wahrnehmen kann geübt werden. Machen Sie folgende Übungen mit Kleingruppen:

Aktives Wahrnehmen

1. A + B sitzen sich gegenüber

2. A äußert sich gegenüber B über eine Erfahrung (eine selbst erlebte Situation), die betroffen gemacht hat.

3. B nimmt anschließend Position A ein und gibt dessen Erfahrung (Situation) unter Einbezug der vernommenen Gefühle wieder.

4. A formuliert dann sein Empfinden hinsichtlich der emotionalen Übereinstimmung der Wiedergabe von B.

5. *Rollenwechsel von A und B.*

6. *Partnertausch mit anderen.*

Die gleiche Übung können wir auch als "Aktives Zuhören" über einen Sachverhalt durchführen, wobei hier die sachlichen Inhalte vorrangig vor den emotionalen beobachtet und wiedergegeben werden sollten. A äußert anschließend auch, zu wieviel Prozent seine Aussage richtig wiedergegeben wurde. Wenn ihm das zuwenig ist, kann er seine Aussage nochmals wiederholen oder zusammenfassen, um sich besser verständlich zu machen.

Um zuzuhören brauchen wir Geduld, Offenheit und den Wunsch zu verstehen.

"Aktiv" steht dafür, daß wir als Zuhörer durch klärende Fragen oder durch Wiederholungen und Ermunterungen unser Interesse an der Aussage bekunden. Und es hilft zudem dem Sprechenden, klarer zu formulieren: "Wie soll ich denn wissen, was ich denke, wenn ich nicht höre, was ich sage?"

Diskutieren

A und B diskutieren über ein beliebiges Thema (das aber möglichst gegensätzliche Standpunkte zulassen soll).

Diskussionsbeiträge müssen erst einmal verstanden werden.

1. A fängt mit der Diskussion an.

2. Bevor B antwortet, muß er das, was A gesagt hat, kurz sinngemäß wiederholen.

3. Stimmt A der Wiederholung von B zu, darf B die Diskussion fortführen, und A muß anschließend zusammenfassen usw.

4. Stimmt A nicht zu, muß B, bevor er weiterredet, noch einmal wiederholen, was A gesagt hat.

5. Ist dann A noch immer nicht mit der Zusammenfassung einverstanden, muß er selbst noch einmal zusammenfassen usw.

7. Die Diskussion begleitet ein Beobachter C, der auf die Einhaltung der Spielregeln und auf das Diskussionsverhalten von A und B achtet.

8. Rollenwechsel

Gesagt ist noch nicht verstanden.

Unterschätzen Sie nicht den Lerninhalt von solchen Übungen. Sie werden sich wundern, wie schwer es ist, Gedanken und Formulierungen und nicht nur Gefühle eines anderen wiederzugeben. Oder Sie merken als Person A, wie schwer es ist, sich deutlich auszudrücken, wie schwer sich andere tun, sich in Ihre Gedanken- und Gefühlswelt möglichst identisch einzubringen.

Die Schwierigkeit besteht darin, daß Sie sich nicht nur bemühen müssen zu erfassen, was der andere sagt, sondern auch was er wirklich sagen möchte. Die Technik des *sinngemäßen* - also nicht des wörtlichen - Wiederholens, die automatisch zu genauem Nachdenken bei Gesprächen zwingt, wirkt zwar für die Anwendung in der Praxis zu formal, macht aber bewußt, daß es sehr wichtig ist zuzuhören, zu begreifen und zu erfassen, nachzudenken und dann erst die eigenen Gedanken zu formulieren.

Feedback-Übung

Offene, ehrliche Feedbacks schaffen viel Vertrauen im Team.

Auch beim Feedback müssen wir zuhören gelernt haben. Zum Feedback gehört durchaus die klärende Rückfrage, aber nicht die Stellungnahme oder die Gegenargumentation zum Gesagten. Wenn Ihre Gruppenmitglieder gelernt haben zuzuhören, dann sind sie auch vorbereitet auf folgende Feedback-Übung:

Die Mitglieder setzen sich in zwei Stuhlreihen gegenüber, Knie an Knie, Schulter an Schulter, also nicht zu weit auseinander und jeder Teilnehmer gibt dem Gegenübersitzenden kurz und knapp in zwei bis drei Sätzen ein Feedback, entweder was ihn stört oder was ihm gefällt am anderen (oder beides nacheinander). Erst der eine, dann der andere. Möglichst nicht mehr als eine Minute pro Partner, danach Partnerwechsel, indem die Reihe einen Stuhl weiterrückt, bis jeder mit jedem in der Gruppe gesprochen hat.

Folgende Formulierung sollte gewählt werden:

- *Sie wirken auf mich ....*

- *das bewirkt in mir ....*

- *und ich wünsche Ihnen ....*

Innerhalb einer sehr kurzen Phase erhält jeder Teilnehmer der Gruppe (sie sollte nicht kleiner als sieben sein, sonst offene Feedback-Runden) von allen anderen eine aufrichtige Meinungsäußerung nach strengen Feedback-Regeln (s. vorne). Jeder muß sich öffnen, zuhören, annehmen, hat keine Zeit, Gegenargumente aufzubauen, sondern die große Chance aufzunehmen und innerlich zu verarbeiten. Diese Methode hat in vielen unserer Projektgruppen schon sehr positive Impulse zum besseren Verständnis, zu mehr Offenheit, zur Vermeidung von Konfliktstoff, zu mehr Vertrauen im Team geführt. Eine solche Feedback-Runde im richtigen Rahmen wird das Kommunikations-Verhalten entscheidend beeinflussen, auch wenn vielleicht nicht nur positive Dinge angesprochen wurden.

Feedbacks helfen, Konflikte zu vermeiden.

Sie können auch reine *Paarübungen* machen, und zwar sollen sich dabei diejenigen, die sehr deutliche Meinungsunterschiede und Konflikte in der Gruppe verspürt haben, indem sie ständig Vorschläge und Ideen des anderen angreifen oder in Frage stellen, aber auch die weniger kritischen Partnerschaften gegenübersitzen und nacheinander folgende Fragen beantworten.

1. Partner (er):

- Welche Gefühle haben Sie während der Gruppensitzung gegen mich oder die Gruppe verspürt?

- Wie haben Sie Ihr eigenes Verhalten dabei wahrgenommen?

- Haben Sie Ihre wirklichen Gefühle nach Ihrer Meinung-mir oder der Gruppe deutlich machen können?

2. Partner (ich):

- Ich habe Ihr Verhalten so gesehen.

- Ich vermute folgende Gefühle hinter Ihrem Verhalten.

- Ihr Verhalten hat bei mir folgendes ausgelöst.

Besser erkennen und verstehen lernen

Danach Rollentausch. Durch diese Übungen erreichen Sie, daß alle beteiligten Partner offener gegenüber dem anderen werden und die Standpunkte und Verhaltensweisen des anderen besser erkennen und verstehen lernen. Sie sehen also auch Probleme aus der Sicht des anderen und werden dafür empfänglicher.

Die vier Seiten einer Nachricht

Vielleicht kennen Sie den Sketch von Loriot, indem er sagt: "Berta, das Ei ist hart." Anschließend ergibt sich aus dieser vielleicht nur sachlich gemeinten Aussage ein heftiger Disput, der die vier Seiten einer Nachricht sehr deutlich macht, nämlich die *Sache* selbst, die *Selbstoffenbarung*, den *Appell* und die *Beziehungen*, die in dieser Aussage stecken können.

Fragen Sie einmal in Ihren Gruppen, welche Aussagen von ihren Vorgesetzten die Gruppenmitglieder am meisten tangieren oder erregen, weil sie sie ständig nerven. Und dann führen Sie doch einmal die Teilnehmer im Brainstorming und in einer Diskussion zu den vier Interpretationsinhalten dieser Aussage, nach folgendem Muster:

	Sache	
Selbstoffenbarung	Chef: *Was ist mit dem Auftrag?*	*Appell*
– Der Auftrag sollte schneller fertig werden.	*Beziehung*	– Das kostet Geld.
		– Terminanmahnung.
– Ich bin unsicher, ich habe Sorge.	– Ich bin unzufrieden.	– Könnt Ihr sicherstellen, daß ....
– Ich fühle mich verantwortlich.	– Ich habe kein Vertrauen.	– usw.
– Kann ich Euch helfen, mich kümmern?	– Ich habe das Recht, ständig zu fragen.	
– usw.	– usw.	

Machen Sie den Mitgliedern in Ihren Gruppen deutlich, wie wichtig es ist zu erkennen, welche Aussage der Sender einer Botschaft vermitteln wollte. Sie sollten in der Regel über die Interpretationsmöglichkeiten dieser vier Seiten nachdenken oder genauer nachfragen, bevor sie sich eine Meinung darüber bilden, was denn vom Gegenüber gesagt wurde oder gemeint ist.

Kommunikationsverhalten

Überprüfen Sie einmal das *Kommunikationsverhalten* in einer Gruppe mit ausgeprägter kooperativer Haltung, und vergleichen Sie es mit einer Konkurrenz-Situation.

Kooperative Kommunikation hat viele Vorteile.

Konkurrenzsituation	Kooperative Situation
– Auf persönliche Ziele gerichtet	– Auf gemeinsame Ziele gerichtet
– Verschwiegenheit	– Offenheit
– Eigene Interessen werden verschleiert	– Eigene Interessen werden offengelegt
– Strategie ist unvorhersagbar und nicht einzuordnen	– Keine Überrumpelungstaktik, flexibles Verhalten
– Wichtige Positionen werden mit sachlichen und unsachlichen Argumenten verteidigt	– Sachliche Argumente werden für Ansichten geäußert, von denen man überzeugt ist
– Mit Konflikten wird taktiert	– Konflikte werden angesprochen und möglichst partnerschaftlich geklärt
– Mißtrauenshaltung	– Vertrauen

Das Kommunikationsbedürfnis scheint ein Grundbedürfnis des Menschen zu sein. Dennoch fällt es vielen Menschen schwer, Kommunikation gruppenorientiert zu gestalten.

Wenn Sie in Ihren Gruppen das Kommunikations-Verhalten analysieren wollen, können Sie die angefügte "Checkliste zur Kommunikation" verwenden (S. Abb. 14), um die Qualität und die Art der Kommunikation zu überprüfen.

Oder fragen Sie sich doch einmal selbstkritisch, welche Angewohnheiten Sie in der Gruppe haben und wie Sie sich selber bewerten würden (mit niemals, selten, manchmal, häufig, sehr oft oder von 1 bis 5):

Wie ist Ihr eigenes Kommunikationsverhalten?

- Reden Sie häufig von sich, von Ihren Erfahrungen, Ihren Ideen?

- Werden Sie ungeduldig oder ärgerlich, wenn andere nicht Ihrer Meinung sind?

- Unterbrechen Sie andere, und wechseln Sie zu einem Gesprächsthema über, das Sie interessiert?

- Sind Sie sarkastisch?

- Machen Sie sich lustig über Ideen, Freunde, Kleidung von anderen Menschen?

- Lesen Sie gerade oder laufen Sie weg, während andere mit Ihnen sprechen?

- Streiten Sie, statt Meinungsverschiedenheiten zu erörtern?

- Werden Sie laut und schreien Sie mit anderen, wenn Sie wütend sind?

- Versuchen Sie, eine Unterhaltung ganz allein zu bestreiten?

- Zeigen Sie, daß Sie anderen nicht trauen?

- Befehlen Sie Ihren Mitarbeitern etwas zu tun, statt sie darum zu bitten?

- Hören Sie in einer Mitarbeiterbesprechung ungeduldig zu, wenn jemand seine Meinung äußert?

- Zeigen Sie sich gekränkt, wenn man Sie auffordert, etwas zu ändern, was Sie gemacht haben?

- Versuchen Sie, anderen Ihre Meinung aufzudrängen?

- Machen Sie höhnische Bemerkungen über andere und deren Arbeit?

- Rügen Sie jemand in Gegenwart anderer?

- Finden Sie an den Plänen anderer gewöhnlich etwas auszusetzen?

- Versprechen Sie leicht etwas, ohne es hinterher auch zu halten?

(vgl. Kirsten/Müller-Schwarz, S. 83-85)

Check-Liste zur Kommunikation

	Ja /Nein Antwort

Benutze ich Kommunikation nicht nur, um Wissen zu vermitteln, sondern auch um zwischenmenschliche Beziehungen zu fördern?

Weiß ich, aus welchem Mund (Sachinhalt, Beziehung, Selbstoffenbarung, Appell) ich meine Botschaften vorwiegend sende?

Frage ich mich vor jeder Kommunikation:
Wie kommen die richtigen Informationen in der zweckmäßigsten Form, zur richtigen Zeit an den richtigen Empfänger, um dort das Handeln zu beeinflussen? (Was? Wie? Wann? An wen? Wozu?)

Habe ich schon darüber nachgedacht, wie mein Kommunikationsverhalten und die Produktivität meines Führungsbereiches zusammenhängen? Was will ich tun?

Was trage ich durch meine Kommunikation konkret dazu bei, daß die Mitglieder meiner Gruppe enger miteinander verbunden werden?

Was antworten meine Mitarbeiter, wenn ich sie frage: "Wie gut beurteilen Sie den Informationsfluß in unserer Einheit?"
Habe ich meine Mitarbeiter schon einmal danach gefragt?
Wann will ich sie (wieder) danach fragen?

Leide ich an dem "Geheimhaltungssyndrom"? Wer von meinem Mitarbeitern/Kollegen leidet darunter?

Leide ich an Informationsüberflutung? Stimmt das Verhältnis zwischen Qualität und Menge der Informationen, die ich erhalte?

Wie häufig habe ich Besprechungen mit allen meinen Mitarbeitern? Bin ich mir darüber im klaren, daß ich damit die Leistung steigern, die Qualität verbessern und die Zufriedenheit erhöhen kann?

Was im einzelnen will ich dazu beitragen, damit das nächste schwierige Problem durch bessere Kommunikation produktiver und engagierter gelöst wird?

Was tue ich, um nicht nur den *objektiven Informationsbedarf*, sondern auch das *subjektive Informationsbedürfnis* zu decken?

Abb. 14   Checkliste zur Kommunikation

5.5 Analyse und Vereinbarung von Gruppennormen

Neu zusammengeführte Gruppen sind in der Anfangsphase meist ängstlich bemüht, möglichst höflich, korrekt und nett zueinander zu sein und im Zweifelsfall zu schweigen. "Tust Du mir nichts, dann tu ich Dir auch nichts!"

Haben Sie schon einmal ein gruppendynamisches Seminar besucht? Hier kann es Ihnen passieren, daß sich die Trainer zwei Tage aus der Gruppe "verabschieden", schweigen und keine Initiativen vorgeben. Die Gruppe ist dann zunächst hilflos, jeder versucht der Gruppe irgendwelche Impulse zu geben, zu scherzen, zu fragen, zu diskutieren, zu schimpfen, zu fordern. Und sehr bald entwickelt sich das Spiel oder sogar der Kampf um Macht und Führung. Die Gruppe hat noch keinerlei Normen entwickelt und ist deswegen so hilflos.

Am Anfang steht häufig der Kampf um die Macht.

Ein typischer gruppendynamischer Prozeß könnte wie folgt ablaufen:

– Probleme und Konflikte in der Gruppe werden übergangen, ängstlich totgeschwiegen und ignoriert.

– Meinungsverschiedenheiten werden per Mehrheitsentscheidungen und möglichst ohne große Diskussion per Abstimmung entschieden, Minderheiten werden unterdrückt.

– Gemeinsamkeiten werden betont und ein Führer gesucht. Man will Einigkeit um jeden Preis und ist glücklich, wenn der Kampf um die Führung endlich ausgestanden ist.

– Bei abweichenden Meinungen werden sehr leicht Zugeständnisse gemacht, um nur die Gruppe zu erhalten. Die Kompromißbereitschaft ist sehr groß, die persönliche Zufriedenheit mit den Lösungen aber eher gering.

– Dennoch geht man für eine begrenzte Zeit solche Allianzen und Bündnisse ein, um zu gemeinsam akzeptierten Zielen zu gelangen.

– Erst nach dieser Phase werden auch Konflikte und Meinungsverschiedenheiten, unterschiedliche Zielvorstellungen offener ausgesprochen.

– Und unterschiedliche Interessen werden gegeneinander abgewogen, neu formuliert und daraus gemeinsame, alle Teammitglieder befriedigende Lösungen erarbeitet.

Der Start ist von Unsicherheit geprägt, und jeder Mitarbeiter ist anders.

Was macht uns so unsicher in einem solchen gruppendynamischen Prozeß? Wir wissen meistens nicht, welche menschlichen Typen in der Gruppe aufeinander treffen.

Sind es

die *machtorientierten* Typen, deren oberstes Ziel die Überlegenheit in der Gruppe, der eigene persönliche Einfluß auf die Ergebnisse ist: Wer hat recht? Wer setzt sich durch? Wer hat die meisten Anhänger? Wer versucht die anderen durch Dominanz, Einschüchterung, Befehle und Kontrollen zu beeinflussen?

die *zuwendungsorientierten* Typen, die hauptsächlich akzeptiert werden und menschliche Wärme verspüren wollen: Wer ist am nettesten zu mir? Wen kann ich zum Freund gewinnen? Wer verdient Lob, Anerkennung, Freundschaft, kleine "Geschenke"?

die *rationalorientierten* Typen, die keinerlei Emotionen bei sich und anderen akzeptieren und zulassen. Hauptsächlich korrekt, logisch, sachlich, intelligent. Intellektuelle Fähigkeiten stehen im Vordergrund.

Wir müssen davon ausgehen, daß in jeder Gruppe eine Mischung dieser drei Typen vorkommt, es sei denn, es ist je nach Aufgabenstellung der eine oder andere Typ bevorzugt ausgewählt und zugeordnet worden.

Insbesondere die Frage, was dürfen wir an Gefühlen zeigen, zulassen und akzeptieren, verunsichert in der Anfangsphase die Gruppenmitglieder. Wir schaffen jedoch Gefühle nicht dadurch aus der Welt, daß wir sie einfach ignorieren oder "wegdiskutieren". (Es kann nicht sein, was nicht sein darf.) Wir können zwar unsere Gefühle verneinen und unterdrücken, so wie wir es jahrelang gelernt haben, aber "abschalten" können wir sie nicht.

Gefühle dürfen nicht ignoriert oder unterdrückt werden.

Wenn wir nämlich so handeln, dann kommt es häufig zu Ironie, Albernheiten, Neckereien, stoischem Schweigen oder zu Verschlossenheit, Furcht und Angst, Unbehagen bis hin zu körperlichem Unwohlsein wie Kopf- und Magenbeschwerden, Müdigkeit oder Depressionen. Gefühle werden von uns häufig nicht ausgelebt, sie beschäftigen uns dann über das Unterbewußtsein viel intensiver als uns lieb ist.

In einer solchen Atmosphäre kann sich keine offene und freie Kommunikation entwickeln. Hier entsteht keine Vertrautheit und nicht das notwendige Maß an Intimität mit den anderen. Hier werden eher wieder andere Verhaltensweisen wie Dominanz, Ängstlichkeit, Konfliktvermeidung oder auch Cliquenbildung, gegenseitige Zu- und Abneigungen, Mißtrauen und Egoismus gefördert.

Sich wechselseitig verstärkende Prozesse

Es ist also in den Gruppen nicht nur wichtig, was wir zueinander sagen, sondern auch, aus welchen Emotionen wir es sagen und welche Emotionen wir dabei auslösen. Und dieser Prozeß ist um so leichter zu steuern, wenn sich die Gruppe bestimmte *Regeln* gegeben hat, was in dieser Gruppe erlaubt sein soll und was nicht.

Teamarbeit fordert bestimmte Spielregeln

Das Verhalten eines Menschen hängt zum großen Teil doch davon ab, wie er sich nach eigenen Vorstellungen in bestimmten Situationen verhalten soll und darf. Entweder beruht das auf ungeschriebenen, stillschweigend vereinbarten Gesetzen oder aber solche Regeln und Normen sind bereits von der Gruppe rational und sachlich formuliert worden.

Jede Gruppe muß sich selbst Normen zuordnen.

Normen haben auf das Kommunikationsverhalten einer Gruppe einen erheblichen Einfluß. Die Vorstellungen über das, was wir in einer bestimmten Situation tun oder nicht tun dürfen, gehen häufig weit auseinander. Daher sollten Sie sehr bald in den Gruppen ihre Normen offen ansprechen und diskutieren. Stellen Sie folgende Frage an die Gruppenmitglieder:

• Welche Normen sind in der Gruppe vorhanden, und welche erleben Sie positiv oder negativ?

• Äußern Sie Wünsche zu Gruppennormen, die bisher in der Gruppe noch nicht realisiert wurden (über Zettel, Kartenabfrage, Brainstorming).

• Versuchen Sie diese Wünsche jetzt in der Gruppe in die Tat umzusetzen und die Zustimmung aller betroffenen Gruppenmitglieder zu erreichen!

Dieser Prozeß der Diskussion von Wünschen ist wichtig für die Definition und die Abstimmung verbindlicher Normen in der Gruppe. Es geht dabei nicht nur um die Kommunikationsregeln.

Durchdenken Sie dazu als Gruppenleiter oder -mitglied auch folgenden Fragenkatalog:

Wie wird der Gruppenprozeß durch Normen unterstützt?

• Wer spricht denn regelmäßig in welcher Art mit wem?

• Wie ist die Sitzordnung?

- Wer macht die Vorschläge, gibt die Anordnungen? Wer beeinfluß deutlich?

- Wer wird um Rat gefragt, wer wird übergangen, wird gemieden, wird geschützt?

- Wer spricht am meisten, wer am wenigsten? Wie ist das Maß an Sachlichkeit?

- Welche Aggressionen werden immer wieder deutlich? Welche Tabus gibt es?

- Wie offen werden Wünsche geäußert?

- Werden Zuneigungen oder Abneigungen deutlich und auch ausgesprochen?

- Haben wir auch Freude und Spaß?

- Darf Frustration und Langeweile ausgedrückt werden?

- Wie ist die Reaktion auf Verletzungen der Gruppennormen?

Wenn Sie sich zu den Gruppennormen Gedanken machen, sollten vor allem die gemeinsamen *Ziele und Erwartungen* geklärt sein. Daher lassen Sie doch gleich am Anfang von jedem Gruppenmitglied festhalten:

Ziele und Erwartungen jedes einzelnen abfragen.

– Was will ich eigentlich hier, welche Erwartungen habe ich in der Gruppe?

– Welche Erwartungen werden vermutlich von der Gruppe sehr positiv unterstützt und welche nicht? Was darf ich hier?

Diskutieren Sie diese Ergebnisse zum Beispiel in freiwillig gebildeten Kleingruppen, um intensiven Meinungsaustausch und Verständnis sowie ein kooperatives Argumentieren zu fördern. Führen Sie dann die Erwartungen über Kartenabfragen (siehe Moderationstechnik) zusammen, und lassen Sie nach Prioritäten und Wichtigkeit durch Punktbewertungen eine Rangliste erstellen. Der Einsatz von

Moderationstechnik scheint mir hier sehr wichtig zu sein, um Meinungsführer und dominante Argumentierer im Gruppenergebnis nicht überzubewerten.

Feedbacks zu Verhaltensweisen klären die Gruppennormen.

Für die Verdeutlichung der Gruppennormen und die Verhaltensweisen der einzelnen in der Gruppe bietet sich ebenso eine Selbstbild-Fremdbild-Abfrage an, die den einzelnen Gruppenmitgliedern ein wertvolles Feedback zu ihrer persönlichen Einschätzung durch die anderen Partner im Team ermöglicht. Vom jeweiligen "Paten" in der Gruppe oder durch wiederholten Partnerwechsel erhält jeder einzelne wesentliche Hinweise für sein Verhalten in der Gruppe (Abb. 15: "Persönliche Fähigkeiten und Verhaltensweisen in der Gruppe")

Kommunikation lebt nicht nur vom Gesagten

Eine gute Kommunikation beinhaltet nicht nur die Information, sondern auch die Interpretation, das Verstehen des Gesagten und das Erkennen der Absichten.

Sie kennen sicherlich die Aussagen:

– Gesagt ist noch nicht gehört -

– gehört ist noch nicht verstanden -

– verstanden ist noch nicht einverstanden.

Aussagen und Absichten, Handlungen und Wirkungen erkennen.

Wir wissen auch, daß die gleichen Handlungen und Aussagen bei verschiedenen Personen unterschiedliche Auswirkungen haben können und unterschiedliches Verhalten bewirken. Aggressive Äußerungen zum Beispiel führen bei dem einen dazu, daß er böse wird, beim anderen, daß er sich stumm zurückzieht oder sogar anfängt zu weinen. Jeder einzelne von uns muß sich also klarmachen, daß zwischen unseren *Absichten* und den *Auswirkungen* beim anderen große Abweichungen liegen können.

Persönliche Fähigkeiten und Verhaltensweisen in der Gruppe

Versuchen Sie zunächst durch Selbsteinordnung, sich ein Bild über sich selbst zu machen. Bitte tragen Sie in der linken Spalte Zahlen zwischen 1 und 7 ein, die Ihnen am besten entsprechen. In der rechten Spalte können Sie Ihren Partner einschätzen. Die mittlere Spalte dient einem Vergleich zwischen Selbst- und Fremdbild. Dazu müssen Sie die Einschätzung Ihres Partners über Sie selbst in Ihren Bogen in die mittlere Spalte übertragen.

1	2	3	4	5	6	7
trifft überhaupt nicht zu	trifft nicht zu	trifft eher nicht zu	weiß nicht	trifft etwas zu	trifft zu	trifft voll zu

	SB	FB	Partner
Ich drücke meine Gedanken klar aus.	☐	☐	☐
Ich vertraue anderen.	☐	☐	☐
Ich habe starken Einfluß auf andere in der Gruppe.	☐	☐	☐
Ich verstehe die Gefühle von anderen.	☐	☐	☐
Meinungen über mein Verhalten interessieren mich nicht.	☐	☐	☐
Ich möchte keine engen persönlichen Beziehungen.	☐	☐	☐
Ich höre aufmerksam zu.	☐	☐	☐
Normalerweise bin ich andern gegenüber kühl.	☐	☐	☐
Ich trage Ideen überzeugend vor.	☐	☐	☐
Ich führe die Gruppe.	☐	☐	☐
Andere Meinungen dulde ich nicht.	☐	☐	☐
Ich bin bereit anderen zu sagen, was ich fühle.	☐	☐	☐
Konflikte in der Gruppe kann ich nicht aushalten.	☐	☐	☐
Ich zeige offen meine Zuneigung zu andern.	☐	☐	☐
Ich lasse mich von anderen beeinflussen.	☐	☐	☐
Ich baue auf früheren Ideen anderer Gruppenmitglieder auf.	☐	☐	☐

Abb. 15: Persönliches Arbeitsblatt

Hinter jeder Handlung und Aussage liegt in der Regel eine bestimmte Absicht: Was will ich also erreichen? Welche Möglichkeiten stehen mir zur Verfügung, oder welche nutze ich, um meine Absichten in Worten oder Taten "zu verschlüsseln"? Was denkt derjenige, mit dem ich kommuniziere, was ich meine oder beabsichtige?

Wenn *Sender* und *Empfänger* nicht die gleiche Codierung benutzen, dann ist das richtige Empfangen einer Nachricht unmöglich. Und gerade weil die meisten Leute unterschiedliche Codes benutzen, haben Handlungen und gesprochene Informationen oder Meinungen nicht immer eine eindeutige Bedeutung.

Häufig glauben wir, die Absichten anderer zu kennen und interpretieren nach unseren eigenen "Schlüsseln". Wenn wir aber verstehen, daß unsere von uns ausgesprochenen Absichten nicht immer die erwünschten Auswirkungen haben, dann müssen wir vor allem lernen, die eigenen Absichten und Reaktionen klar und deutlich mitzuteilen oder nach den Absichten und Reaktionen des anderen zu fragen.

Genauso ist es mit den erwarteten Antworten auf unsere Fragen. Wenn wir nicht lernen, genau zu formulieren, genau zu hinterfragen und genau zuzuhören, bleiben Mißverständnisse, Aneinandervorbeireden, unbestätigte Vermutungen, Unverständnis für das Denken der anderen nicht aus. Und das sollte in einem Team vermieden werden.

Lassen Sie doch in der Gruppe einmal folgende Übung durchführen:

- *Ich stelle einem anderen schriftlich eine Meinungs-Frage.*

- *Dieser beantwortet diese Frage auch möglichst schriftlich.*

- *Ich selbst schreibe die vermutete Antwort auf, und wir gleichen anschließend die beiden Antworten mit dem Partner ab.*

Dies sollte dann in der Gruppe oder paarweise zwischen den Partnern diskutiert werden, um festzustellen, ob es Abweichungen, Mißverständnisse, Vorurteile oder Fehlbeurteilungen gegeben hat. Die Partner lernen sich dadurch besser kennen, akzeptieren leichter die Hintergründe und Auslöser von unterschiedlichen Sichtweisen, gewinnen an Vertrauen und Offenheit und schulen ihre kommunikativen Fähigkeiten und Beziehungen.

Vermutungen und Vorurteile abbauen.

Weitere Fragenbeispiele von unterschiedlicher Intimität für diese Übung:

- Was ärgert Dich bei anderen Menschen am meisten?

- Was bringt Dich am schnellsten aus der Fassung?

- Was ärgert Dich an Dir selbst am meisten?

- In welcher Situation hast Du zuletzt gelogen?

- Welche Ziele strebst Du in Deinem Beruf an?

- Welche Ziele strebst Du in Deinem Privatleben an?

Sich seiner selbst bewußt werden durch gezielte Fragen.

- Was hältst Du an Dir für wenig anziehend?

- Wo liegen Deine besonderen Fähigkeiten?

- Bist Du fähig, Deine Gefühle anderen gegenüber offen zu äußern?

- Was denkst Du über mich?

- Welche Gefühle kannst Du bei Dir am schwersten beherrschen?

- Was hat Dich heute am meisten innerlich beschäftigt?

– Wie leicht findest Du Anschluß an andere Menschen?

– Hast Du Minderwertigkeitsgefühle?

(vgl. Kirsten/Müller-Schwarz, S. 166)

Auf was sollten wir in Gesprächen achten?

Ihr Kommunikationsverhalten prägt entscheidend den Gruppenprozeß.

Zur Klärung von Absichten oder Vermutungen in der Kommunikation tragen sicherlich auch klar vereinbarte *Gesprächsregeln* bei. Sie sollten schon sehr bald in der Gruppe angesprochen werden und als ständige Rahmenbedingungen vereinbart werden:

• Argumentieren Sie beschreibend statt bewertend. Hinter bewertenden Formulierungen steht unausgesprochen die Aufforderung, der andere solle sein Verhalten ändern. Dagegen läßt das einfache Mitteilen von Gefühlen, Empfindungen, Wahrnehmungen dem anderen die Möglichkeit, abzulehnen, zu akzeptieren oder selbst Stellung zu beziehen (auch eine der wesentlichen Feedback-Regeln).

• Versuchen Sie nicht, den anderen zu beeinflussen oder zu kontrollieren. Dabei wird nämlich zum Ausdruck gebracht, daß dieser in irgendeiner Weise eine falsche Einstellung hat, sich falsch verhält oder nicht in der Lage ist, eigenverantwortlich Entscheidungen zu treffen.

• Wenn Sie sich auf eine problemorientierte Ausdrucksweise konzentrieren, machen Sie deutlich, daß Sie noch offen sind, keine festgelegte Meinung vertreten, keine bestimmte Lösung aufzwingen wollen. Sie offenbaren damit Ihr Bedürfnis nach gemeinsamer Problemlösung.

• Seien Sie spontan und offen statt immer taktisch oder strategisch. Halten Sie nicht bewußt Ihre wichtigen Informationen zurück. Seien Sie authentisch und glaubwürdig, und Sie werden selbst Offenheit ernten.

• Nehmen Sie Ihren Gesprächspartner ernst, zeigen Sie ihm, daß Sie seine Gefühle akzeptieren, vielleicht sogar teilen, seine Bedürfnisse und Ziele erkennen und in Ihre Überlegungen einbeziehen. Der Gesprächspartner wird auch Ihnen mehr Akzeptanz entgegenbringen.

Akzeptanz und Gleichberechtigung statt Ignoranz, Taktik und Besserwisserei.

• Vermitteln Sie Ihrem Gegenüber das Gefühl von Gleichberechtigung im Dialog. Zeigen Sie nicht Überlegenheit, z.B. hinsichtlich Position, Einfluß, Ausbildung, Intellekt, Stärke oder Wohlstand, sonst erzeugen Sie Abwehrhaltung, Eifersucht, Desinteresse und Konkurrenzdenken.

• Verlassen Sie auch einmal ausgetretene Pfade. Das starre Festhalten an Regeln oder dogmatischen Ansichten, ständiges Besserwissen und mangelnde Toleranz blockieren die Bereitschaft zur Zusammenarbeit.

Unterschätzen Sie aber auch nicht die Aussagekraft der *Körpersprache*. In diesem Themenbereich gibt es eine Reihe von ideenreichen Interpreten, die dieser Sprache eine sehr hohe Bedeutung und Vielfalt zuordnen. Ich glaube, hier kann jeder erwachsene Mensch auf eine Fülle von selbstgemachten Erfahrungen zurückgreifen, die für den normalen Hausgebrauch, also auch für die Gruppenarbeit, ausreichen. Wir sollten hier nicht die gleichen Maßstäbe wie bei geschulten Verkäufern ansetzen.

Die Körpersprache, also Gesten und Bewegungen, enthüllen zwar mehr vom Unbewußten, als uns manchmal lieb ist, und wenn sie dann sehr subjektiv vom anderen interpretiert werden mit allen möglichen Interpretationsvarianten, die wir nicht mehr kontrollieren können, verspüren wir natürlich sofort eine Gefahr für unsere sozialen zwischenmenschlichen Kontakte. Machen Sie es sich zur Ge-

Auch Körpersprache ist Bestandteil der Kommunikation in der Gruppe.

wohnheit, in der Gruppe solche Beobachtungen der Körpersprache nicht schweigend zu interpretieren, sondern mit den anderen darüber zu sprechen.

Für einige Gruppenmitglieder mag es auch in der Gruppe neue Erfahrungen mit der *Distanz* zwischen den Partnern geben. Solange die Vertraulichkeit oder "Intimität" in der Gruppe noch nicht hinreichend entwickelt ist, werden mehr räumliche Distanzen bevorzugt. Die Nähe eines anderen im Team kann Unbehagen erzeugen, der Schutz von Schreibtischen oder Besprechungstischen geht im Workshop vielleicht verloren, der Dialog von Angesicht zu Angesicht, vielleicht sogar körperliche Kontakte können Irritationen verursachen. Die Intimität und die persönlichen Beziehungen müssen sich auch in einem Team erst entwickeln.

5.6 Beratung und Coaching als Hilfe zur Selbsthilfe

Im wesentlichen gibt es vier Gründe für das subjektive Bedürfnis nach Kommunikation und Information:

- der Wunsch nach Sicherheit,

- der Wunsch nach Kontakt,

- der Wunsch nach Bestätigung, Geltung und Einfluß

- und der Wunsch nach Anregung.

Ich behaupte einmal, die meisten Menschen in unserem Umfeld möchten sich verbessern. Nun, viele wollen sowieso immer die Größten sein, andere sind nur dankbar für Anregungen und Beratungen von den von ihnen akzeptierten Partnern, die ihnen helfen, Probleme zu lösen, ihre Fähigkeiten zu steigern, mehr zu verstehen und zu leisten und mehr für sich und die anderen zu bewirken.

Beratung kann aber auch zu Ablehnung führen, wenn der Beratende bewußt oder unbewußt versucht, eigene Meinungen oder Überzeugungen aufzudrängen. Einem anderen bei der Lösung eines Problems zu helfen, ihn zu neuen Ideen, Einsichten und Fähigkeiten zu führen, erfordert eine gewisse Selbstlosigkeit, aber auch methodisches, psychologisches, menschlich-soziales Verständnis, das bei den wenigsten unserer Zeitgenossen entwickelt oder ausgeprägt ist.

Tätiges Nachdenken auslösen.

Diese Art der Unterstützung im Gruppenprozeß wird heute vielfach auch als *Coaching* bezeichnet. Dem anderen zu helfen, Dinge besser zu tun und seine Probleme besser zu durchschauen, das ist die Aufgabe des Coach. Nicht Lösungen vorgeben oder vorkauen, sondern ihn durch Fragen selbst zu den Problemlösungen hinführen, den Ratsuchenden zwingen, sein Problem selbst neu zu formulieren und sich mit den Bedingungen seines Problems intensiver zu beschäftigen.

Dabei sind folgende Schritte zu gehen:

- Fakten, Aspekte, mögliche Motive und die Bedingungen des Problems werden gemeinsam analysiert und bewußt gemacht.

Die Einsicht, es gibt keinen an sich richtigen Weg.

- Das Problem selbst wird klar definiert und überlegt, was erreicht werden soll und warum es erreicht werden soll.

- Dem Ziel entsprechende Entscheidungen und Aktivitäten werden festgelegt und nochmals überprüft, inwieweit sie den rationalen und emotionalen Wünschen des Gecoachten entsprechen.

Entscheidend ist, daß der Coach solange in Frageform kommuniziert, bis der Ratsuchende zu einer selbständigen Problemlösung gekommen ist. Ein Anbieten von Lösungen würde den Beratenen zu sehr passivieren und ihm nicht helfen, das Problem überhaupt richtig und bewußt zu definieren. Er soll vielmehr lernen, intensiver wahrzunehmen, auch soziale Prozesse selbst zu deuten und Konsequenzen zu ziehen und auszusprechen.

Was ich 30 Jahre falsch mache, ist auch Erfahrung.

Jede Veränderung erzeugt bei Menschen, die zunehmend Sicherheit suchen in unserer Zeit, Widerstände, da sie sich bedroht fühlen und Angst haben etwas zu verlieren oder neu lernen zu müssen. Diese Ängste führen dann häufig zu Entmutigungen, Lähmungen und destruktiver Dankhaltung, zu Arbeitsverweigerungen bis hin zum offenen Widerstand und Vorwärtsverteidigungen.

Coaching ist Entwicklung - nicht Reparatur.

Coaching soll den anderen befähigen im vernetzten Denken, in der Veränderung der Umsetzungs- und Denkprozesse und in der Risikoabwägung, nicht nur in ungewohntem sozialen Terrain, soll helfen Entscheidungen zu treffen, klar zu werden, zu reflektieren, sich von außen zu sehen.

Coaching-Übung

Üben Sie in Ihrer Gruppe einmal methodisch die Beratungstechnik. Bilden Sie dazu Dreiergruppen.

A   *spielt den Ratsuchenden,*

B   *den Ratgeber und*

C   *den Beobachter.*

Letzterer soll darauf achten, daß die Regeln der Beratungstechnik eingehalten werden, und dem Ratgeber B anschließend Feedback über sein Beratungsverhalten geben.

Hier einige Fragen für den Beobachter:

– Wurde das Verhalten des Ratsuchenden interpretiert?

– Wurde seine Ansicht des Problems vorzeitig bewertet?

- Wurde der Ratsuchende in seiner Meinung positiv bewertet oder getadelt?

- Wurde aktiv zugehört, d.h. nicht nur (passiv) geschwiegen, sondern das Gesagte wiederholt, beziehungsweise neu formuliert?

- Wurde der Ratsuchende durch die Ungeduld des Coach unterbrochen?

- Wurde geholfen, die Fakten in bezug auf die Bedeutung für das Problem zu analysieren?

- Wurden die drei Phasen des Beratungsgesprächs eingehalten?

- Wurden dem Ratsuchenden fertige Lösungen angeboten oder dringliche Ratschläge gegeben? Denken Sie daran: Ratschläge sind auch Schläge.

- Hielt der Berater moralische Appelle oder stellte Fragen, die dem Ratsuchenden abwertend oder verunsichernd erscheinen mußten?

- Führte der Coach den Ratsuchenden aktiv zur Lösung des Problems?

- Wie war das Vertrauensverhältnis zwischen den Partnern? Wie war die Nähe oder Distanz?

- Gab es verschiedene Rollen beim Coach und offene kritische Rückmeldungen?

(vgl. Kirsten/Müller-Schwarz, S. 170)

Ein Ratgeber, Berater oder Coach sollte sich im klaren sein, daß er auf keinen Fall das Selbstbewußtsein des Ratsuchenden untergraben darf, daß er fragen und nicht reden, daß er zuhören und sich mit den Gedanken des anderen auseinandersetzen muß. Ein Coach soll verstehen und nicht bewerten, Gefühle und Wünsche erkennen und nicht nur Fehler und Risiken abschätzig und oberlehrerhaft anprangern.

Coaching erfordert eine besondere Professionalität.

Die besondere Fähigkeit des Zuhörens macht den guten Coach aus, und das kann man systematisch üben. Er sollte zudem ermutigen, fördern, querdenken, integrationsfähig sein und andere erfolgreich machen.

Rollenspiele

Planspiele und Rollenspiele werden von den "gestandenen" Praktikern häufig damit abgelehnt, daß keine Zeit dafür vorhanden ist und kein nachhaltiger Nutzen oder Sinn in solchen Spielereien gesehen werden kann. Wer glaubt, ein Rollenspiel sei bloßes Theater, der irrt gründlich.

Rollentausch fördert das gegenseitige Verständnis und die Kreativität.

Ein Durchspielen eines Problems mit verteilten Rollen ist sogar manchmal die einzige Möglichkeit, eine schwer abschätzbare Situation in den Griff zu bekommen. Die Chance oder der Zwang, sich in die Rolle eines anderen hineinzudenken, fördert zudem das Verständnis für dessen Situation und Aufgabenstellung und führt sehr häufig zu überraschenden Einsichten. Das ist ja in der Regel auch der Sinn von job rotation: die sachlichen Inhalte und Fähigkeiten anderer Prozesse zu erfahren und zugleich deren Spielregeln kennenzulernen.

Führen Sie einmal in Kleingruppen zu vier bis fünf Teilnehmern ein Kundengespräch als Rollenspiel durch, z.B. mit den Themen

- eine Reklamation über 100 TDM oder

- eine Terminverschiebung eines Auftrages oder

- der Nachweis eines Qualitätssicherungs-Systems in Ihrem Haus.

Wenn Sie die Teilnehmer ihre Rollen selber wählen lassen (z.B. Betriebsleiter, Verkaufsleiter, Sachbearbeiter, Maschinenführer, Kunde), dann werden viele versuchen, einfache, für sie bekannte Rollen zu übernehmen. Sie sollten also mit etwas Geschick die Teilnehmer zu Rollen bewegen, die ihnen relativ fremd sind, um sich hineindenken und hineinargumentieren zu müssen.

Das Simulieren einer unbekannten Situation mit möglichst geringen Vorgaben fördert die Kreativität, die Auseinandersetzung mit ungeübten Prozessen und Denkweisen, die Lust zu imitieren, vielleicht auch den Spaß zu übertreiben.

Der Lerneffekt liegt insbesondere darin, daß der einzelne sich selbst, genauso wie auch die anderen, sehr kritisch beobachtet, daß er sich seiner Gruppenaufgabe bewußt wird, sehr flexibel auf Situationen durch überraschende Entwicklungen im Spielverlauf reagieren muß und zudem einen unbekannten Themenbereich in seiner Schwierigkeit schätzen lernt.

Das Rollenspiel sollte von anderen Gruppenteilnehmern, die im Kreis um die Gruppe sitzen, beobachtet werden. Zum Abschluß erfolgt ein Feedback an die Akteure, die aber zunächst nicht gegenargumentieren, sondern erst einmal die Sicht der anderen anhören müssen. Erst danach dürfen sie sich zu ihren eigenen Beobachtungen äußern.

Die Kunst, ein Feedback nicht als Kritik zu empfinden.

Diskutieren Sie anschließend in der Gruppe folgende Fragen:

• Welchen persönlichen Einschränkungen und Behinderungen durch ihre Mitspieler haben sich die einzelnen Teilnehmer unterworfen?

• Welche persönlichen Reaktionen haben die Spieler im Rahmen des Spiels gegeneinander gezeigt?

• Gab es persönliche Aggressionen oder unsachliche Kritik? Wenn ja, warum?

• Wie war das Gruppenverhalten? Wer war der Gruppenführer? Wie haben sich die einzelnen in der Gruppe unterstützt?

- Herrschte untereinander das notwendige Maß an Offenheit, Vertrauen und Hilfsbereitschaft?

- Wurde das Bedürfnis der einzelnen Spieler nach Initiative und Anerkennung ihres Beitrages gewürdigt?

- Wie war die Fähigkeit des aktiven Zuhörens ausgeprägt?

- Wurde versucht, eigene Fehler auf andere abzuwälzen? Wie war der Egoismus der einzelnen ausgeprägt?

- Wie war die Rollenverteilung in der Gruppe?

Sie können diese Übung für jede praxisgerechte Aufgabenstellung anwenden. Wenn Sie kreative Teilnehmer haben, müssen Sie um so weniger Rahmenbedingungen vorgeben. Aber achten Sie auf den gezielten Rollentausch, um den Lernprozeß zu unterstützen.

Lernen im Team

Ausprobieren statt Methodendiskussionen führen.

Voneinander und miteinander lernen, das ist die große Chance in der Gruppe. Hier können die einzelnen Gruppenmitglieder leichter überzeugt werden, daß die Qualität ihrer Erfahrungen durch neue Erkenntnisse tatsächlich noch zu steigern ist, daß das Lernen, das Aneignen neuer Einsichten und Verhaltensweisen nicht nur ein rationaler, sondern auch ein emotionaler Vorgang ist. "Das haben wir schon immer so gemacht" oder "Das ist in der Praxis alles ganz anders", solche Aussagen werden in der Gruppe eigentlich nur selten gemacht.

Lernen bedeutet Veränderungen akzeptieren. Wenn wir wollen, dann können wir meistens auch. Lernen durch selbstgemachte Erfahrungen hat bekanntlich den höchsten Nutzen, den höchsten Behaltensgrad und wirkt am längsten nach.

5.6 Beratung und Coaching als Hilfe zur Selbsthilfe

Die Gruppe ist ein wesentliches Motivationsinstrument im Lernprozeß, sie erzeugt einen *Gruppendruck* auf den einzelnen, sie fördert die kooperative Zusammenarbeit beim Lernen, fördert die Identifikation mit den selbsterarbeiteten Lerninhalten und das Bewußtsein, daß "keiner soviel weiß wie alle".

Die Lernbereitschaft ist viel höher als bei Einzelkämpfern.

Auch die Selbstgefälligen, die glauben, schon alles zu wissen, lernen im Gruppenprozeß, sich mit neuen Erkenntnissen aus der Gruppenarbeit auseinanderzusetzen. Sie lernen auch, ihren persönlichen Nutzen für die Gruppe besser einzuschätzen, sie lernen, welche ihrer sozialen Fähigkeiten neben ihren fachlichen in der Gruppe erkannt und wie sie von den anderen bewertet werden.

Soziogramme in der Gruppe

Machen Sie in der Gruppe folgende Feedback-Übung:

Lassen Sie von jedem Gruppenmitglied als Absender fünf Moderationskarten schreiben, mit denen jeder einzelne Absender fünf verschiedenen Gruppenmitgliedern mitteilt, wie er das andere Teammitglied in der Gruppe in einer bestimmten Situation oder mit einer entsprechenden Fähigkeit beurteilt und schätzt, z.B. in Bezug auf

- seine Führung
- seine Störungen
- sein Vertrauen
- eine Strandung auf einer einsamen Insel
- einen sportlichen Wettkampf.

Dabei begründet er, weswegen er dem anderen dieses besondere Kriterium zugedacht hat.

Rollenverhalten im Team	Gruppenmitglied - Nummer									
	1	2	3	4	5	6	7	8	9	10
1. Welche beiden Mitglieder der Gruppe können die anderen am leichtesten beeinflussen, ihre Meinungen zu ändern?										
2. Welche beiden können die anderen am wenigsten beeinflussen, ihre Meinungen zu ändern?										
3. Welche beiden standen im Verlauf des Treffens am stärksten in Widerspruch zueinander?										
4. Welche beiden werden von der Gruppe als Gesamtheit am meisten anerkannt?										
5. Welche beiden sind am ehesten bereit, Mitglieder, die angegriffen werden, zu schützen und zu verteidigen?										
6. Welche beiden versuchen sich möglichst viel ins Rampenlicht zu rücken?										
7. Welche beiden neigen am ehesten dazu, ihre persönlichen Ziele über die Gruppenziele zu stellen?										
8. Welche beiden neigen am ehesten dazu, die Gruppenziele über die persönlichen Ziele zu stellen?										
9. Welche beiden zeigten das größte Verlangen, etwas zustande zu bringen?										
10. Welche beiden wollten Konflikten in den Gruppendiskussionen aus dem Wege gehen?										
11. Welche beiden neigen dazu, sich von der aktiven Diskussion zurückzuziehen, wenn starke Differenzen aufzutreten beginnen?										
12. Welche beiden bemühten sich besonders, aufkommende Streitigkeiten zwischen anderen zu schlichten?										
13. Welche beiden wünschten sich am meisten, daß die Gruppenatmosphäre herzlich, freundlich und angenehm sein solle?										
14. Welche beiden waren die stärksten Rivalen hinsichtlich Macht und Einfluß in der Gruppe?										
15. Welche beiden haben sich am stärksten bemüht, die Gruppendiskussion in Gang zu halten?										
16. Welche beiden würden Sie auswählen, die mit Ihnen an einem Projekt arbeiten sollen?										
17. Mit welchen beiden reden Sie gewöhnlich am wenigsten?										

Abb. 16: Fragen zum Rollenverhalten

Jeder überreicht dann die Karten dem anderen oder besser noch, er sagt es ihm persönlich ganz offen in der Runde mit der entsprechenden Begründung. Vielleicht lassen Sie auch alle Gruppenmitglieder vorher raten, von wem und in welcher Rolle sie vermutlich gewählt würden. Diese sehr persönliche Feedback-Runde verdeutlicht die sozialen Strukturen in der Gruppe.

Nachdem uns die Bedeutung des Feedbacks für die persönliche Entwicklung der einzelnen Teammitglieder in der Gruppe klar ist, sollten wir auch Methoden nutzen, dem Team selbst ein Feedback zu geben. Es wird nicht der einzelne angesprochen, sondern es werden aus der Sicht jedes Teammitglieds mit einem Formular (Abb. 16: "Fragen zum Rollenverhalten im Team") mindestens zwei Mitglieder in ihrem Rollenverhalten bewertet. Das Gesamtergebnis ist von der Gruppe dann auszuwerten und zu diskutieren (vgl. Kirsten/Müller-Schwarz, S. 219).

Die Gruppendynamik in der Gruppe bewußt machen

Was in solchen Gruppenübungen vermittelt werden soll, kann natürlich auch regelmäßig während der Gruppenaufgaben und Teamsitzungen angesprochen werden. Die Gruppen und Teams sollen dadurch lernen, ihr Verhalten besser zu erkennen und vor allem auch verändern zu können.

Durch Übungen auf den Prozeß in der Praxis vorbereiten.

Erfahrungen in einem Spiel oder in einer Übung bieten dem Lernenden den Anreiz, etwas auszuprobieren, ohne Gefahr zu laufen, daß der Prozeß im Tagesgeschäft nachhaltig beeinflußt wird.

Solche neuen Erfahrungen können natürlich durchaus am Selbstbild des einzelnen rütteln. Das wäre ja nicht schlecht, wenn nicht Aggressionen oder beharrliches Schweigen, gegenseitige Beschuldigungen, Beschimpfungen des Gruppenleiters oder sonstiges Fluchtverhalten dadurch ausgelöst würden. Doch auch damit muß man rechnen. Konfliktsituationen sind nicht auszuschließen.

Machen Sie Ihren Gruppenmitgliedern klar, welche großen Chancen in der Teamarbeit liegen. Sagen Sie jedem einzelnen ganz deutlich:

Offenheit durch offene und konkrete Aussprache.

• Alle Gruppenmitglieder helfen Ihnen, über sich selbst neue Erfahrungen und Informationen zu gewinnen. Helfen Sie auch in gleicher Weise den anderen.

• Versuchen Sie offen darüber zu sprechen, wie Sie die anderen erlebt haben. Die anderen erwarten das von Ihnen, sie wollen mehr über sich erfahren.

• Seien Sie selbst offen für neue ungewohnte Erfahrungen. Sie werden sie nur machen, wenn Sie auch wollen.

• Sprechen Sie offen über Ihre Beziehungen zu anderen in der Gruppe, um Unklarheiten zu vermeiden.

• Vermeiden Sie allgemeine Formulierungen, sondern beziehen Sie sich konkret auf die von allen erlebte Gruppensituation.

• Sprechen Sie immer einzelne Personen an und nicht die Gruppe pauschal als Ganzes, wenn Sie etwas verändern wollen.

• Verstecken Sie nicht alles in sachlichen Erklärungen. Sprechen Sie auch Ihre augenblicklichen Gefühle aus, damit man Sie versteht.

Verfolgen Sie als Gruppenführer oder Moderator ständig die Spannungen in der Gruppe, erkennbar durch ängstliches Vermeiden von Konflikten, aggressive oder auch defensive Argumentationen, Killerphrasen, ins Wort fallen, Durcheinandersprechen, Cliquenbildung und dergleichen. Vielleicht haben Sie auch das Gefühl, daß wichtige Dinge nicht ausgesprochen werden oder daß manche etwas sagen, was sie eigentlich gar nicht meinen. Konflikte gehören auf den Tisch und sollten nicht vermieden werden. Erst die Konfliktfähigkeit und die Konfliktbereitschaft befähigen eine Gruppe zum Team.

5.7 Konflikte verstehen und bewältigen

> Das Auge sagte eines Tages: "Ich sehe da hinter diesen Tälern im blauen Dunst einen Berg. Ist er nicht wunderschön?"
> Das Ohr lauschte und sagte nach einer Weile: "Wo ist ein Berg, ich höre keinen."
> Darauf sagte die Hand: "Ich suche vergeblich, ihn zu greifen. Ich finde keinen Berg."
> Die Nase sagte: "Ich rieche nichts. Da ist kein Berg."
> Da wandte sich das Auge in eine andere Richtung. Die anderen diskutierten weiter über diese merkwürdige Täuschung und kamen zu dem Schluß:
> "Mit dem Auge stimmt etwas nicht."

Wo Menschen zusammenleben, nicht nur wo sie zusammenarbeiten, kommt es immer wieder zu Mißverständnissen und zu schwierigen Situationen, die wir als Konflikte empfinden, weil wir uns in diesen Situationen persönlich gestört und belastet fühlen. Konflikte haben vor allem die Tendenz zu eskalieren und erzeugen dann bei den Beteiligten einen Lösungsdruck. Man kann und sollte also Konflikte nicht einfach auf sich beruhen lassen, sondern muß sie bewältigen lernen.

Konflikte kommen in den besten Familien vor.

Vor allem wissen wir von uns selbst, aber auch aus der Beobachtung von anderen, daß Konflikte sowohl die subjektive wie auch die *objektive Wahr-*

nehmung, die persönliche *Gefühlslage* und das *Verhalten* der Konfliktpartner beeinflussen. Und das kann eine Konfliktbewältigung erheblich belasten.

Der Außenstehende hat es viel leichter, zu helfen.

Wenn wir Konflikte von außen sehen, also als Außenstehende, Dritte, Berater oder Trainer, können wir sie in der Regel leichter diagnostizieren, weil wir unbeteiligt sind. Häufig ist uns auch gleichgültig, wie andere ihren Konflikt dann beenden. Aber nur zu lernen, wie Konflikte bei anderen aussehen, hilft uns im eigenen Fall nicht weiter. Wir müssen also selber lernen, sie zu bewältigen. Die Chance eines Konflikttrainings gerade in der Gruppe und im Team liegt darin, sowohl die Rollen des Betroffenen als auch die eines Beobachters von außen anzusprechen, bewußt zu machen und einzuüben.

Vertrauen nimmt ab, Mißtrauen nimmt zu.

In zwischenmenschlichen Beziehungen wird häufig viel schärfer wahrgenommen, was uns trennt, als was uns eint. Wir begegnen uns weniger auf der Suche nach Sympathie, Vertrauen und Gemeinsamkeit, als mit Argwohn, Mißtrauen und sogar offener Feindseligkeit. Angst vor Konkurrenz bestimmt schon am Anfang so mancher Begegnung auch das Verhalten in der Gruppe: Pochen auf Regeln, Formalien, Richtlinien, Intellekt vor Gefühl, eigene Vorteile unbedenklich ausnutzen auf Kosten anderer.

Was sind die häufigsten Auslöser von Konflikten:

Sich durchsetzen wollen, Frust ablassen, Unzufriedenheit mit der eigenen Situation, Mangel an Überzeugungskraft, Interessens- und Meinungsverschiedenheiten, alternative Sichtweisen, tiefsitzende Abneigungen. Solche Situationen sind immer wieder Ursachen von Konfliktsituationen. Negative Charaktereigenschaften wie Unaufrichtigkeit, Egoismus, Hinterhältigkeit, Geheimniskrämerei, Drohgebärden sind nicht zu unterschätzen.

Im Konflikt soll der "Gegner" meistens persönlich getroffen und verletzt oder sogar endgültig besiegt werden. Entweder der - oder ich, ist hier der einzige wesentliche Denkansatz. Keiner der Kontrahenten ist interessiert, eine für ihn eindeutige Sachlage in verschiedenen Sichtweisen zu durchdenken oder zu akzeptieren, daß Menschen nun mal Dinge, Zusammenhänge, selbst visuell klare Sachverhalte verschieden sehen.

Narben sind noch lange sichtbar.

Wir müssen lernen zu akzeptieren, daß die *Wahrnehmungen* auch innerhalb einer Gruppe stark differenzieren können. Denken Sie zum Beispiel an optische Täuschungen. Oder vielleicht kennen Sie von John. W. Burton das Bild, welches sowohl den Kopf einer alten Frau als auch den eines jungen Mädchens zeigt (Karl Berkel, S. 31) und bei dem die meisten Betrachter nur das eine oder das andere Gesicht erkennen und selten beide. Ein und derselbe Gegenstand kann also mehrdeutig sein, je nachdem wie die individuelle Blickrichtung oder Wahrnehmung ist.

Ebenso unterschiedlich werden *Gefühle* wahrgenommen, in bezug auf Akzeptanz, Kritik, Sicherheit oder Ablehnung. Es gibt grundsätzlich unterschiedliche Einstellungen und *Verhaltensweisen* in unseren sozialen Kontakten, die sich ausdrücken durch gegenseitige Förderung oder Behinderung, in der Gemeinsamkeit oder Unterschiedlichkeit von Zielen, durch Gleichgültigkeit, in Vorteilsdenken oder persönlichen Bereicherungen, durch Konkurrieren und Besiegen. Das typische Freund-/Feind-Denken oder Gewinner-/Verlierer-Denken verhindert sehr oft jede kooperative Einstellung, mit der alleine Konflikte konstruktiv bewältigt werden können.

Reine Verhandlungssache

> Probleme können nicht auf derselben Ebene gelöst werden, auf der wir sie geschaffen haben.
>
> Albert Einstein

Aus Schwäche gezwungen nachzugeben.

Wenn jemand seine Forderungen durchsetzen will, zwingt er den anderen in die Verliererrolle. "Ich habe recht - du hast unrecht", ist eine klassische Kampfansage. In Konflikten will jeder nur nehmen und keiner geben. Es besteht eine Atmosphäre von Dominanz und Unterwerfung, es geht um Machtkampf und Durchsetzung von Interessen auf Kosten der anderen Partei, in der Politik bis hin zum Krieg und auch im persönlichen Bereich gibt es genügend "Kriege".

Kooperation statt Angst

Konflikte lösen sich nur durch Verhandeln. Denn jeder Konflikt stellt ein Problem dar, das grundsätzlich lösbar ist und dessen gemeinsame Lösung beiden Seiten Vorteile bringen sollte. Und deswegen müssen wir lernen, unseren eigenen Standpunkt einmal zu verlassen und uns in den anderen hineinzudenken. Wir müssen bereit sein, etwas von jemand anderen annehmen zu können, und zwar mit aller Konsequenz. Die einzig sinnvolle Strategie im Konflikt heißt also *Problemlösung* (im Gegensatz zur Pokerstrategie), und sie verlangt von mir als Konfliktpartei folgende Einstellungen und Verhaltensweisen (siehe K. Berkel, S. 46):

- Ich betrachte den Konflikt als unser gemeinsames Problem.

- Ich kenne meine Wünsche, Interessen und Ziele und habe vor, sie unmißverständlich offenzulegen.

- Ich suche nach einer Lösung, die uns beide zufriedenstellt.

- Ich möchte gemeinsame Ziele verfolgen.
- Ich suche Machtunterschiede auszugleichen, indem ich
  - hervorhebe, wie wichtig es ist, daß wir zu einer gemeinsamen Lösung kommen,
  - betone, daß wir beide aufeinander angewiesen sind.
- Ich stelle zu Beginn meine Gefühle, Interessen, Absichten und Positionen offen und unverfälscht dar.
- Während der andere spricht, versuche ich mich in ihn hineinzuversetzen.
- Weder locke ich mit Versprechungen noch verunsichere ich mit Drohungen.
- Negative Gefühle drücke ich so aus, daß sie nicht verletzen.
- Heftige Gefühle (Zorn, Ungeduld) gebe ich temperamentvoll wieder.
- Ich gebe zu verstehen, daß meine Position flexibel ist.
- Ich zeige mich kooperativ, um eine kooperative Beziehung herzustellen oder zu stabilisieren.

Lernen von den Profis

Dr. Raymond Saner hat als internationaler Experte und Berater von Konfliktsituationen in einer Beilage der Süddeutschen Zeitung auf die Frage geantwortet, ob die Bereitschaft genügt, mit Erfolg zu verhandeln: "Nein, Talent gehört unbedingt dazu. Ich würde sagen, das Verhältnis ist dreißig Prozent Talent, siebzig Prozent Erfahrung, Reflexion und Lernfähigkeit. Das Ganze ist eine Mischung aus Kunst und Wissenschaft, aus Gefühl und Verstand."

> Konfliktbeseitigung verlangt Gefühl und Verstand.

Es gibt (vereinfacht) ja nur vier Möglichkeiten, wie ein Konflikt ausgehen kann. A gewinnt und B verliert; B gewinnt und A verliert. Wenn beide auf dem Gewinnen beharren, treiben sie sich gegenseitig zum Verlieren und bringen die Verhandlungen zum Scheitern. Ziel sollte aber immer die vierte Möglichkeit sein: daß beide gewinnen, nicht maximal, sondern optimal, also einen Kompromiß finden, mit dem beide zufrieden sind.

Auge um Auge, Zahn um Zahn.

Rein rechnerisch hat diese Lösung nur eine Chance von 25 %, aber sie ist nun mal die erfolgversprechendste, wenn auch mit aller Konsequenz:

1. Kooperiere und schließe Kompromisse.

2. Falls der andere nicht seinerseits Kompromisse offeriert: zurückschlagen, also auf maximale Forderungen umstellen.

3. Bietet der andere nun doch Kompromisse an, muß man selbst zum Kompromiß zurückkehren, ohne ihm Vorhaltungen zu machen. Da darf es keine "emotionalen Buchhaltungen" geben.

So hart es klingt: Auf wiederholten Wortbruch muß man reagieren, nicht nur drohen, sonst trägt man im Grunde zur Verlängerung, ja sogar zur Verschärfung des Konfliktes bei (vgl. Bosnien-Konflikt).

Taktik, Strategie und der Wille zu einer gemeinsamen Lösung.

Man muß auch das richtige Gespür für das Timing haben: Zu welchem Zeitpunkt soll man überhaupt verhandeln? Wann ist es besser zu warten, wann zu fordern, wann nur zuzuhören? Viele neigen dazu, zu schnell eine Entscheidung herbeiführen zu wollen. Das bewirkt oft das Gegenteil. Man braucht Zeit, Gefühl und sogar den Willen, länger in der Grauzone eines Konfliktes zu verbleiben, die Informationen und Argumente nicht sofort transparent auf den Tisch zu legen. Ein wenig Vorgeplänkel, um sich besser kennenzulernen und um festzustellen, wie weit es mit dem Verhandlungswillen steht.

Saner formuliert aus seinen Erfahrungen fünf Grundsätze:

- Unterscheide zwischen dem Problem und dem Menschen, der dahintersteht.

- Konzentriere Dich auf seine Interessen, nicht auf seine offiziellen Positionen.

- Entwickle die größtmögliche Zahl von beidseitig akzeptablen Lösungen, entscheide später.

- Bestehe darauf, meßbare Kriterien gemeinsam zu bestimmen, damit beide die Umsetzung des Vertrages nachvollziehen können.

- Man muß auch einmal das Risiko eingehen, ein guter Verlierer zu sein.

Bewahren Sie sich für Ihren Konfliktpartner (nicht - Gegner) ein wenig Sympathie, damit Sie sich nach der Einigung auch noch in die Augen schauen, punktuelle Enttäuschungen verkraften und selbst eine neue Verhandlungsrunde gemeinsam meistern können.

Wie gehe ich mit Konflikten um?

Nehme ich den Konflikt an?

Mache ich mir klar, daß eine Position nur durch ihre Gegenposition entsteht? Frage ich mich: Was entspricht meiner Würde und der meines Partners?

Wie steht es um meine Konfliktbereitschaft?

Das

=> führt zu einem Entscheidungsprozeß

=> setzt seelische Energien frei

=> erweitert den Handlungsspielraum

=> fördert die Persönlichkeitsentwicklung

Weiche ich dem Konflikt aus?

Vermeide ich ihn? Kehre ich ihn unter den Teppich?

Das

=> verhindert einen Entscheidungsprozeß

=> bindet seelische Energien

=> engt den Handlungsspielraum ein, da die verleugnete Situation immer wieder vermieden werden muß

=> behindert die Persönlichkeitsentwicklung

Sicherlich muß jeder Konfliktpartner erst einmal gewisse Voraussetzungen zur Konfliktbewältigung schaffen:

• Er muß den Konflikt wahrnehmen, also selbst verspüren, daß die eigenen Ziele und Belange durch die Gegenpartei betroffen sind. Wenn nur einer den Konflikt wahrnimmt, dann ist er schon existent, selbst wenn ihn der andere noch nicht verspürt.

• Er sollte sich bewußtmachen, wie er auf den Konflikt gefühlsmaßig, nicht nur mit sachlichen Argumenten, reagiert.

Gefühle und Empfindungen offen aussprechen.

• Er sollte sich auf seine Fähigkeit, Gefühle zu äußern, besinnen oder anfangen, daran zu arbeiten.

• Er sollte sein sprachliches Verständigungsvermögen bewußt und konzentriert einsetzen, eventuell in kleineren Konfliktsituationen auch etwas ausprobieren und trainieren.

• Er sollte generell seine Bereitschaft zu einem Gespräch einbringen. Ohne Gespräch keine Konfliktlösung.

Bewußtmachen von Konfliktverhalten

Jeder Mensch, jedes Mitglied in einer Gruppe, hat gewisse Präferenzen im Konfliktverhalten, im Konfliktstil. Machen Sie doch in der Gruppe einmal folgende Übung, um überhaupt das Thema "Konfliktbewältigung" konkret anzusprechen. Jeder einzelne in der Gruppe soll erkennen, daß es verschiedene Konfliktstile gibt, daß in verschiedenen Situationen durchaus unterschiedliche Stile angemessen sind und daß es nicht den einzigen optimalen Stil gibt. Daß es vielmehr eine Bereicherung für die Gruppe ist, wenn unterschiedliche Konfliktstil-Präferenzen in ihr, daß heißt in ihren Teammitgliedern, verfügbar sind.

Vielleicht geht uns ein Licht auf.

Legen Sie, wie in Abb. 17: "Konfliktverhalten" dargestellt, die fünf typischen Konfliktstile "Konkurrenz, Vermeiden, Anpassung, Kompromiß, Kooperation" als Moderationskarten großflächig verteilt in den Raum. Bitten Sie nun nacheinander jeden Teilnehmer der Gruppe, sich dem für ihn und seine Mentalität typischen Konfliktstil zuzuordnen, indem er sich in die Fläche zwischen den Karten positioniert, ohne zu begründen, warum!

Danach wird er gefragt, ob er ein Feedback haben will. Wenn ja, teilt ihm die Gruppe durch Einzelmeinungen mit, ob sie ihn auch dort sieht oder woanders einordnen würde, mit der Möglichkeit zu begründen. Wenn eine Positionsverschiebung vorgeschlagen wird, können Sie den Feedback-Nehmer fragen, wie er sich auf dieser neuen vorgeschlagenen Position fühlt, weswegen er sich dort nicht sieht, ob er sich dorthin entwickeln will oder wohin er sich gerne, unabhängig von der Zuordnung, entwickeln möchte.

Sein eigenes Konfliktverhalten durch Fremdeinschätzung kontrollieren.

Diese Prozedur vollzieht dann jeder Teilnehmer der Gruppe, also

1. Selbsteinschätzung des typischen Konfliktstils,

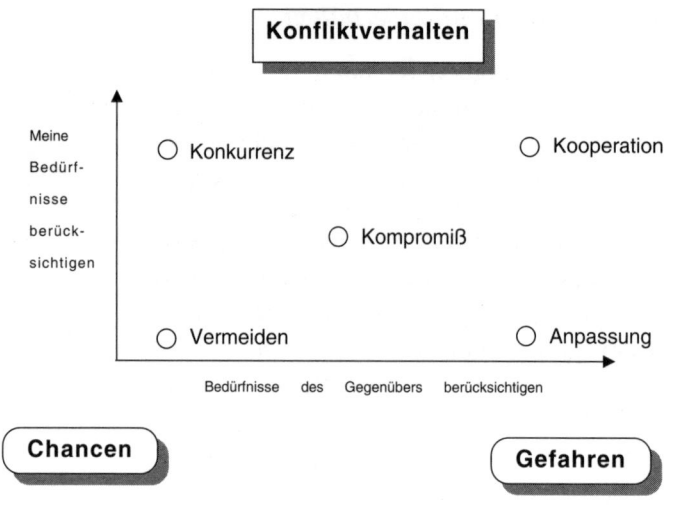

Vermeidung

Chancen

Für "Konflikthaie" die Möglichkeit, einmal einen Konflikt auszulassen und die Möglichkeit, Kontakt auf neue Weise herzustellen.

Gefahren

Sich und seine Bedürfnisse nicht ernst nehmen, Verantwortung ablehnen, so daß am Ende keiner etwas davon hat. Unter den Teppich kehren, Flucht, Rückzug.

Anpassung

Ich gebe nach und akzeptiere die Bedürfnisse meines Konfliktpartners als wichtiger oder dringender. Ich harmonisiere.

Ich zeige meine Bedürfnisse nicht mehr, werde zum Mitläufer, "nur" um meinem Harmoniebedürfnis gerecht zu werden.

Konkurrenz

Ich stehe deutlich für meine Bedürfnisse ein. Zur Not erzwinge ich die Durchsetzung meiner Meinung.

Ich setze mich auf Biegen und Brechen durch; der andere erleidet eine Niederlage und wird mir dies gewiß heimzahlen wollen. Ich oder Du, Drohung, Macht.

Kompromiß

Zwischenzeitlicher Verhandlungserfolg, bei dem die Bedürfnisse wenigstens fürs erste "beruhigt" sind. Maximalforderungen sind nicht mehr vorrangig.

Die positiven Energien des Konfliktes werden nicht genutzt ("Kastrationseffekt" auf beiden Seiten). Zudem ist das Problempotential nicht aus der Welt geräumt, es schlummert noch unter der Tischkante.

Kooperation

Konflikte werden angesprochen und als konstruktive Kraft genutzt. Die verschiedenen Bedürfnisse werden akzeptiert, und gemeinsam wird versucht, eine Lösung zu finden, bei der alle Beteiligten gewinnen und die Energie multipliziert wird. Kreative Zusammenarbeit ist möglich.

Abb. 17: Konfliktverhalten

2. Fremdeinschätzung durch Feedback,

3. Äußerung über Zielvorstellungen,

4. Wichtig: keine Bewertungen
keine heftigen Diskussionen
oder Gegenargumente,
sondern typische Feedback-
Situation mit Aktiv-Zuhören.

Mit dieser sehr offenen und auch öffnenden Übung wird das Thema "Konfliktverhalten und -bewältigung" allen bewußt. Jeder offenbart, jeder erkennt, jeder akzeptiert, jeder lernt - keiner bewertet, keiner beeinflußt, keiner präferiert. Es wird jedem Teilnehmer deutlich, daß es verschiedene Konfliktstile gibt, die dem einen mehr oder weniger liegen, daß sie flexibel gehandhabt werden sollten und den Situationen angemessen zu mehr oder weniger Erfolg führen können.

Das Konfliktbarometer im Team

Sie erinnern sich daran, daß wir die Konfliktbereitschaft und Konfliktfähigkeit als wesentliches Qualitätsmerkmal eines Teams bezeichnet haben. Also auch in Teams wird es Konflikte geben, aber die Mitglieder werden sie erkennen und bewältigen.

Konflikte sind schon zu erkennen, bevor sie ausbrechen.

Wie äußern sich denn beispielsweise Konflikte in der Gruppenarbeit?

• Die Kommunikation ist nicht offen und aufrichtig. Informationen sind unzureichend oder bewußt irreführend. Geheimniskrämerei und Unaufrichtigkeit nehmen zu. Drohungen und Druck treten an die Stelle von offener Diskussion und Überzeugung.

• Es gibt Unterschiede und Differenzen in den Interessen. Meinungen und Überzeugungen treten hervor. Es wird stärker gesehen, was trennt, nicht das, was verbindet. Versöhnliche Gesten des anderen werden als Täuschungsversuch gedeutet, seine Absichten als feindselig und bösartig beurteilt.

• Vertrauen nimmt ab und Mißtrauen zu. Verdeckte und offene Feindseligkeiten entwickeln sich. Die Bereitschaft nimmt ab, dem anderen mit Rat und Tat zur Seite zu stehen. Die Bereitschaft nimmt zu, den anderen auszunutzen, bloßzustellen, herabzusetzen.

• Die Aufgabe wird nicht mehr als gemeinsame Sache wahrgenommen. Arbeitsteilung wird abgelehnt. Jeder versucht, alles alleine zu machen. So braucht er sich auf niemanden zu verlassen, ist von anderen nicht abhängig und entgeht der Gefahr, ausgenutzt und ausgebeutet zu werden.

Wie lassen sich Konflikte überwinden?

Die Eskalation von Konflikten liegt in uns selbst.

Zwei Personen oder Organisationen glauben zum Beispiel, ihr Wohlbefinden hänge davon ab, daß sie einen Vorteil gegenüber der jeweils anderen Seite erlangen. Immer wenn eine Seite eine Nasenlänge voraus ist, fühlt sich die andere stärker bedroht, was sie dazu veranlaßt, aggressiver am eigenen Vorsprung zu arbeiten, wodurch sich wiederum die andere Seite bedroht fühlt, ihre eigene Aggressivität erhöht usw. Häufig hält jede Seite ihr eigenes aggressives Verhalten für eine reine Verteidigungsreaktion auf die Aggressivität der anderen. Der ganze Prozeß eskaliert. Keiner hat Interesse, das

Die da "draußen" sind immer schuld.

Gefühl der Bedrohung auf der anderen Seite zu verringern.

Jedes Teammitglied wird persönliche Erfahrungen mit Konfliktsituationen und ihren Lösungen in seinem Leben gesammelt haben. Bei aller Unterschiedlichkeit an Konfliktstilen sollten in der Gruppe gemeinsame Verhaltensweisen und Regeln bekannt sein und auch unter Aufsicht geübt werden, damit nicht bestimmte Präferenzen der Stärkeren in der Konfliktbewältigung durchgesetzt werden, sondern bewährte Konzepte allen gemeinsam verständlich und verfügbar sind. Einen solchen Ablauf zeigt zum Beispiel Abb. 18: "Konfliktbewältigung". Er ist für einfache und schwierige Übungen in der Gruppe geeignet.

Rollenverhandeln im Beisein des "Beraters"

Dem Rollenverhandeln liegt die Überzeugung zugrunde, daß eine offene und fair ausgehandelte Vereinbarung zwischen Mitgliedern einer Gruppe, die sich in Konfliktsituationen befinden, jederzeit besser ist als ungeklärte Verhältnisse. Sie sollten sich jedoch im klaren sein, daß es dadurch zu starken Konfrontationen kommen kann, also immer mit Moderator, Berater oder dritten Beobachtern starten. Wenn der Prozeß einmal bekannt ist, können die Gruppenmitglieder auch untereinander ohne den Beobachter oder Berater weitermachen.

Unter Aufsicht Konfliktbewältigung trainieren.

Harrison (1977, S. 116ff) schlägt eine Art *"Beratervertrag"* zwischen Berater und Beteiligten mit folgenden sechs Punkten vor:

1. Der Berater ist berechtigt, Gefühle aus jemandem "herauszupressen", jedoch entscheiden die Beteiligten selbst, was und wieviel sie in den Prozeß einbringen.

2. Offenheit und Ehrlichkeit ist bei allen Beteiligten für ein zufriedenstellendes Ergebnis unbedingt notwendig. Erwartungen und Forderungen müssen so genau und konkret wie möglich geäußert werden.

3. Nichts gilt als adäquat mitgeteilt, was nicht schriftlich vorliegt und vom Empfänger auch so verstanden wurde, wie es vom Sender beabsichtigt war.

4. Es gilt das Prinzip "Was erhalte ich für was". Alle Beteiligten müssen also bereit sein, ihr Verhalten klar definiert zu ändern. Ebenso muß geklärt sein, was

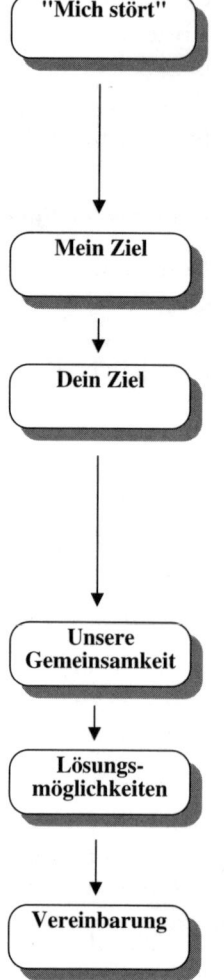

Stufe 1

Konflikt auf den Tisch legen (Konfrontation)

1. Die Ernsthaftigkeit der eigenen Störung muß dem anderen
    deutlich werden, also nicht "durch die Blume" sagen.
2. Ich-Botschaften senden statt Du-Botschaften.

Stufe 2

Nennung des eigenen Zieles: "Ich möchte....."

Stufe 3

Feststellung des Zieles des anderen

a) durch direkte Frage: "Was möchtest Du?"
b) durch Kontrollfrage zum eigentlichen Ziel:
    "Wie siehst Du das?" oder "Was sagen Sie dazu?"
c) durch aktives Zuhören

Stufe 4

Suche nach Gemeinsamkeiten

Stufe 5

Ideen suchen, akzeptieren, bewerten, wie das Problem
gelöst werden kann.

Stufe 6

Vereinbarung

a) konkret, detailliert, zeitlich befristet
b) nach vereinbarter Zeit überprüfen, ob sich die Vereinbarung/Lösung
    in die Praxis umsetzen läßt und ob wir damit zurechtkommen.

Wenn Lösung nicht möglich:

a) Vertagen (festen Termin vereinbaren)
b) Sinnfrage (Hälst Du es für sinnvoll, daß wir beide...)
c) Es gibt Probleme, die können wir nicht lösen, aber wir können
    aufhören, uns von ihnen faszinieren zu lassen.

Abb. 18: Konfliktbewältigung

der Betreffende von dem oder den anderen als Gegenleistung für seine Verhaltensänderungen erhält.

5. Der Prozeß gilt erst dann als abgeschlossen, wenn die getroffene Übereinkunft bezüglich der Verhaltensänderungen und der Gegenleistung niedergelegt ist.

6. Drohungen und Ausübung von Druck sind weder illegitim noch auszuschließen. Allerdings muß den Beteiligten klar sein, daß solche Mechanismen die Kommunikation erschweren und zu Abwehrreaktionen, zu Vergeltungswünschen oder sogar zum Abbruch der Verhandlungen führen. Vielmehr gilt es, positive Anreize zu schaffen.

Der erste Schritt ist das Ausfüllen eines *Problemdiagnosebogens*, in dem jedes Gruppenmitglied für jedes andere im Team auflistet, was er/sie von der anderen Person mehr, weniger oder unverändert erwartet, also folgende Fragen:

Botschaften von .... an ....

1. Es würde mir helfen, meine eigene Effektivität zu steigern, wenn Sie folgendes mehr oder besser machen würden:

2. Es würde mir helfen, meine eigene Effektivität zu steigern, wenn Sie folgendes weniger oder nicht mehr tun würden:

3. Mit folgenden Verhaltensweisen haben Sie mir geholfen, meine Effektivität zu steigern, und ich hoffe, daß Sie diese Verhaltensweise in Zukunft beibehalten:

Auf diese Weise erhält jedes Mitglied der Gruppe von jedem anderen einen solchen Diagnosebogen, aus denen er/sie dann eine Zusammenfassung oder Verdichtung anfertigt, die alle für ihn/sie angeführten Verhaltensweisen enthält. Danach werden diese individuellen Zusammenstellungen für jeden einsehbar an die Pinwand gehängt. Zurückweisun-

Mit Problemdiagnosebogen Konfliktstoffe frühzeitig beseitigen.

Die breite Streuung der Gruppenmeinung bringt mehr Akzeptanz.

gen und Verteidigungen sind nicht erlaubt. Die Teilnehmer müssen lernen, mit dieser Offenheit umzugehen.

Der zweite Schritt ist dann die Verhandlung. Veränderungen werden nicht dadurch erreicht, daß nur Erwartungen und Forderungen ausgetauscht werden, sondern der status quo mit hoher Wahrscheinlichkeit bestehen bleiben würde, wenn sich nicht auf *beiden* Seiten das Verhalten ändert, also "was erhalte ich für was". Dazu werden die Teilnehmer aufgefordert, auf den jeweiligen Zusammenstellungen Bereiche zu markieren (z.B. mit unterschiedlichen Farben oder Zeichen), in denen sie sich bei den anderen Teilnehmern Veränderungen besonders wünschen bzw. in denen sie bei sich selbst am ehesten eine Veränderung für vorstellbar halten.

Ohne Verhandeln bewegt sich nichts.

So entsteht im Beisein und mit Hilfe des "Beraters"/ Moderators eine Liste von Punkten, die am ehesten verhandlungsfähig sind. Danach werden zwei Personen aus der Gruppe gebeten, sich als Demonstrationsobjekte zur Verfügung zu stellen, um einen Ablauf einer Verhandlung, zum Beispiel nach dem vorher aufgezeigten Schema der Konfliktbewältigung (Abb. 18) oder nach dem einfachen Schema "Wenn Sie x tun, tue ich y", durchzuführen. Am Schluß werden auch zu verhängende "Sanktionen" für den Fall der Nicht-Einhaltung schriftlich festgehalten. Wichtig sind die gemeinsamen Übereinkünfte zu den Aktionen und Maßnahmen und bis wann sie durchgeführt und gemeinsam kontrolliert werden sollen.

Konfliktbewältigung modellartig angeben

Das 6-Phasen-Modell der Konfliktbewältigung.

Karl Berkel (vgl. S. 52 ff) empfiehlt den unmittelbar betroffenen Personen, die Konfliktbewältigung in sechs Phasen anzugehen.

1. Erregung kontrollieren

Normalerweise reagieren Menschen auf Konfliktsituationen, in denen sie sich von anderen in irgendeiner Weise gestört oder beeinträchtigt fühlen, mit erhöhter Erregung, die sie häufig hindert, Energien zu einer vernunftgeleiteten Auseinandersetzung freizusetzen. Denn Denken und Fühlen überlagern und beeinflussen sich gegenseitig und führen zu verschiedenen, schwer kontrollierbaren Reaktionen.

Entweder wird der Konflikt verdrängt durch rein rationales Durchdenken des Problems und Unterdrückung und damit Nicht-Bewußt-Werden von Gefühlen oder es erfolgt im anderen Extrem ein Wutausbruch, der durch Gefühle und Affekte beherrscht wird und bei dem das Denken vernachlässigt wird. "Frieden beginnt ganz elementar bei der eigenen Fähigkeit, nicht jeden Zorn und Ärger umgehend am anderen auszulassen."

Erregung behindert das Denken.

Hier ist also Disziplin und Selbstbeherrschung gefragt, sich selbst zu beruhigen und konzentriert Gedanken zu entwickeln, sowie sich selbst zu hindern, den anderen in irgendeiner Weise anzugreifen und zu verletzen. Wie bekommt man den Konflikt am besten in den Griff, aber auch wie bringt man durch das eigene Verhalten den anderen dazu, seine Erregungen zu dämpfen? Vielleicht macht es sogar Sinn, es mit Humor zu versuchen.

2. Vertrauen herstellen

Vertrauen ist unerläßlich zur Konfliktbewältigung. Natürlich gibt es Risiken, enttäuscht zu werden, sich dem anderen auszuliefern, im Stich gelassen zu werden. Vertrauen setzt sicherlich ein hohes Maß an Selbstbewußtsein voraus, an Mut und Optimismus, Akzeptanz gegenüber eigenen Schwächen, Offenheit und

Ohne Vertrauen keine Offenheit und Beweglichkeit.

Aufrichtigkeit. Dann wird man es eher unterlassen, den anderen zu provozieren, zu verletzen oder Blößen auszunutzen. Man wird aber auch den Mut haben, Betroffenheit und Befürchtungen auszusprechen, um Vertrauen zu gewinnen.

Mißtrauische Menschen sind nämlich eher bemüht, sich keine Blößen zu geben, "dicht" zu machen und sich damit selbst zu schützen. Sie tun sich schwer in Konflikten, weil sie kein Vertrauen geben können.

3. Offen kommunizieren

Dazu gehört, daß die Konfliktparteien offen und täuschungsfrei die eigenen Motive und Absichten mitteilen und ebenso den anderen ersuchen, seine Wahrnehmungen zu äußern.

Gefühle bewußtmachen und ansprechen.

Wir müssen uns im klaren sein, daß bei jeder Kommunikation die Sache *und* die Beziehung im Wechsel, jeweils mal stärker, mal schwächer, im Vordergrund stehen. Rivalität, Neid, Überlegenheit, Minderwertigkeit, Angst, Unsicherheit, Empörung, Demütigung - eine Menge von Gefühlen können den Konflikt beeinträchtigen. Aber nicht die Art oder die Intensität eines Gefühls entscheidet über den Konflikt, sondern inwieweit eine Person sich ihrer Gefühle bewußt ist, sie offen einsetzt und angemessen zum Ausdruck bringen kann.

Jeder Mensch hat in solchen Situationen unterschiedliche Wahrnehmungen für Fakten, Ereignisse und Verhaltensweisen. Sicherlich ist dabei auch die persönliche Einstellung zur Konfliktlösung entscheidend, denn wer den kooperativen Lösungsansatz dem konkurrierenden vorzieht, wer die Selbstachtung des anderen respektiert und Formen des demokratischen Umgangs präferiert, der wird sich auch leichter tun, vorschnelle Urteile zu meiden und wird Überlegenheiten in gefühlsüberlagerten Situationen (wie z.B. bei Angst, Zweifel und Unsicherheit) nicht ausnutzen.

Die Konfliktparteien sollten auch jeweils prüfen, ob der Ort der Konfliktbewältigung günstig ist, genügend Zeit zur Verfügung steht und ob eine dritte Partei hinzugezogen werden soll, um zu beobachten, zu beraten, zu vermitteln.

4. **Problem lösen**

Wie oft haben wir es selbst erlebt, daß Konfliktparteien sich auf die Problemauseinandersetzung stürzen, ohne mit sich selbst gefühlsmäßig im klaren zu sein, ohne die Beziehungsebene für eine erfolgreiche Problembewältigung vorzubereiten.

Wir wissen, daß es beim Konflikt unterschiedliche Betrachtungsweisen und Wahrnehmungen sowie Präferenzen und Eigeninteressen gibt. Das Ziel der Problemlösung muß also sein, zu klären und zu entscheiden, wie gemeinsames Handeln wieder möglich wird: Was können wir tun, damit wir wieder reibungslos zusammenarbeiten, ohne unser Gesicht zu verlieren, auf einer gemeinsamen, beiderseitig befriedigenden Lösung. Allen muß auch klar sein, daß es um die Beseitigung von einseitigen oder gegenseitigen Behinderungen geht und nicht um die Bekehrung und Umerziehung zu einer anderen Person.

Gemeinsame Ziele zu einer beiderseitig befriedigenden Lösung führen.

In diesem vierten Schritt der Konfliktbewältigung geht es also um

– die klare und verständlich definierte Problembeschreibung,

– das Erkennen und Aussprechen der sachlichen und persönlichen Aspekte des Problems,

- den Austausch aller erforderlichen Informationen,

- die Beschreibung der Zielvorstellungen beider Parteien,

- die gemeinsame Suche nach verschiedenen Lösungswegen,

- die Abstimmung der Präferenzen bei der Lösungsbewertung und den Ausgleich im Kompromiß und

- die Akzeptanz der gemeinsam getroffenen Entscheidung.

5. **Vereinbarung treffen**

Klare Vereinbarungen formulieren.

Die gemeinsam gefundene Einigung muß klar, eindeutig und widerspruchsfrei fixiert werden (vgl. auch Rollenverhandlung), damit sie nicht willkürlich interpretiert werden kann. Kontrolle und Mißtrauen sollen vermieden und ihre Verbindlichkeit zum Ausdruck gebracht werden. Jeder weiß, was er zu tun oder zu unterlassen hat, auch Außenstehende können davon in Kenntnis gesetzt werden. Selbst Sanktionen bei Nicht-Einhaltung könnten fixiert sein, besser ist natürlich, durch korrekte Einhaltung das Vertrauen zu rechtfertigen, das sich beide Parteien zugesprochen haben.

6. **Persönlich verarbeiten**

Der Konflikt kann dann als bewältigt angesehen werden, wenn die Beteiligten wieder ungestört handeln können, wenn sie mit der getroffenen Vereinbarung leben und arbeiten können. Der eine vergißt schneller, der andere grübelt noch lange, ob es eine bessere Lösung hätte geben können, manche akzeptieren, aber reiben sich innerlich immer noch am Auslöser des Konfliktes.

Der Konfliktkreis (vgl. Berkel, S. 78, Abb. 19: "Kreislauf der Konfliktbewältigung") schließt sich erst, wenn die Personen auch innerlich mit der Angelegenheit fertig geworden sind. Sie müssen das, was vorgefallen ist, verarbeiten und damit leben. Natürlich können Konflikte auch wiederaufleben und der Kreislauf setzt sich erneut in Bewegung, wenn auch die Situation nicht mehr die gleiche ist wie vorher. Es liegt also der Gedanke nahe, daß Konflikte nicht beseitigt oder gelöst, sondern nur bewältigt werden, daß die Konfliktparteien sie in den Griff bekommen..

Konflikte müssen innerlich verarbeitet werden.

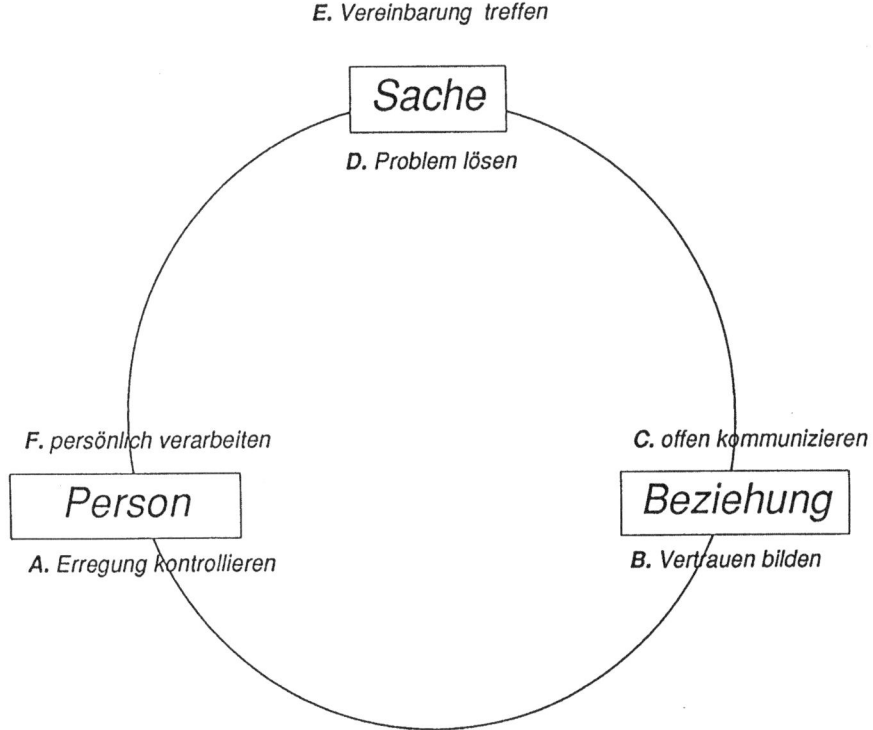

Abb. 19: *Kreislauf der Konfliktbewältigung*

Die Konfliktanalyse ist die "halbe Miete"

Konflikte entstehen häufig durch einfache Meinungsverschiedenheiten, unterschiedliche Zieldefinitionen und/oder Problem-Analysen, vor allem durch mangelnde Kommunikation und Konfliktlösungsbereitschaft der Betroffenen.

Der erste Einstieg wäre für die Beteiligten, daß sich jeder mit seiner Ziel-Definition ausführlich beschäftigt – jeder für sich oder gemeinsam im Team.

Wer das Ziel nicht kennt, wird den Weg nicht finden.

Stellen Sie sich folgende Fragen zur *Zieldefinition*:

- Was will ich erreichen? Was strebe ich an?

- Was ist das Ziel? (Sachebene, Beziehungsebene, Unternehmenskultur)

- Wer ist betroffen, wenn das angestrebte Ziel erreicht worden ist?

- Was sind meine Gedanken und Gefühle, wenn ich dieses Ziel verwirklicht haben werde?

- Wo liegen die Antriebskräfte für dieses Ziel?

- Wer übt Druck oder Sog aus, damit ich das Ziel wirklich anstrebe?

- Welche Chancen bzw. Risiken sehe ich, wenn dieses Ziel erreicht worden ist?

- Wer kann verlieren oder gewinnen, wenn dieses Ziel konsequent verfolgt wird?

- Wie wichtig ist mir das gesteckte Ziel?

Oder stellen Sie sich doch einmal folgende Fragen, um in der *Problemanalyse* klarer zu werden:

Höre, was Du hörst, nicht was Du hören willst.

- Worum geht es genau?

- Wer ist beteiligt? Wer ist betroffen?

- Was ist offiziell, was inoffiziell bekannt?

- Was waren die Auslöser des Konfliktes?

- Wer übt Druck oder Macht aus?

- Welche Chancen/Risiken sehe ich
  − für mich als Führungskraft …?
  − für meine Mitarbeiter …?
  − für meinen Chef …?

- Wer kann verlieren oder gewinnen?

Erst nach Klärung dieser Fragen sollten Sie sich mit der Lösung oder Bewältigung des Konfliktes beschäftigen.

Konflikte bergen Chancen!

Konfliktbewältigung im Team

Wenn Konflikte zwischen zwei oder mehreren Mitarbeitern eskalieren und von diesen alleine nicht mehr geklärt werden können, muß sich die Führungskraft einschalten. Es kann auch vorkommen, daß ein Mitarbeiter die Führungskraft anspricht und um Hilfe bittet, den Konflikt beizulegen. Meist wird hier aber der Vorgesetzte als "Verbündeter" gesucht, der es dem Konfliktpartner "zeigen soll".

Folgende Verhaltensregeln sind für die Konfliktklärung hilfreich:

− Bleiben Sie neutral und nehmen Sie erst einmal für keine Partei Stellung.

− Moderieren Sie das Konfliktgespräch und bieten Sie eine klare Gesprächsstruktur an (s. unten).

− Unterstützen Sie die Konfliktparteien, akzeptable Lösungen zu finden.

− Achten Sie darauf, daß es möglichst nur "Gewinner" gibt.

Die eigene Freiheit berührt auch immer die Freiheit des anderen.

− Setzen Sie Ihre Lösung nur dann um, wenn die Konfliktpartner zu keiner Einigung kommen.

Vorgehensweise im Dreiergespräch

1. Sprechen Sie mit *jedem Konfliktpartner* einzeln und holen Sie sich Informationen

– zur individuellen Problemsicht

– über Ihre möglichen Eigenanteile in der Konfliktbewältigung

– über die Bereitschaft zur Klärung und Versöhnung

– und zur Motivation der Konfliktparteien für ein "Dreiergespräch"

2. Führen Sie ein *"Dreiergespräch"* mit folgenden Zielen

– jeder stellt seine Problemsicht und verletzten Gefühle dar,

– jeder kann ausreden und ist bereit zuzuhören,

– für jeden gelten die gleichen Spielregeln,

Ändere die Situation oder Deine Einstellung dazu.

– es werden gemeinsame Lösungen gesucht,

– es gibt klare, eventuell schriftliche Vereinbarungen, mit denen alle (auch Sie) einverstanden sind.

3. Begleiten Sie danach die Umsetzung der Vereinbarungen und kontrollieren Sie die Absprachen.

4. Überlegen Sie sich "Ihre" Konfliktlösung und setzen Sie diese um, wenn die Konfliktparteien trotz Unterstützung zu keiner Lösung kommen.

Beratungs-Gespräche

Bewährt haben sich auch "Beratungs"-Gespräche für die Konfliktpartner. Wir haben diese Gespräche insbesondere dann durchgeführt, wenn nur eine Konfliktpartei in der Gruppe von ihrem Konflikt berichtet und von den anderen eine objektive, neutrale, kollegiale Beratung erfahren will. Auch hier gehören zur Vorbereitung und zum näheren Verständnis einige klärende Fragen, die den "Beratern" und der Konfliktpartei Zusammenhänge und auslösende Faktoren bewußt machen sollen:

1. Worum geht es bei dem Konflikt? (vorläufige Benennung)

2. Wer sind die direkt und indirekt Betroffenen? (hierarchische Abhängigkeiten, Vernetzungen)

3. Wann und woran haben Sie erstmals gemerkt, daß Sie einen Konflikt haben? (Konfliktsignale)

4. Was sind Ihrer Meinung nach die Ursachen?

5. Welche Dimensionen sind wie berührt?

6. Welche Lösungsversuche wurden schon unternommen?

7. Woran sind diese gescheitert?

8. Was wäre Ihre Wunschlösung?

9. Was steht dieser Wunschlösung entgegen?

Alles Denkbare ist auch machbar.

10. Mögliche weitere Lösungsvorschläge sammeln (Brainstorming!), erst dann auf Realisierbarkeit prüfen.

Man kann diesen Prozeß auch durch die *8 Phasen kollegialer Beratung* beschreiben:

- *Wer will was von wem?*

  Wer ist Berater, wer will beraten werden?

- *Situationsschilderung des / der Ratsuchenden.*

  Die Berater schweigen.

Gut zuzuhören ist wichtiger als viel zu reden.

- *Die Berater können nun rückfragen.*

  Aber nur zum Verständnis der Situation.

- *Kurze persönliche Reflexionspause der Berater.*

- *Die Berater besprechen ihre Eindrücke, Bilder, Assoziationen.*

  Der/die Ratsuchende schweigt, macht sich evtl. Notizen.

- *Der / die Ratsuchende nimmt Stellung.*

  Hier kann das Team beschließen, noch einmal zur Phase 4 zurückzukehren.

Woran wirst Du merken, daß sich etwas geändert hat?

- *Reihum nennt jeder Berater nun ohne Diskussion seinen Vorschlag.*

- *Der beratende Kollege hört zu und nimmt eventuell kurz Stellung.*

  Er / sie gibt Feedback.

Die Ziele eines Konfliktgespräches

Wir sollten zu Beginn eines Konfliktgespräches nochmals deutlich machen, um was es uns dabei geht, was wir erreichen wollen, z.B.

- seinem Ärger Luft machen,

- Zugeständnisse an den anderen machen oder vom anderen erreichen,

Gefordert sind nicht Probleme, sondern Lösungen.

- zukünftige Verhaltensänderungen des anderen herbeiführen (aber negative Gefühle beim anderen vermeiden, ihn statt dessen zur Verbesserung seiner Leistung/Einstellung motivieren),

- das Zusammenspiel von Angst und Aggressivität erkennen und beachten,

- nur das Verhalten kritisieren, nicht die Person!

- sich gefühlsmäßig in die Person des Kritisierten versetzen,

- Entschuldigungen nicht nur als bloße Gesten der Unterwerfung sehen,

- nicht an der Niederlage des anderen interessiert sein (sondern Win-Win-Denken)

- mit geeigneten Fragen zur Einsicht führen,

- das angestrebte Verhalten sollte nicht anders sein, als das, was sich der andere selber wünscht,

- durch geeignete Fragen dahin führen, daß der andere sein Fehlverhalten selber diagnostizieren kann. "Die eigene Überzeugung ist ja bekanntlich die einzige, der man wirklich folgt!"

- aber auch dem anderen die eigene, persönliche Betroffenheit zeigen.

Kapieren nicht kopieren!

Vermeiden Sie weitgehend Du-Botschaften

Ich-Botschaften senden heißt, mit den Menschen, denen man begegnet, offen, ehrlich und direkt umgehen! Das geschieht nicht mit Du-Botschaften, die meistens

- bevormunden, Vorschriften machen

- Schuldgefühle hervorrufen

Nur wer Ich sagen kann, ist auch zum Wir fähig.

- Tadel, Herabsetzung, Ablehnung ausdrücken ("man" ist nicht gut genug)

- Verteidigungshaltung provozieren (man wird nicht akzeptiert)

- Bereitschaft zur Veränderung zerstören

- Trotzreaktionen und Widerstand hervorrufen.

Das Üben von Aussagen und Formulierungen in Ich-Botschaften statt in Du-Botschaften hat schon vielen die Augen für Verhaltens- und Formulierungsmuster geöffnet.

Fallstricke der Konfliktlösung

Viele Konflikte werden viel zu spät, gar nicht oder falsch angegangen. Wir kennen eine Reihe solcher Fallstricke, die Konfliktlösungen verhindern:

- *Die Harmoniesucht*

  Der Hang zur Harmonie, Konformismus und übersteigertem Sicherheitsdenken liegt wie Mehltau über vielen Leitungsgremien.

Scheitern kann nur der, der aufgibt.

- *Die Schweigespirale*

  Man schweigt, weil man den "lieben Frieden" nicht stören will, der Meinungstrend in eine andere Richtung geht oder der Chef an seinem Durchsetzungswillen keinen Zweifel gelassen hat.

- *Die Fürsorglichkeit*

  Man will den anderen "schonen". Jemand schonen heißt aber entmündigen. Man stellt sich über ihn, wertet ihn ab, erklärt ihn implizit zum Pflegefall.

Die Zeit arbeitet nicht für Sie, Sie müssen es selbst tun.

- *Die vielen Tabus*

  Sie erschweren nicht nur, sie machen jeden Lösungsweg unmöglich. Wenn es ein Tabu gibt, dann ist genau das Tabu das Problem.

- *Pseudosolidarität und Lagerdenken*

  Wir sind die good guys – die anderen sind die bad guys. Untereinander tun wir uns nicht weh, aber auf die anderen hauen wir drauf. Freundlich natürlich.

- *Vorschnelle Kausalität*

  "Wer hat Schuld?" und "Wer hat angefangen?" – diese beiden Fragen führen mit mechanischer Sicherheit ins Drama.

- *Die sogenannte einzig mögliche Lösung*

  Vorschnelle Lösungsfixierung führt dazu, daß nicht ergebnisoffen mit einander gesprochen wird, sondern hochselektiv alles ausgeblendet wird, was nicht der "einzig möglichen Lösung" entspricht. Das ist der Auftakt für den neuen bzw. den nächsten Konflikt.

Konfliktbereitschaft und Konfliktfähigkeit sind wesentliche Erfolgsfaktoren für Teams. Die Bereitschaft der Teammitglieder, sofort, offen, ehrlich,

stilvoll, team- und lösungsorientiert Konflikte aufzugreifen und nicht eskalieren zu lassen, sind Voraussetzungen für synergetische Prozesse im Team.
Die Fähigkeit, mit entstehenden oder schwelenden
Konflikten – wie vorne beschrieben – umzugehen,
kann in Trainings vermittelt werden, um zum
Selbstverständnis und zur ständigen inneren Bereitschaft im Team zu werden. Dies gilt übrigens
auch in gleicher Weise für die persönlichen sozia-   Streiten verbindet.
len Fähigkeiten der Kritikfähigkeit und Kritikbe-
reitschaft im Team. Gute Teams haben nicht etwa
keine Konflikte, sondern nur eine hohe Bereitschaft und Fähigkeit, Konflikte zu lösen und mit
Kritik umzugehen.

5.8 Verhaltensnormen, die uns prägen

Gefühlsmaschen und Ränkespiele

"Bleiben Sie mir mit Psychologie weg. Wir müssen   Psycho - nein danke!
arbeiten und nicht in Gefühlsduseleien unterge-
hen."

Wo Menschen miteinander leben und arbeiten,   Zwischenmensch-
läuft nichts ohne psychologisches Verständnis und   liche Beziehungen
Einfühlungsvermögen. Führungskräfte, Gruppen-   gestalten auch das
leiter und auch alle Mitarbeiter sollten sich wenig-   Team.
stens mit ein paar Grundsätzen, Denkweisen und
Methoden beschäftigen, die sie dann in jeweiligen
Situationen auch ansprechen und bewußtmachen
können. Also an dieser Stelle: Psychologie leichtge-
macht. Wer mehr über Transaktionsanalyse, Selbst-
erfahrung, Gruppentherapie, Verhaltenstheorie
lernen will, sollte entsprechende Spezial-Seminare
besuchen.

Da wir es in Gruppen und Teams mit unterschiedlichen Menschen zu tun haben, wollen wir auch
verstehen, was zwischen den Menschen vorgeht,
warum sie wie handeln, sprechen, reagieren, füh-

len, denken. Wir machen uns meistens gar nicht bewußt, welche Verhaltensregeln wir von unseren Eltern oder deren Stellvertretern (Lehrern, älteren Geschwistern, Autoritätspersonen) gelernt und gespeichert haben. Sind wir viel bestraft, belohnt, kritisiert oder ermutigt worden, werden wir uns vielleicht auch ähnlich verhalten. Und so wie wir Zuwendung erfahren haben, werden wir sie auch entsprechend geben.

Wir unterscheiden vier Grundhaltungen der Zuwendung (vgl. Rogoll, S. 42 ff), die sogenannten o.k.-Positionen (siehe Abb. 20):

Gewinner-Gewinner-Denken ist wichtige Voraussetzung für Teamgeist.

1. Ich bin o.k. - Du bist nicht o.k., eine beziehungsgestörte Grundhaltung, die zu Isolation, Trennung und Aggression neigt. Arroganz, oberflächliche Beziehungen, Distanz, Kontaktarmut, Abweisung, aber auch geistige und seelische Einsamkeit können die Folge sein.

2. Ich bin nicht o.k. - Du bist o.k., eine verzweifelte, hilflose Grundhaltung nahe der Drepression, der Selbstaufgabe, der Hilflosigkeit. Verdammt, ein armes "Würschtl" zu sein.

3. Ich bin nicht o.k. - Du bist nicht o.k., katastrophale Grundhaltung des absoluten Verlierers, der Trost beim anderen "Würschtl" sucht oder gleiche Schwächen unterstellt.

4. Ich bin o.k. - Du bist o.k., die überzeugende und gesunde Haltung des Gewinners, auch für Win-Win-Situationen erforderlich.

Es ist so wichtig, sich o.k. zu fühlen.

Menschen, die sich o.k. fühlen und andere als ebenbürtig und gleichwertig ansehen, werden untereinander hauptsächlich positive Zuwendungen austauschen. Menschen, die sich nicht o.k. fühlen und andere mißachten, werden zumeist nach negativer Zuwendung trachten, die ihre Nicht-o.k.-Gefühle zusätzlich steigern. Ich bin o.k. - Du bist o.k. heißt schlicht und einfach, daß wir weder uns

O.K. Position

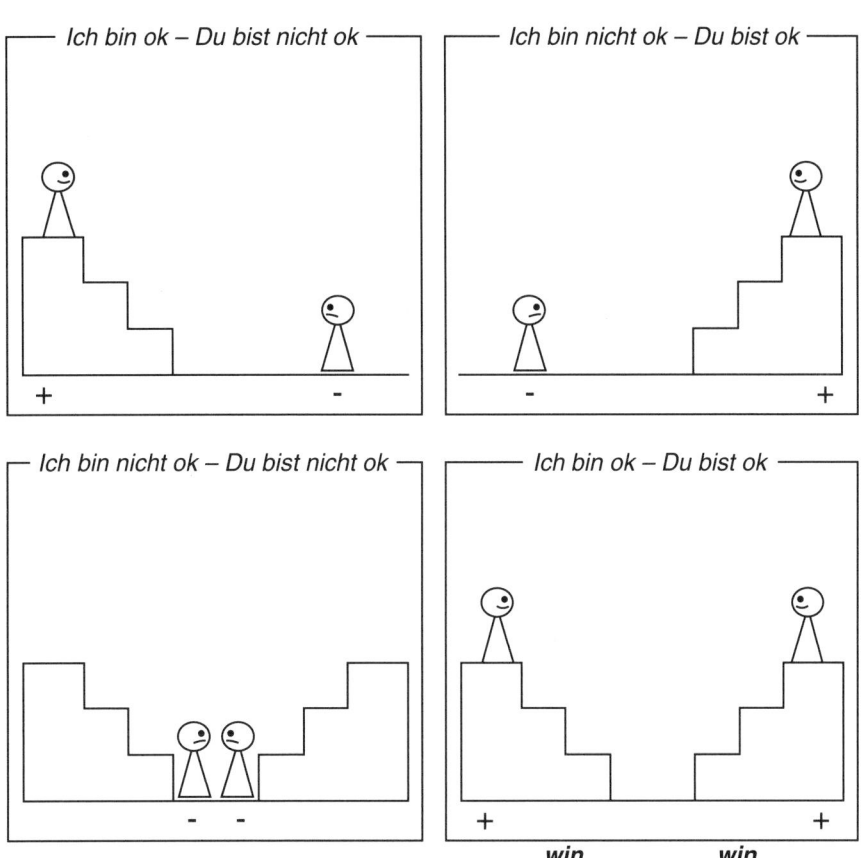

Abb. 20: O.K.-Position

selbst noch andere Menschen mißachten, sondern unsere Taten, Meinungen, Gefühle und Bedürfnisse voreinander gelten lassen, achten und tolerieren. Und das ist eine wesentliche Grundhaltung für eine synergetische Teamarbeit.

Drama-Dreieck

Das Wechselspiel von Opfer-, Retter-, Verfolger-Rollen.

Häufig äußern sich die o.k.-Positionen auch in provozierenden Gefühlsmaschen. Wer kennt sie nicht in seiner Umgebung, die "Opfer", die "Retter", die "Verfolger".

Die "*Opfer*", die im Sinne von "ich bin nicht o.k. - Du bist o.k." argumentieren: ich bin hilflos; du bist stark und besser als ich, also hilf mir bitte. Ständiges Jammern, Unselbständigkeit, Arbeit und Entscheidungen abwälzen, "Schleimen", Kriechen, permanentes Nachfragen, Verzweiflung, Alleinsein, Depression, das sind typische Erscheinungsmerkmale der Opfer, häufig auch um sich Zuwendung zu erschleichen.

Der "*Retter*" des Opfers, der sich im Gegensatz zum Opfer in dieser Situation für o.k. hält und deshalb samariterhaft seine Hilfe oder Rettung anbietet, gerät häufig mit dem "*Verfolger*" des Opfers, der sich natürlich auch o.k. fühlt, in Konflikt, obwohl er in diesen Konflikt nur als Beobachter eingestiegen ist und häufig gar nicht einmal gebeten wurde zu retten. Einer zieht den anderen in diesen Konflikt, ein echtes "Drama-Dreieck".

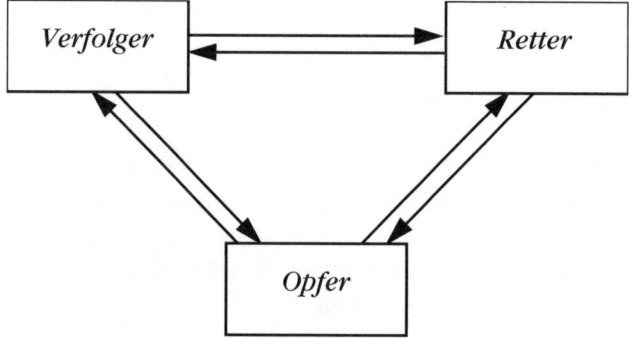

Diese Beziehungs- und Konfliktpfeile wechseln sehr leicht im Laufe eines solchen Dramas. Plötzlich wird der Retter zum Opfer, weil dem Verfolger andere Anlässe in Verbindung mit dem Retter einfallen und er beweisen will, daß er der Bessere oder Gescheitere ist und es Grund gibt zum Attackieren, Fordern und Bestrafen. Oder das Opfer wird zum Verfolger, weil ihm nicht ausreichend Hilfe gewährt wird, die er nun beschimpfend und aggressiv beim Retter einklagt, der plötzlich zum Opfer wird. Sie können diese Simulation beliebig fortsetzen, aber auch in der täglichen Praxis in bestimmten Situationen als arglistige Ränkespiele aufdecken.

Wenn dann das Ergebnis solcher Transaktionen bei uns ein schlechtes Gefühl hinterläßt, dann sind wir häufig in ein Ränkespiel verwickelt. Die Gefühle reichen von der Traurigkeit und Verwirrtheit des "Opfers" über die Besorgnis oder das Mitleid des "Retters" bis hin zur Wut oder zum Haß oder Triumph eines "Verfolgers".

Offenbaren Sie die Ränkespiele als große Gefahr des Teams.

Machen Sie Ihren Gruppen klar, daß es zu diesem Drama-Dreieck ein Beratungsmodell (vgl. Abb. 21:

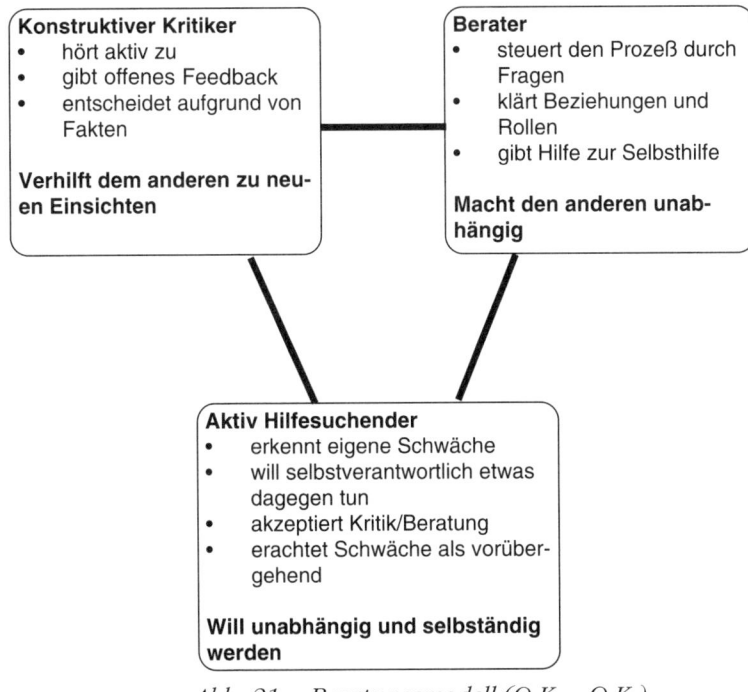

Konstruktiver Kritiker
- hört aktiv zu
- gibt offenes Feedback
- entscheidet aufgrund von Fakten

Verhilft dem anderen zu neuen Einsichten

Berater
- steuert den Prozeß durch Fragen
- klärt Beziehungen und Rollen
- gibt Hilfe zur Selbsthilfe

Macht den anderen unabhängig

Aktiv Hilfesuchender
- erkennt eigene Schwäche
- will selbstverantwortlich etwas dagegen tun
- akzeptiert Kritik/Beratung
- erachtet Schwäche als vorübergehend

Will unabhängig und selbständig werden

Abb. 21: Beratungsmodell (O.K. – O.K.)

"Beratungsmodell (o.K.-o.K.)"') als Alternative gibt, das aus dem "Verfolger" den konstruktiven Kritiker macht, aus dem "Opfer" den aktiv Hilfesuchenden und aus dem "Retter" den Berater, nach dem Motto: Hilfe zur Selbsthilfe.

Unsere inneren Antreiber

Sprechen Sie auch einmal in der Gruppe über die Nicht-o.k.-Antreiber, die viele Zwänge und unnatürliche Verhaltensriten bei uns auslösen, nur weil wir meinen, daß wir nicht o.k. sind oder nur o.k. sind, wenn wir diesen inneren Antreibern gerecht werden:

1. *Sei perfekt!*

    Führt zu   hohem Leistungsanspruch,
                  Druck,
                  langen Arbeitszeiten,
                  Weitschweifigkeit,
                  langwierigen Ausarbeitungen.

2. *Streng Dich an!*

    Bewirkt z.B.   Anspannung,
                   Blockaden,
                   wilden Eifer,
                   Angst vor Störungen.

3. *Beeil Dich!*

    Macht   ruhiges,
                   konzentriertes Arbeiten schwer,
                   alles muß schnell gehen,
                   wir unterbrechen andere Leute,
                   Ungeduld, Eile,
                   Oberflächlichkeit sind die Folge.

4. *Sei gefällig!*

    bedeutet, daß wir
                   nicht nein sagen können,
                   unsere eigenen Bedürfnisse verdrängen,

ständig "Helfer" sein wollen,
unsere Eigenständigkeit und Spontaneität aufgeben,
eigenes Denken oder gar Kritik
vermeiden.

5. Sei stark!

verhindert das
Zeigen von Gefühlen.
Prinzipien sind Durchhalten, keine Hilfe annehmen und nichts
delegieren.

Antreiber lassen uns unsere Meinungen und Empfindungen verleugnen aus Angst, von den anderen ausgelacht und zurückgestoßen zu werden, Versager zu sein oder als dumm oder minderwertig zu gelten.

> Antreiber übertreiben und machen unzufrieden.

Die Gruppen haben hier die Aufgabe zu helfen, daß sich jedes Mitglied selbst bejahen kann, eigenständig und selbstbewußt wird. Toleranz, Akzeptanz, Vertrauen und gegenseitige Unterstützung müssen in der Gruppe immer wieder angeregt werden.

Kampf den Killerphrasen

Wir kennen in unserer Umgebung bestimmt einige Menschen, die ihre vermeintlichen Rechte und ihre Meinungen regelmäßig mit Formulierungen und Argumenten durchsetzen, die jeglichen Widerspruch abblocken, die meistens gar nicht begründet werden müssen, weil sie eigentlich das letzte Wort darstellen.

> Killerphrasen als Teamblockaden verhindern.

Solche geschickt formulierten "Killerphrasen" fallen häufig gar nicht auf. Darin liegen ihre Werte. Sie schmettern alles aus dem Weg, was in einer Gruppendiskussion gesagt worden sein könnte. Wir sollten also solche Killerphrasen kennen und sie bewußt in der Gruppe ansprechen. Es ist nicht nur Sache des Moderators, sondern auch jedes Mitglieds in der Gruppe, sich gegen solche Killerphrasen zu wehren.

Hängen Sie zur Not eine Liste von Killerphrasen auf das Flipchart an die Wand, zur Ächtung und zum ständigen Beweis, wenn sie bewußt oder unbewußt eingesetzt werden. Killerphrasen sind kein Ausdruck gepflegter Kommunikationskultur und Rhetorik, sie killen jeden Prozeß der Verständigung.

Killer-Phrasen verhindern Lernprozesse!

- Das ist nicht neu. Das gab es schon immer.

- Das klappt doch nie.

- Das ist bei uns nicht üblich.

- Das haben wir schon immer so gemacht.

- Das kann nicht funktionieren.

- Haben wir schon alles versucht. Ich kenne schließlich den Laden hier.

- Wir haben schließlich noch etwas anderes zu tun.

- Begreifen Sie doch endlich!

- Warum ändern, das klappt doch auch so, und das ist ja wohl das wichtigste.

- Wollen Sie damit sagen, daß hier bisher alles falsch gemacht wurde?

- Das haben wir alles schon gehabt, da ging es auch nicht.

- Klingt ja ganz gut, aber ich glaube nicht, daß das geht.

- In welchem Fachbuch haben Sie das denn gelesen?

- Das wächst uns noch über den Kopf.

- Das wird doch überall so gemacht.

- Sie sind noch jung und können noch viel dazulernen.
- Am grünen Tisch hört sich das gut an, aber in der Praxis keine Chance.
- Alles nur graue Theorie, die Realität sieht anders aus.
- Das können Sie doch nicht beurteilen.
- Dazu müssen Sie erst die Menschen ändern.
- Gute Idee! Geben Sie mir das irgendwann schriftlich?
- Warum sollten ausgerechnet Sie derjenige sein, der die richtige Lösung hat?
- Die Entscheidung liegt nicht bei uns.
- Darüber läßt sich ein andermal reden.

5.9 Wie lösen wir Probleme am effektivsten?

Wenn wir mit Gruppen zusammenarbeiten und die ersten Trainingsphasen bestreiten, dann merken wir immer wieder, daß Problemlösungstechniken und sinnvolles Vorgehen im Workshop die geeigneten Techniken und Verfahren, die eingesetzten Medien, Visualisierungsmöglichkeiten und vereinbarten Spielregeln zum Teil gänzlich fehlen. Meistens geht es nach dem Motto: "Wie heißt das Problem?" - "Hier ist die Lösung!". Keiner will sich Zeit nehmen für qualifizierte Lösungsansätze. Je mehr Probleme in einer Sitzung angesprochen und "gelöst" sind, umso effektiver kommt sich die Gruppe vor.

Nicht Quantität, sondern Qualität zählt bei der Problemlösung.

Das erhebliche Risiko einer oberflächlichen Problemlösung liegt darin, daß die wahren Ursachen nicht erforscht und erkannt werden, daß keine Alternativen durchdacht werden, daß keine Ideen für die zukünftige Vermeidung diskutiert, daß keine Abgrenzungen beschrieben werden. Es gibt auch keine Strategien für den Fall, daß das Problem wieder auftreten sollte. Die Gruppe fängt dann wieder von vorne an, weil sie Zusammenhänge nicht erkannt hat.

Gut geplant ist halb gewonnen.

Wir haben schon an anderer Stelle auf die Wichtigkeit guter Moderation und Planung von Gruppenarbeit hingewiesen. Die Moderatoren sind die Verantwortlichen für den Prozeß in der Gruppe, die Teammitglieder sind verantwortlich für die Ergebnisse. Zu einer guten Vorbereitung für eine Gruppenarbeit gehört die Klärung und Festlegung

– der *Inhalte und Ziele*: Worum soll es gehen, was soll erreicht werden? (Thema, Ziele, Ergebnisse)

– der *Organisation*: Wo, wann, wie lange, welche Rahmenbedingungen? Protokolle, Methoden, Schritte.

– der *Teilnehmer*: Wer, mit welcher Funktion und Kompetenz? Welche Informationen sind erforderlich? Mögliche Konflikte Einwände, Schwierigkeiten.

Jeder soll vom Gleichen ausgehen.

Die Planung eines solchen "Workshops", in dem ja alle "mitarbeiten" sollen, und die Einführung zu Beginn, bei der sowohl über das Thema, die Ziele, die Spielregeln, die Vorgehensweise (Ablauf, Prioritäten, Pausen, Zeitrahmen) als auch die Ergebnissicherung durch Protokolle, Visualisierungen und Zusammenfassungen berichtet wird, erfordert konsequente und erfahrene Moderation. Ebenso sind der Ausklang mit Reflexion, Feedback, Zielabgleich, weitere Schritte und Fortsetzungsvereinbarungen eine wichtige Stufe einer guten Gruppenarbeit. Lassen Sie die Gruppen nicht einfach nach erfolgter Arbeit auseinanderlaufen. Geben Sie allen eine Chance, sich reflektierend zum Ablauf, Ergebnis und weiteren Vorgehen zu äußern, sonst können Sie nicht sicher sein, daß alle das gleiche mitnehmen, verinnerlichen, nach draußen vermitteln und identisch umsetzen.

Sicherlich gibt es auch Gruppensitzungen und Projektbesprechungen, bei denen der Moderator zunächst einmal die Erwartungen und die gemeinsamen sowie individuellen Ziele erfragen muß. Vielleicht ist sogar ein separater Zielfindungs-Workshop erforderlich:

> Wir sollten wissen, was wir wollen.

- Was soll im Projekt, im Prozeß, im Workshop erreicht werden? ("Das Projekt ist ein Erfolg, wenn...")

- Was wollen wir mit dem Projekt nicht erreichen? (Nicht-Ziele)

- Was müssen wir tun, um unsere Ziele zu erreichen?

- Was kann uns hindern, unsere Ziele zu erreichen?

- Wie werden wir die Zielerreichung nachweisen? ("So werden wir feststellen, daß das Projekt ein Erfolg war.")

- Was müssen wir tun, um mit dem Projekt zu scheitern, was sind die Risiken?

Wir beschäftigen uns bei einer solchen Vorgehensweise nicht nur blauäugig mit unseren Wünschen und Zielen, sondern versuchen auch die Risiken zu erkennen, die Nicht-Ziele, die erwarteten Widerstände und Ablehnungen, Zielkonflikte und Nutzenbegründungen zu durchdenken. Erst dann macht es Sinn, sich mit Bedingungen, Vorgehensweisen und Lösungsansätzen zu beschäftigen.

Gruppen und Teams sind in der Regel fasziniert und sehr dankbar, wenn man Ihnen solche Arbeits- und Denkstrukturen in Formularen oder auf Flipcharts vorgibt. Insbesondere der konträre Denkanstoß, neben seinen Wünschen und Zielen auch die möglichen Hindernisse, Widerstände, Probleme

> Strukturiert vorgehen widerspricht nicht dem Motto: "Einfach ist besser."

vorausschauend zu durchdenken und in den Lösungsvorschlag einzubeziehen, vermittelt mehr Sicherheit, mehr Genauigkeit und mehr kreative Kritik bei der Lösung von Problemen.

Erst nach dieser tiefergehenden Analyse- und Abgrenzungsphase sollten die Lösungsansätze durch konkrete Maßnahmen und Aktionen beschrieben werden, und auch hier ist es ratsam und hilfreich, mit Fragen zu arbeiten:

– Was gehört zur Aufgabe, und was wollen wir erreichen? (Ziele, Umfang, Funktionsbereiche, Qualität)

– Was muß bis wann getan werden?

– Wann werden welche Mitarbeiter, Hilfsmittel, Kapital gebraucht? (Termine, Rahmen, Sicherheit, Budget)

– Wie lange dauern die einzelnen Projektschritte?

– Wer ist betroffen, wer muß wann und worüber informiert werden?

– Wer macht was wann und bis wann, wer besorgt welche Informationen und Hilfsmittel?

– Wer trägt welche Verantwortung und trifft bis wann welche Entscheidungen? (Unterstützung durch das Management?)

– Was kann uns aufhalten und hindern, was kann schiefgehen?

– Was muß getan werden, wenn etwas schiefgegangen ist?

Vorab-Simulation hilft beim Planen, Reflexion führt zur Verbesserung.

Nun weiß jeder, was auf ihn zukommt, was getan werden muß, welches seine Rolle ist, welche Alternativen ausgegrenzt wurden, welche Informationen zugrunde lagen. Er weiß auch, was die anderen zu tun haben, mit wem er sich abstimmen muß, wie er den Erfolg für seine Arbeit nachweisen kann.

Vor bzw. nach dem Workshop ist es für den gruppendynamischen Prozeß sehr wichtig, ihn gedanklich zu simulieren bzw. zu reflektieren:

• Wer bringt besondere Kreativität ein?

• Wer ist unverzichtbar durch Fachwissen und Erfahrung?

• Wer ist bereit, Risiko und Verantwortung mitzutragen?

• Wessen Vertrauen brauchen wir?

• Wer soll die Entscheidungen später akzeptieren?

• Wer könnte Interesse haben noch mitzumachen?

• Wer kann wen unterstützen und betreuen?

• Wer kann querdenken und kritisch hinterfragen?

• Welche Allianzen ergeben sich?

Problemfindung vor Problemlösung

Also nicht die Problemlösung im Zeitraffer bewältigen: "Hier ist die Lösung, wo war das Problem", sondern nehmen Sie sich Zeit bei der Beschreibung der Probleme, deren Auswirkungen und Einflußgrößen, die die Probleme in ihrer Dimension begründet und geprägt haben. Fragen Sie sehr eindringlich nach den Ursachen, und zwar mit warum, warum, warum...? Lieber einmal mehr als zuwenig fragen, weil sich häufig Ursachen zunächst nur oberflächlich anbieten, aber bei Hinterfragen mit wiederholtem "Warum?" vielfach erst die eigentlichen Auslöser von Problemen herausgearbeitet und erkennbar werden. Detailliertes, strukturiertes Vorgehen stellt eine Menge von Informationen zur Verfügung, entwickelt gemeinsames Verständnis für

Eine gute Problembeschreibung ist die halbe Lösung.

die Problemsituation, klärt die Fragen der Risiken und Gefahren.

Durch Fragen zur Lösung führen.

Die Gefahr bei übereilten und schlecht vorbereiteten *Problemlösungen* besteht darin, daß das Problem mit seinen Symptomen verwechselt wird, keine Dauerlösung zustande kommt und Folgeschäden und Risiken nicht beachtet werden. Bei der Problemlösung sollte man also wiederum strukturiert Fragen stellen und beantworten lassen:

- Wie läßt sich das Problem durch welche Symptome und Auswirkungen beschreiben?

- Welche Personen/Bereiche/Funktionen sind betroffen und sind einzubeziehen, zu informieren, zu unterstützen?

- Wer ist eigentlich nicht betroffen und warum nicht?

- Wie haben andere vergleichbare Probleme gelöst?

- Welche Lösungsversuche gab es bereits zu diesem Problem mit welchen Erfolgen?

- Was wäre der Idealzustand, das Wunschergebnis nach einer Problemlösung?

- Was soll durch die Problemlösung erreicht werden?

- Welche Lösungsalternativen gibt es?

- Nach welchen Kriterien sollen diese Lösungsvorschläge untersucht, bewertet und entschieden werden?

- Mit welchen Widerständen müssen wir rechnen?

- Maßnahmenkatalog, Aufgabenverteilung, Aktivitätenliste: Das werden wir tun!

- Erfolgskontrolle festlegen.

* Umsetzung, Erfolgsnachweis, Reflexion.

Damit wäre das Problem gelöst! Wenn es sich nicht wiederholt!?

Diesen Zweifeln können wir nur entgegenwirken, wenn wir auch die *Ursachenbehebung* in unser Maßnahmenpaket einbeziehen:

Gefahr erkannt, Gefahr gebannt.

* Mögliche Ursachen durch Informationssammlung und kritisches Durchdenken und Hinterfragen herausfinden.

* Wahre Ursache bestimmen.

* Ideen zur Ursachenbehebung entwickeln, vergleichen und bewerten.

* Entscheiden und Maßnahmen festlegen.

* Erfolgskontrolle definieren und durchführen.

Letztendlich wären noch die *Risiken der Wiederholung* des Problems, eventuelle Folgeschäden und Ausweitungen zu durchdenken sowie Vermeidungsstrategien und "Katastrophenpläne" festzulegen. Wir sollten also die Fragen beantworten:

* Was müssen wir tun, damit es nicht oder nie wieder passiert?

* Was werden wir tun, wenn es doch passiert?

Die Kreativität von Gruppen steigern

Hohe Kreativität einer Gruppe ist der Ausdruck von vielen neuen Ideen und Innovationen, den praktischen Anwendungen dieser kreativen Ideen. Untersuchungen haben ergeben, daß Kinder um ein Vielfaches kreativer sind als wir Erwachsene, daß also vieles durch Schule, Ausbildung, Berufsentwicklung und Lebenserfahrung in uns verschüttet wurde. Durch die Überbewertung logischer Modelle sind unsere Phantasie und Intuition stark in den Hintergrund gedrängt worden. Wir haben selten

Intuition als Quelle der Kreativität

gelernt, in Metaphern zu denken oder Analogien, in visionären Annahmen oder in Bildern, in Umkehrschlüssen oder Übertreibungen. "Spinnen" und Simulieren ist verpönt, nur die klare logische Begründung und die analytische Beweisführung überzeugt die anderen.

In der Gruppenarbeit haben wir als Moderatoren häufig mehr gestalterische Spielräume, um kreative Prozesse auszulösen. Wir fördern dies ganz gezielt zum Beispiel durch die Aufforderung zur Ideenfindung: Jede Idee gilt, Quantität vor Qualität, Spinnen erlaubt, lockere, spielerische Atmosphäre, unterschiedlichste Blickwinkel, ganz gezielte "Was wäre, wenn ... Fragen". Wir diskutieren verschiedenste Standpunkte, z.B. die Sicht der Kunden, die Sicht des Vorgesetzten, die Sicht der Mitarbeiter, die Sicht der Lieferanten, die Sicht der anderen Abteilung. Nur so öffnen wir die Denkstrategien für veränderte Rahmenbedingungen.

Benutzen Sie neben Ihrem Kopf auch den "Bauch".

Wir versuchen auch, die rechte Gehirnhälfte, die für Intuition, Kreativität, ganzheitliches Denken steht, durch spielerische, visualisierende Aktionen und positive Gefühle stärker zu nutzen, damit nicht nur Logik, Analytik, rationales lineares Denken uns einengt im Lernen und in der Entwicklung von Ideen. Wir fördern wieder Instinkt, Phantasie, innerste Regungen und Emotionen und damit auch die Kräfte des Unterbewußtseins. (Wie oft hat Ihnen persönlich das Unterbewußtsein schon aus einer verfahrenen Situation herausgeholfen?)

Das Denken in *Metaphern* oder *Analogien* führt zu kreativen Vergleichen und fördert insbesondere in Gruppen viele Ideen zutage. Die Erfolge von Teamgeist im Sport haben wir in diesem Buch schon einige Male im Vergleich zum Berufsleben eingesetzt.

Was fällt Ihnen zum Beispiel zu folgenden Fragen ein:

- Was haben Beruf und Autofahren gemeinsam?

- Was haben ein Eisberg und eine gute Idee gemeinsam?

Denken Sie einmal zwei Minuten darüber nach.

Oder formulieren Sie Analogien:

"Das Leben ist wie ein Kriminalroman - je länger es dauert, desto spannender wird es."

Na ja, vielleicht sind Sie davon noch nicht überzeugt, aber es regt das bildhafte Denken, Ihre Phantasie und auch Ihren Humor an. Vielleicht probieren Sie selbst einige Analogien mit "Das Leben ist wie ... ein Zirkus, ... ein Lotto-Spiel, ... ein Schachspiel, usw....."

Wir benutzen auch visuelles Denken, *Mind Mapping*, Gedankenzeichnen, um unsere Projektbesprechungen kreativ zu beflügeln und gleichzeitig erinnerungsstark zu dokumentieren. Jede Idee wird einer vom zentralen Thema ausgehenden Linie zugeordnet, assozierende Unter-Ideen diesen zusätzlich angehängt. Mit dieser Methode sind schon viele kreative Prozesse begleitet worden.

Was wir insbesondere brauchen, sind eine streßfreie Atmosphäre und die Einsicht, daß Problemsituationen Chancen und Herausforderungen sind, also positives Denken, kein Gejammer und keine Ideenkiller. Wenn jemand Bedenken äußert, dann bitte mit der Frage um Hilfestellung an die Gruppe weiterleiten: "Wer kann ihm helfen, diese Bedenken zu zerstreuen?" oder "Können Sie uns Ihre Bedenken noch einmal genauer erläutern". Besser ist sogar, wenn der Bedenkende diese Frage selber stellt und sich dadurch die Chance gibt, sie noch einmal zu überdenken oder sie sogar zurückzuziehen.

> Metaphern und Analogien zwingen uns zu anderen Denkstrukturen.

> Bilder sind um ein Vielfaches besser zu merken.

Brainstorming wird schon in vielen Gruppen und Projekten eingesetzt. Hier die Grundregeln:

1. Prinzip der hinausgeschobenen Beurteilung

   – da vorzeitige Kritik die Spontaneität und Gelöstheit hemmt. Keinerlei Bewertungen sind erlaubt, auch nicht positive.

2. Tolerante Atmosphäre

   – Niemand darf sich scheuen, eine simple oder "verrückte" Idee vorzubringen. Jede Meinung ist schon deswegen wertvoll, weil sie die Gruppe zu neuen Assoziationen anregt.

3. Quantität kommt vor Qualität

   – je größer die Zahl der Ideen, um so größer die Wahrscheinlichkeit, brauchbare Lösungen zu bekommen.

4. Ideen kombinieren

   – Einfälle von anderen aufgreifen, kombinieren und weiter assozziieren.

5. Ermutigen

   – Die Teilnehmer sollen alles aussprechen, was ihnen in den Sinn kommt, gleichgültig wie absurd oder weit hergeholt manche Ideen auch zu sein scheinen. Eventuell fragen: "Welche absurden und verrückten Ideen können wir noch finden?"

6. Dann erst (nach ca. 10-20 Minuten) Vorschläge auswerten, besprechen, klären, vertiefen, zu weiteren Ideen und Lösungen verwenden.

Sehr interessant ist auch das **Brainwriting**, bei dem die Ideen nicht ausgesprochen, sondern von jedem einzelnen Teilnehmer niedergeschrieben werden:

Eine Idee trägt die andere zu ungeahnter Kreativität.

- Vier bis sechs Personen einer Gruppe erhalten zu einem Problem oder zu einer Veränderung ein Ideen-Blatt mit vier Spalten. In die erste Spalte kommt der Teilnehmer-Name, in die Spalten zwei bis vier werden von den Gruppenmitgliedern drei Ideen zu einem vorher beschriebenen Problem eingetragen. Wenn ein Teilnehmer mit seinen drei Ideen fertig ist, legt er sein Blatt vor sich hin. Wenn alle fertig sind, werden die Blätter jeweils an den linken Nachbarn weitergegeben. Dieser schreibt nun auf das erhaltene Blatt drei weitere Ideen, neue Ideen oder solche, die auf den ersten drei Ideen aufbauen und anknüpfen. Auch absurde oder weit hergeholte Ideen sind erlaubt. Wir wollen ja die Kreativität fördern. Danach werden die Blätter erneut nach links weitergegeben, bis jeder Teilnehmer sein Ausgangsblatt wieder zurückerhalten hat.

Nach solchen kreativen Prozessen kann es oft sehr wichtig sein, sich die Entscheidungsgrundlagen in Form von Matrix-Übersichten zu verdeutlichen und die vielfältigsten Strukturen und Zusammenhänge in überschaubaren Zusammenfassungen darzustellen:

Stark vernetzte Strukturen benötigen methodische Kniffe zum besseren Verständnis.

- Im *morphologischen* Kasten werden Lösungsmöglichkeiten und -varianten mit Problemsegmenten beschrieben, das heißt, zu jedem Problemsegment gibt es eine Reihe von Lösungsvarianten, die alle zum Segment passend konsequent aufgeschlüsselt und in der Matrix dargestellt werden. Danach werden über diese Kombinations-Matrix die denkbar sinnvollen Kombinationen als verschiedene Lösungsalternativen ausgewählt.

Auch kreative Prozesse müssen manchmal logisch strukturiert abgesichert werden.

- Dabei müssen pro Alternative logische Widersprüche bei ihrer Beschreibung geprüft werden. Anschließend erfolgt zu jeder sinnvollen Alternative eine Bewertung anhand betrieblicher Beurteilungskriterien wie Kosten, Personaleinsatz, Durchführungszeit, Materialbeschaffung, Wettbewerbssituation, Marktpotential und so weiter. Das Ergebnis dieser Bewertung führt dann zu der Entscheidung, welche Lösungsalternative die effizienteste, effektivste oder strategisch wichtigste ist.

- Das Matrixschema vom "House of Quality" (vgl. Abb. 22), bei dem die Verknüpfungen von technischen Merkmalen des eigenen Produktes mit den Kundenanforderungen überprüft und bewertet werden, ist sicherlich auch für die Vorbereitung interner Entscheidungsprozesse geeignet. Die Grundschritte sind folgende:

1. Strukturieren der Kundenzielgruppen und erfassen der Kundenanforderungen (Nutzenerwartungen).

2. Gewichtung und Bewertung der Kundenanforderungen aus der Sicht der Kunden.

3. Wettbewerbsanalyse aus der Sicht des Kunden bezüglich des Erfüllungsgrades der einzelnen Kundenanforderungen.

4. Ableiten der wichtigsten technischen Merkmale des eigenen Produktes aus den Kundenanforderungen.

5. Eventuell Aufzeigen der gegenseitigen Abhängigkeiten.

6. Quantifizieren der technischen Merkmale (Meßeinheiten).

7. Aufzeigen der Zusammenhänge und Abhängigkeiten der technischen Merkmale von den Kundenanforderungen (neutral).

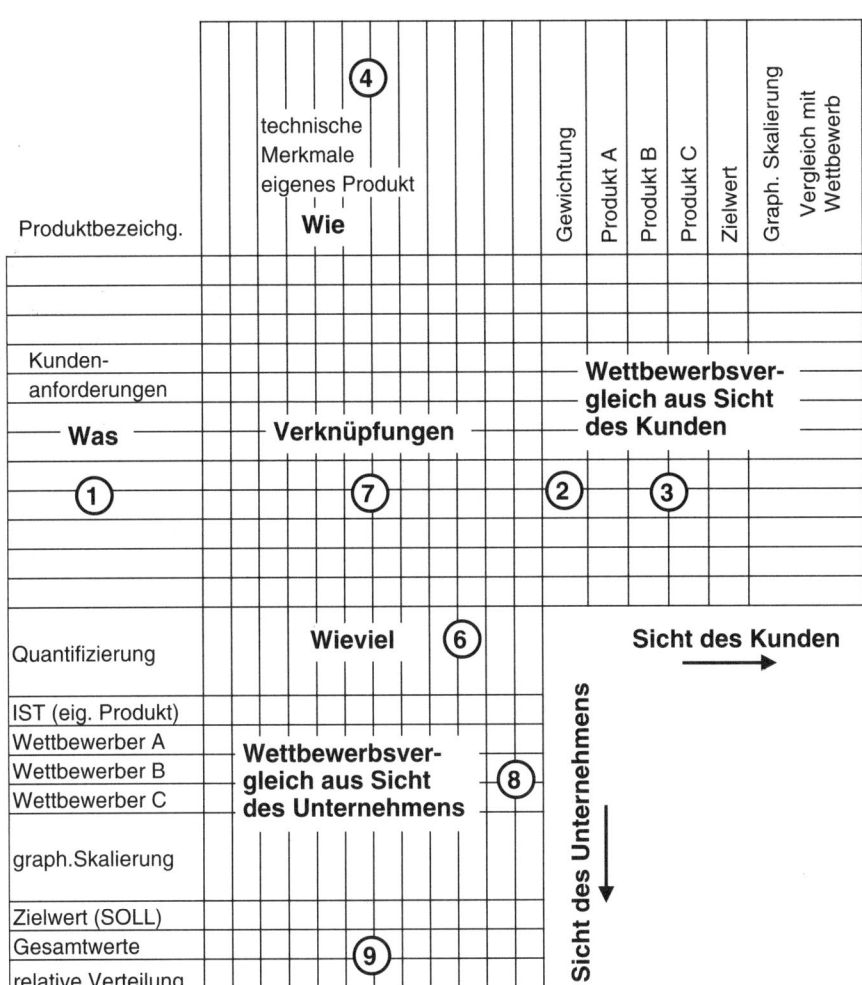

Abb. 22: House of Quality

8. Wettbewerbsanalyse aus der Sicht der eigenen Firma, bezogen auf die Erfüllung der technischen Merkmale (Vergleich der Leistungsmerkmale des eigenen Produktes mit Wettbewerbsprodukten).

9. Bedeutung der technischen Merkmale in Abhängigkeit zu den Kundenanforderungen festlegen (Vernetzung berechnen durch Multiplikation der Werte unter 7. und der Gewichtung unter 2. und addieren). Damit Einfluß der technischen Merkmale darstellen.

10. Analyse und Diagnose des vorliegenden Charts.

Soziale und fachliche Kompetenz müssen trainiert und methodisch abgesichert werden.

Am Schluß wissen wir, welches technische Merkmal mit welcher Wichtigkeit aus der Sicht des Unternehmens für die weitere strategische Positionierung gegenüber dem Wettbewerb zu stärken ist, und wie wir die Kundenanforderungen und die Wettbewerbsprodukte in unsere Entscheidungen einzubeziehen haben. Zugegeben, eine nicht ganz einfache Methode, um zu Entscheidungsgrundlagen zu kommen, aber die Matrix ist für uns ein geeignetes, strukturiertes Hilfsmitttel zur Darstellung stark vernetzter Einflüsse.

5.10 Teamentwicklung erfordert Führungstraining

Wenn Sie die Teamentwicklung im Unternehmen verstärken, unterstützen oder einführen wollen, dann werden Sie sich insbesondere mit den Führungskräften beschäftigen müssen. Teamfähigkeit und -bereitschaft muß von oben vorgelebt und vor allem auch glaubhaft, authentisch unterstützt werden.

Personalentwicklung aktiv gestalten

Führungskräfte können vieles verkehrt machen, um den Teamgeist, das Teamverhalten, die Teambereitschaft und -fähigkeit in den Organisationsprozessen zu unterlaufen oder sogar zu zerstören. Wenn wir im Rahmen von Personalentwicklungs-Programmen aufgefordert sind, Teamentwicklung im Unternehmen zu unterstützen, steht für uns in der Regel am Anfang ein ausführliches Führungstraining. (s. Abb. 23)

Führung heißt, die Mitarbeiter erfolgreich machen.

In den Personalentwicklungsprojekten, die wir begleiten, geht es jedoch nicht nur um Trainings, sondern auch um Projektplanung und -unterstützung, um Beratung und Coaching. Trainings in den Themen Führung, Kommunikation, Konfliktmanagement, Kundenorientierung, Veränderungsprozesse, Kreativität, Moderation, Mitarbeitergespräche u.a. müssen durch planerische und erfolgsorientierte Maßnahmen der Personalentwicklung unterstützt werden. Durch ständiges Controlling, durch Projektmanagement und -weiterentwicklung, durch regelmäßige Transfer-Aufgaben und Feedback-Runden wollen wir die erfolgreiche Umsetzung unterstützen und die kritische Auseinandersetzung mit Hindernissen und Widerständen sicherstellen.

Neues Denken statt alter Rezepte.

Die Menschen im Projekt wollen beobachten, wie sie sich selbst und die anderen positiv entwickeln. Sie wollen, daß ein solches Projekt Sinn macht und zum Erfolg führt. Sie wollen erkennen und überzeugt sagen, "das Projekt, die Trainings, die konkreten Maßnahmen haben uns weitergebracht, erleichtern uns die Zusammenarbeit und motivieren zu weiteren Anstrengungen im gesamten Team bzw. im Unternehmen".

Die Trainings helfen insbesondere die persönlichen und sozialen, aber auch die methodischen Fähigkeiten aller Mitarbeiter in Ergänzung zu ihren fachlichen Fähigkeiten zu verbessern. Zeit- und

Abb. 23: Beispiel Führungstrainings

Selbstmanagement, Problemlösungstechniken, Kostenmanagement, strategische Zielfindungen, Qualitätsmanagement alleine reichen für die Bewältigung der Veränderungsprozesse nicht mehr aus.

Den sozialen Kompetenzen wird zunehmend mehr Bedeutung beigemessen, was wir z.b. beim Training von Mitarbeiter-Gesprächen bewußt machen können. Hierzu besteht auf beiden Seiten, von den Führungskräften und von den Mitarbeitern, ein enormer Kommunikationsbedarf. Wir sind überzeugt, daß Teamentwicklungsprozesse ohne Stärkung der sozialen Kompetenzen der Teammitglieder wenig Aussichten auf Erfolg haben. Und dazu müssen aus unserer Sicht entsprechende Fähigkeiten, insbesondere bei den meisten Führungskräften, entwickelt werden.

Wer etwas ändern will, muß neue Wege gehen.

Der Weg zum Erfolg

Nicht nur in schwierigen Situationen verspüren wir, daß Kompetenzen, Fähigkeiten, Skills zwar unser Handeln und unsere Aktionen prägen, aber vor allem getragen sind von unseren gemeinsamen Überzeugungen, Leitbildern, Visionen und von unseren Werten und Regeln. (s. Abb. 24)

Solange alles gut geht, mögen wir mit Verfahrensanweisungen, Standards, den Rahmenbedingungen und Routinen in Abläufen klarkommen. Sobald Turbulenzen, innere oder äußere Schwierigkeiten, Veränderungszwänge auftauchen, ist es von allergrößtem Vorteil, auf gemeinsame Werte, Leitbilder, strategische Visionen zurückgreifen zu können. Jeder im Team weiß dann, was zu tun ist, wie die Dinge richtig umzusetzen sind, wie Veränderungen und Wandel zu beherrschen und zu nutzen sind. Denn gute Teams zeichnen sich auch durch eine optimale Chaos-Fähigkeit aus, weil sie gemeinsame Werte und Überzeugungen in sich tragen.

Nichts ist motivierender als der Erfolg.

Abb. 24: Auf dem Weg zum Erfolg

Zehn Verhaltensfehler von Vorgesetzten

1. *Die Sucht der Selbstbestimmung*

   Engagement verträgt sich schlecht mit Bevormundung. Engagierte Mitarbeiter wollen Entscheidungs- und Handlungsfreiräume.

2. *Geheimniskrämerei*

   Engagement braucht Informationen. Engagierte Mitarbeiter wollen wissen, was sich tut, was geplant ist, wo es Erfolge und wo es Probleme gibt.

3. *Entscheidungsschwäche*

   Engagement verlangt klare Verhältnisse. Engagierte Mitarbeiter legen Wert auf eindeutige Aussagen, zügige Entscheidungen, Risikobereitschaft, konsequente Beseitigung von die Handlungsfähigkeit ein schränkenden Unsicherheitselementen. Sonst Dienst nach Vorschrift.

Wer sich nie verirrt, findet keine neuen Wege.

4. *Unberechenbarkeit*

Engagement lebt stark von Glaubwürdigkeit. Engagierte Mitarbeiter wollen wissen, woran sie mit ihrem Vorgesetzten sind.

5. *Sprunghafte Zielwechsel*

Engagement nutzt in erheblichem Maße die Konzentration als Kraftquellen. Engagierte Mitarbeiter sind flexibel in der Vorgehensweise, aber beharrlich und zielorientiert in der Sache.

6. *Taube Ohren*

Engagement braucht das Gespräch. Engagierte Mitarbeiter haben etwas zu sagen. Doch sie wollen sich nicht nur mitteilen, sondern auch Gehör finden. Sie wollen mitreden.

Wer sagt:
"Ich kann nicht",
der will oft nicht.

7. *Konfliktscheu*

Engagement ist undenkbar ohne Auseinandersetzung. Engagierte Mitarbeiter brauchen den prozeßkompetenten Vorgesetzten mit der Fähigkeit zur Moderation, der das Ziel ansteuert, ohne auf den Weg zu pochen.

8. *Mißtrauen*

Engagement verkümmert ohne Vertrauen. Engagierte Mitarbeiter entwickeln ihre überdurchschnittliche Leistungsfähigkeit ganz wesentlich aus dem Spannungsfeld von Versuch und Irrtum.

Besser ungefähr
richtig, als präzise
falsch.

9. *Klugscheißerei*

Engagement kennt keine unumstößlichen Wahrheiten. Engagierte Mitarbeiter stellen alles in Frage. Nichts steht ihnen dabei mehr im Weg als ein besserwisserischer Vorgesetzter. Engagierte Mitarbeiter wollen Unterstützung. Artet sie aber in Bevormundung aus, ziehen sie sich in sich zurück.

10. Selbstbeweihräucherung

Gute Manager bringen ihre Mitarbeiter dazu, sich selbst zu übertreffen.

Engagement braucht Teamgeist. Engagierte Mitarbeiter regenerieren ihre überdurchschnittliche Leistungsfähigkeit stark aus ihrem Umfeld. Sie sind bereit, den Erfolg als Gemeinschaftsergebnis zu akzeptieren, reagieren aber mit abrupter Leistungsverweigerung, wenn sich ein Gruppenmitglied, insbesondere der Vorgesetzte, in den Vordergrund spielt.

Zu Selbst-Verantwortung erziehen

Der Kelch der Verantwortung ist oft ein Wanderpokal.

Verantwortung ist eine innere Einstellung und auf niemanden übertragbar. Verantwortung kann nicht gegeben, sondern nur genommen werden. Es ist also unmöglich, Verantwortung zu delegieren. In diesem Sinne ist Verantwortung immer (Selbst-) Verantwortung und eine Aktion jedes Menschen. Sie ist eine Ermächtigung aus sich heraus. Allerdings können Sie als Führungskraft Aufgaben übergeben. Wenn der Mitarbeiter "ja" gesagt hat, hat er automatisch die Verantwortung übernommen. Vielfach ist dieser Automatismus weder für die Führungskraft noch für den Mitarbeiter wirklich klar. Denn er hat weitreichende Konsequenzen:

Für Sie als Führungskraft

Wo Vertrauen ist, ist keine Angst.

Wenn die Aufgabe übergeben ist, heißt das sogleich, daß Sie sich innerlich von Ihrer Lieblings-Lösungsvariante trennen und daß Sie dem Mitarbeiter Raum geben. So kann er seine Kreativität und Fähigkeiten entfalten und seine Lösungen einbringen.

Für mich als Mitarbeiter

Wenn die Aufgabe übernommen ist, gilt es, die Verantwortung für die eigene Leistung zu übernehmen, sich zu entscheiden, auf welche Art und Weise, mit welchen Ressourcen und mit welchen Konsequenzen diese Aufgabe erfüllt wird. Vor allem muß ich als Mitarbeiter die Auswirkungen und Ergebnisse meines Handelns kennen und dafür auch Verantwortung übernehmen können. Das setzt eine gehörige Portion Reflexionsbereitschaft voraus!

Im Dialog zwischen Führungskraft und Mitarbeiter muß ein Rahmen geschaffen werden, in dem es möglich wird, daß Mitarbeiter, die entscheiden sollen, auch entscheiden können!

Wahlfreiheit wird oft als Zumutung erlebt

Nicht wenige Menschen meiden Entscheidungssituationen, weil sie nicht bereit sind, den Preis eines nicht gewählten Vorschlags oder gar des Scheitern zu zahlen.

Selbstverantwortliches Handeln ist den meisten Menschen schon in der Kindheit aberzogen worden! Sie haben es auch in 30–40jähriger Berufstätigkeit nicht gelernt, Entscheidungen zu treffen und Konsequenzen zu tragen. Oftmals haben sie sich der Vorgesetztenmeinung angepaßt und jede Initiative vermieden. Wir brauchen verantwortungsvolle Entscheidungen. So kann Verantwortung nur von jedem einzelnen Menschen aktiv genommen und nicht passiv gegeben werden.

> Unterstütze niemanden, der unter seiner Verantwortung leben will.

5.11 Erfolgreiche Gestaltung von Veränderungsprozessen im Team

Wertewandel, Generationswechsel, Change Management sind Begriffe, die für tiefgreifende Veränderugen stehen – in Menschen oft Wechselbäder zwischen Hoffnung und Furcht, Euphorie und Angst auslösen.

Weshalb fürchten Menschen Veränderungen? Ist es die Unsicherheit oder die Angst vor dem Neuen? Steckt dahinter der Zweifel an den eigenen Fähigkeiten und Fertigkeiten? Die Gründe sind vielfältig.

> Es ist besser, Deiche zu bauen, als zu hoffen, daß die Flut allmählich Vernunft annimmt.

Wandel geschieht, und das ist gut so! Wandel fordert veränderungsfähige und vor allem veränderungswillige Menschen. Der Wille allein macht aber noch nicht wandlungsfähig.

Als "Auslöser und Begleiter gewollter Entwicklung" sind Berater/Trainer häufig diejenigen, die den Menschen helfen, neue Wege erfolgreich zu beschreiten. Die Maßnahmen reichen von der Findung gemeinsamer Werte und Visionen, über die Entwicklung von Leitsätzen, durch Training und Beratung bis hin zum Einzel- und Gruppencoaching.

Es lohnt sich, in oft ausweglos erscheinenden Situationen die aktive Hilfe Externer zu nutzen. Sie können in der Regel distanzierter und offener notwendige Veränderungen ansprechen und Prozesse begleiten.

Wie erlangen wir die Kompetenz zur Veränderung?

Was man nicht glauben kann, kann man nicht gestalten.

• Die erforderlichen Anpassungen an die neuen Lebens- und Arbeitsbedingungen erfordern die *ständige Anpassung der Qualifikationen, die Veränderung von Werten, Verhaltensweisen, die Aneignung neuen Wissens und die Bereitschaft zur aktiven Umgestaltung einmal gemachter Erfahrungen.* Erst daraus entsteht die Fähigkeit zu einem zukunftsorientierten kompetenten Handeln.

• Wir müssen uns immer wieder auf die neuen Zustände ausgerichtet qualifizieren. Wir sollten daher die *Fähigkeiten zum Mitgestalten von Entwicklungen und Prozessen* trainieren.

• Während bisher die Aneignung, das Hinzufügen und Vervollkommnen von Wissen, von Fähigkeiten und Fertigkeiten wichtig war, wird zukünftig die vorrangige Aufgabe der Weiterbildung die *kontinuierliche Bewertung, Aus-*

wahl und Nutzung von Informationen und Wissen sein. Wissensmanagement ist gefragt.

- Wir beobachten außerdem die zunehmende Komplexität der Lerninhalte, die zunehmende Geschwindigkeit der Veränderungen und die ständigen Lernnotwendigkeiten, denen wir nur durch *mehr Eigenverantwortung und Selbststeuerung* gerecht werden können. Dafür müssen wir in einer "lernenden Organisation" die Voraussetzungen schaffen.

Wer versucht die Entwicklung aufzuhalten, blockiert sich selbst.

- Die Kompetenz einer Organisation ist mehr als die Summe der Qualifikationen und Kompetenzen der einzelnen Mitglieder. Das setzt jedoch voraus, daß wir auf der organisatorischen Ebene innovationsfähige Aktivitäten und das bewußte Mitgestalten von Zuständigkeiten unterstützen. Management bedeutet heute daher *zulassen, fördern und verstärken von Kompetenzentwicklungen* in der gesamten Organisation.

- Selbstorganisiertes Lernen bedarf einer entsprechenden Infrastruktur, neuer Bewertungsansätze für das Lernen sowie der aktiven Gestaltung von Netzwerken des Lernens. Wir müssen die entsprechenden Rahmenbedingungen für Selbstverantwortung und Selbstorganisation schaffen und darüber hinaus *neue Bewertungsmaßstäbe für Kompetenz und Kompetenzentwicklung.*

- Es ist eindeutig, daß zwischen der Kompetenz der Mitarbeiter und dem Unternehmenserfolg ein Zusammenhang besteht. *"Mit kompetenten Mitarbeitern zum Erfolg."*

Unternehmensziele, Führungsgrundsätze, Unternehmensphilosopien können nur unter Einbeziehung möglichst vieler Mitarbeiter in erkennbare und akzeptierte Veränderungen einfließen. Jedoch gilt auch hier: Priorität hat das *"Tun"* und nicht das *"Darüberreden".*

Visionen zur Wirk-
lichkeit werden
lassen.

Dazu müssen wir die richtigen Voraussetzungen schaffen. Dazu gehört, daß wir gemeinsam in Projekten oder Workshops für Führungskräfte und Mitarbeiter die Werte, Leitbilder, Verhaltensmuster für die Zukunft erarbeiten, und zwar in bezug auf

- unsere Innovations- / Veränderungsbereitschaft,

- das Lernen und Wissen im Unternehmen,

- unsere Zusammenarbeit und Teamarbeit,

- die Führungskultur und   Mitarbeiter-Orientierung,

- Grundlagen   der   Kunden-/Patienten-Orientierung,

- unsere gesellschaftliche Verantwortung,

- unsere Kommunikation in der Öffentlichkeit und im Umfeld

- und selbstverständlich auch auf den Erfolg und die wirtschaftlichen Ergebnisse.

Diese Themenschwerpunkte sind sehr stark daran orientiert, was auch im *Total Quality Management,* aber ebenso in der Anwendung der *Balanced Scorecard* inzwischen aufgegriffen wird. Daraus wollen wir die Motivation unserer Mitarbeiter für die erforderlichen Veränderungsprozesse ableiten.

Unsere Gedanken
gestalten unsere
Realität.

Was sind denn die wichtigsten Motivationsfaktoren?

- *Herausforderung:* Jetzt erst recht!

- *Vorbild:* Es anderen gleichtun.

- *Aktion:* selbst aktiv werden.

- *Erinnerung:* Der Gedanke an bereits geleistete Erfolge.

- *Zukunft:* Investitionen in eine bessere Zukunft.

- *Sinngehalt:* Etwas Sinn- und Wertvolles für die Menschheit oder eine Gruppe tun.

- *Wettkampf:* Andere oder sich selbst übertreffen wollen.

- *Wohlgefühl:* Angenehme Stimmung während und nach dem Ereignis.

Motivation funktioniert nur als Selbstmotivation.

- *Selbständigkeit:* Alleine und selbstverantwortlich arbeiten können.

- *Companionship:* Gemeinsam mit anderen etwas tun.

- *Äußere Faktoren:* Dickes Auto, großes Büro, Einkommen, ...

- *Anerkennung:* Lob und Komplimente von anderen, aber auch Anerkennung durch sich selbst.

- *Sach-Feedback:* Anerkennung durch die Sache selbst, z.B. Zielerreichung.

- *Vorbereitung:* Motivation durch das Gefühl der Sicherheit.

Vielleicht stellen Sie sich nun zukünftig an Hand dieser Faktoren gezielt die Frage, wie Sie die Motivation Ihrer Mitarbeiter noch mehr unterstützen können.

Veränderungen verstehen und akzeptieren

Die Geschwindigkeit von Veränderungsprozessen und der Druck auf den einzelnen und die Institutionen steigt ständig. Das bloße *Optimieren des Bestehenden* reicht angesichts des globalen und lokalen Wettbewerbs oft nicht mehr aus. Viele Unternehmen nutzen Benchmarking als Orientierung an den "Besten", an den Industrieführern zur kontinuierlichen Verbesserung, weil man sich hier nicht nur an Daten, sondern an den Prozeßabläufen orientiert. Wir brauchen Prozeßmuster-Wechsel, um wesentliche Veränderungen zu erzielen.

Wer immer nach hinten schaut, kann der Zukunft nicht begegnen.

In Phasen von Instabilität ist die Veränderungsbereitschaft nachweislich größer.

In Phasen der *Stabilität* geht es eher um klares Steuern und klare Regeln, um exakte Zielvorgaben, das Beheben von Schwächen, die Analyse des Bestehenden und die detaillierte Umsetzung, um Null-Fehler-Strategie und vornehmlich Sachmotivation.

Es gibt 2 Sünden: zu wünschen ohne zu handeln und zu handeln ohne Ziel.

In Phasen der *Instabilität* dagegen müssen wir eher auf Selbstorganisation setzen, auf Versuch und Irrtum, auf überzeugende Visionen. Wir müssen in alternativen Szenarien denken und brauchen ein höheres Maß an Risiko- und Fehlerbereitschaft, innovativem Denken, Prozeßverständnis und Kostendenken.

Führen im Veränderungsprozeß heißt in erster Linie glaubwürdiges Vorleben von persönlicher Veränderungsbereitschaft. Daher gilt generell:

Ändern Sie sich, bevor es jemand anderes tut;
und gerade dann, wenn es Ihnen gut geht.
Der Erfolg von gestern ist Vergangenheit und der
Erfolg von heute ist bereits der Erfolg von gestern.

Wie können wir Veränderungen gestalten?

Die Gestaltung und Vereinbarung von Regeln (Leitbildern) ist ein Königsweg der Erzeugung stabiler Ordnung. Bewußte und unbewußte Regeln bilden die kulturelle Basis von Unternehmen und Gesellschaft.

Die Arbeitsfähigkeit einer Institution oder eines Teams hängt häufig mehr von den wirkenden Regeln ab, als von den Zielen und der persönlichen Motivation der miteinander Handelnden. Regeln werden allerdings häufig erst sichtbar, wenn gegen sie verstoßen wird, Regeln liegen dabei auch im scheinbar Selbstverständlichen.

Manchmal ist das gezielte Erzeugen von Instabilität ein Weg, durch erhöhte Sensibilität die Bewältigung von Veränderungen und die Gestaltung des Neuen zu fördern.

Instabilität ist also eventuell eine notwendige Voraussetzung für eine Neuordnung. Sie ist aber nur als Übergangssituation sinnvoll. Dauerhafte Instabilität birgt immer das Risiko einer Schädigung des Unternehmens durch mangelnde Effektivität und Ertragskraft. Dauerhafte Stabilität wiederum verringert die langfristigen Marktchancen von Unternehmen durch mangelnde Kreativität und Innovationskraft.

Angemessene Balance von Stabilität und Instabilität ist der Erfolgsfaktor.

Wir brauchen Querdenken und Risikobereitschaft. Veränderungsprozesse gelingen am besten über Veränderung der Werte als Ordnungsparameter einer Selbstorganisation. Gemeinsame Werte ermöglichen dann ein Handeln innerhalb der Unsicherheit, selbst im Chaos und in instabilen Situationen.

Gruppen sollten ihre Werte selbst erarbeiten. Nur so entsteht ein Unternehmen mit starker Identität und nachweislich höheren Erfolgen. Die Verankerung der Werte, Identität, Leitbilder und Visionen in den Köpfen der Beteiligten fördert und unterstützt die Veränderungsbereitschaft.

If you can dream it, you can do it.

Gemeinsame Werte und Leitbilder müssen wir vorleben, belohnen, trainieren und ständig neu implementieren. Dazu brauchen wir insbesondere die Führungsmannschaft, deren entsprechende Kompetenzen nach unserer Erfahrung dabei eher aus den Trainings und dem Erleben, als aus Gesprächen kommen.

18 Leitlinien für Veränderungsprozesse

1 Bei einem Musterwechsel können Sie das Neue nicht aus einer bloßen Analyse des Bestehenden ableiten.

2 Versuchen Sie nicht, die Bereitschaft zur Veränderung primär über Angst vor negativen Konsequenzen zu erhöhen.

3 Starten Sie keine Veränderungsprozesse, wenn berechtigte Zweifel an der Identifikation des Managements mit der Notwendigkeit von Veränderungen bestehen.

4 Gewährleisten Sie die Sichtbarkeit von Veränderungsschritten.

5 Ist ein ausreichender Erlaubnisspielraum für Innovationen garantiert? Machen Sie die notwendige Leistungsorientierung nicht zum Killerargument für Kreativität und Querdenken.

Es ist nicht genug zu wissen, man muß es auch anwenden.

6 Engagierte Mitarbeiter in Veränderungsprojekten und "Störer" (Querdenker) im Unternehmen dürfen niemals unbegründet abgewertet werden.

7 Klären Sie die Rahmenbedingungen und die Definition von Erfolgskriterien. Vermeiden Sie unzureichend präzisierte Erfolgskriterien.

8 Erzeugen Sie Veränderungsbereitschaft auch bei denStabilitätsträgern. Werden Sie dabei nicht zu charismatischen Vordenkern, die den anderen eine "richtige" Lösung verkaufen.

9 Ist den Beteiligten auch der Preis von Instabilität voll bewußt? (Evtl. Leistungseinbruch und Unvorhersagbarkeit von Entwicklung) Das Management sollte während des Wechsels möglichst nicht aus persönlicher Irritation heraus steuernd eingreifen.

10 Ist das Verhalten aller Führungskräfte auf Förderung von Veränderung gerichtet? (Prozeßorientierung und kooperative Informationsflüsse) Vermeiden Sie dabei allzu "perfekte" Konzepte.

11 Ist den Beteiligten der Hintergrund oder die Notwendigkeit der Veränderung verständlich? Es darf nicht der Eindruck entstehen, die Veränderung sei Selbstzweck oder Machtinteresse.

12 Ist die Werte- und Regelebene im Team und im Unternehmen transparent? (z.B. Leitbild, bewußte und unbewußte Regeln) Tolerieren Sie in der Veränderung keine frühzeitige Stabilisierung durch Absprachen und Orientierung an Traditionen.

Es ist nicht genug zu wollen, man muß es auch tun.

13 Ist den Entscheidern die Tragweite ihrer Entscheidungen bewußt? (Offenlegung der Konsequenzen der Veränderung) Führen Sie möglichst keine allzu schnellen Commitments in den Entscheidergremien herbei. Das untergräbt die Dynamik.

14 Ist das Verfolgen der Umsetzung von Entscheidungen garantiert? (Prozeß-Controlling und Verbindlichkeit in den Führungsebenen) Lassen Sie keine Verschiebung, Veränderung oder Nichteinhaltung getroffener Entscheidungen ohne Konsequenz.

15 Ist die kommunikative Kompetenz der Beteiligten gut entwickelt? (Lösungsorientierte Gesprächsführung)

Wer aufhört besser zu werden, hat aufgehört gut zu sein.

16 Ist ein positives internes Marketing der Veränderung gesichert? (Offensive Kommunikation von Erfolgen und Initiativen) Überlassen Sie die interne und externe Berichterstattung nicht dem Zufall oder anderen Interessengruppen.

17 Ist eine optimale Balance von Stabilität und Instabilität gegeben? Erzeugen Sie keine Situation von länger andauernder Instabilität.

18 Ist eine tragfähige gemeinsame Werteausrichtung gewährleistet? (Intensive Klärung von Werten, Mission, Rollen und Bedeutung). Sorgen Sie für eine gemeinsame Werteausrichtung.

Änderung ist immer gebunden an Sichtbarkeit

"You can only change what you can measure". Kulturänderung sichtbar zu machen, ist jedoch ein Problem. In dynamischen Märkten, die zunehmend mehr von Dienstleistungen als von Produkten geprägt sind, ist Kultur ein zentraler Erfolgsfaktor. Gerade die "weichen" Faktoren sind in Zukunft "harte" Realität am Markt. Kultur hat einen hohen "Kopierschutz" für Unternehmen.

Bei Veränderungsprozessen entscheidet mehr die Kultur eines Unternehmens über das Ergebnis als die inhaltliche Lösungskompetenz.

Pablo Picasso sagte einmal: "Ich suche nicht, ich finde. Suchen, das ist das Ausgehen von alten Beständen und ein Finden-Wollen von bereits Bekanntem. *Finden*, das ist das völlig Neue. Alle Wege sind offen, und was gefunden wird ist unbekannt. Es ist ein Wagnis, ein heiliges Abenteuer. Die Ungewißheit solcher Wagnisse können eigentlich nur jene auf sich nehmen, die sich im *Ungeborgenen geborgen* wissen ..."

Wer immer nur nach hinten schaut, kann der Zukunft nicht begegnen.

Organisationsentwicklung ist immer ein längerfristig angelegter Prozeß, der umso schneller Erfolg zeigen wird, wenn er von den höchsten Unternehmensebenen mitgetragen wird.

Wer Wettbewerbsvorteile verteidigen will, muß schneller lernen als die Konkurrenz und permanent Innovationen umsetzen. Das Merkmal einer lernenden Organisation ist die Fähigkeit, die Alltagsarbeit zu reflektieren (Supervision), Erkenntnisse und Erfahrungen unternehmensweit zu kommunizieren und zu diskutieren, die Selbstentwicklung von Individuum *und* Organisation zu unterstützen. Unternehmen müssen das Lernen lernen.

Dazu brauchen Führungskräfte und Mitarbeiter

– die strategische Kompetenz als Fähigkeit, komplexe Zusammenhänge und dynamische Vorgänge zu verstehen

Visionen und Kultur unverwechselbar gestalten.

– die soziale Kompetenz im Umgang mit Menschen, in und mit den Teams als Moderator, Vorbild, Coach

– ein Persönlichkeitsformat im Sinne von Offenheit, Ehrlichkeit, Selbstvertrauen und Zivilcourage, um "heilige Kühe" zu hinterfragen und auch notwendige Machtkämpfe bestehen zu können.

Grundprinzip dabei ist: Betroffene zu Beteiligten machen. Veränderungen, die selbst geplant sind und an denen sie beteiligt waren, werden eher umgesetzt.

Wer überzeugen will, muß von sich selbst überzeugt sein.

5.12 Die notwendige Verbesserung der sozialen Kompetenz im Team

Viele Mitarbeiter haben sich jahrelang darauf konzentriert, ihre Fachkompetenz zu entwickeln und darauf ihre Karriere aufzubauen. In unseren Projekten müssen wir immer wieder Führungskräften bewußt machen, daß sie neben ihren Fachaufgaben vor allem auch ihren Leitungsaufgaben (planen, organisieren, entscheiden, kontrollieren, analysieren usw.) und Führungsaufgaben (führen, motivieren, beurteilen, delegieren, entwickeln, coachen usw.) gerecht werden müssen. Das Unternehmen und die Mitarbeiter erwarten dies von ihnen, auch wenn sie in diesen Themenbereichen bisher wenig in die Ausbildung investiert haben.

Es wird häufig zu wenig in die soziale Kompetenz investiert.

Sie müssen sich auch dabei mit unterschiedlichen menschlichen Typen, Charakteren, Potentialen auseinandersetzen und ein Mindestmaß an psychologischem Einfühlungs- und Beobachtungsvermögen entwickeln. Mitarbeiter, Teammitglieder und Führungskräfte sind daher meistens sehr interessiert und erfreut über die Vermittlung von Typen- und Verhaltensmustern in den Trainings und deren Diskussion bezogen auf die praktischen Fälle im täglichen Arbeitsprozess. Sie berichten dankbar über Erfolgserlebnisse und Veränderungen in den Beziehungen, über die hohe Akzeptanz ihrer zugewonnenen sozialen Kompetenz.

Ich möchte hier als Beispiel nur auf die Bedeutung und Beobachtung sogenannter Metaprogramme eingehen.

Die menschlichen Metaprogramme verstehen

Meta-Programme prägen die Qualität unserer persönlichen Erfahrung, und sie sind gleichzeitig die Muster, die darüber entscheiden, was uns interessiert, und wo wir unsere Aufmerksamkeit hinlenken. In der Tat sind die Meta-Programme die Bausteine, aus denen unsere Persönlichkeit aufgebaut ist. Sie sind tief in unserem Unbewußten eingegraben und sind vielleicht die am schwierigsten zu ändernden Filter.

Normalerweise erleben wir unser eigenes Verhalten nicht als mechanisch und gewohnheitsmäßig, aber unsere Freunde und Bekannten können von außen viel leichter sehen und erleben, wie wir immer wieder die gleichen Programme abspielen. Wir nutzen unterschiedliche Programme in Abhängigkeit von unserem inneren Zustand. Das Wissen um die Meta-Programme einer Person kann helfen, das Verhalten dieser Person vorauszusagen oder zumindest zu interpretieren.

Unsere Freunde kennen uns machmal besser als wir selbst.

Unsere Werte sind es, die es uns ermöglichen, unsere Handlungen in gute und schlechte einzuteilen, in richtige und falsche. Sie entscheiden damit gleichzeitig, wie wir uns bei unseren Handlungen fühlen. Wenn wir die hohen Werte und Kriterien eines Menschen kennen, ist es leichter, ihn für etwas zu motivieren. Werte sind wie ein unbewußtes

Glaubenssystem, welches uns sagt, was im Leben wichtig ist, was gut und was schlecht ist. Werte sind aber auch kontextabhängig. Jeder hat bestimmte Werte, die er im Beruf bzw. im Privatleben für wichtig hält und diese können sehr unterschiedlich sein.

Werte sind die Basis unseres Handelns.

Was eine Person tut, ist von größerer Aussagekraft als das, was sie sagt oder was der Zuhörer denkt, daß sie sagt. Außerdem tun Menschen immer das beste, was sie zu einem gegebenen Zeitpunkt mit denen ihnen zur Verfügung stehenden Ressourcen machen können. Tatsächlich haben Menschen alle Ressourcen, die sie brauchen, um sich zu verändern. Alles, was sie brauchen, sind Informationen und/oder Strategien, die ihnen bei ihrer Veränderung helfen können.

Die Psychologie hat uns gelehrt, daß ein großer Teil des menschlichen Verhaltens unbewußt ist. Dies bedeutet, daß wir uns nur über einen kleinen Teil der Muster bewußt sind, die wir in unserem Verhalten auf mechanische Weise immer wiederholen. Diese Muster, die die Basis unserer Persönlichkeit bilden, entwickeln sich schon in einem sehr frühen Alter in Abhängigkeit von den Lebensumständen. Durch die ständige Wiederholung dieser Muster während ihrer Nutzung verstärken wir sie ständig.

Verhalten bewußter erleben.

Meta-Programme sind besonders wichtig bei der Teambildung.

Die Richtungs-Bestimmung

Menschen motivieren sich auf zwei verschiedene Arten: Sie gehen auf etwas zu, sie suchen etwas, das sie gerne erreichen möchten oder sie vermeiden etwas, d.h. sie tun etwas, damit etwas Unangenehmes nicht eintritt.

Der *HIN ZU-Typ:* Menschen, die zu diesem Typ gehören, setzen sich Prioritäten, und sie sind gut darin, diese Prioritäten umzusetzen. Diese Menschen haben häufig Schwierigkeiten, auf das zu achten, was es zu vermeiden gilt, und sie neigen dazu, das zu vergessen, was nicht funktioniert oder was schiefgegangen ist. Sie reagieren am stärksten auf Incentives und Belohnung.

Menschen, die sich über Suchen motivieren, erzählen am liebsten darüber, was sie wollen, was sie für die Zukunft geplant haben, was sie erreichen möchten.

Nicht der Wind, sondern die Segel bestimmen den Kurs.

Bei diesen Personen ist es besonders wichtig zu betonen, wie das, was man für sie tun kann, ihnen hilft, ihre Ziele zu erreichen. Erwähnen Sie immer wieder ihre Ziele, verbinden sie sie mit Ihren eigenen und betonen Sie, daß es doch letztendlich beiden Parteien darum geht, ihre Ziele zu erreichen.

Der *WEG VON-Typ:* Diese Menschen handeln primär, um unangenehme Dinge zu vermeiden und loszuwerden. Sie haben gewöhnlich Schwierigkeiten, sich auf ein Ziel zu fokussieren und Prioritäten angemessen umzusetzen. Diese Menschen sind sehr leicht von negativen Situationen aus der Fassung zu bringen. Sie reagieren am stärksten auf Drohungen.

Menschen, die sich über Vermeiden motivieren, reden am liebsten über Dinge, die sie nicht wollen, wie sie bestimmte Situationen am besten vermeiden können, bzw. wie sie vorhandene unangenehme Situationen verändern können.

Vermeiden behindert in der Regel die Aktivität.

Betonen Sie, wie das, was Sie in der Lage sind, für den anderen zu tun, ihm helfen kann, die Dinge zu vermeiden, die er unbedingt vermeiden möchte. Darüber hinaus ist es sinnvoll, ab und zu darauf hinzuweisen, was alles Unangenehmes passieren könnte, wenn eine Einigung oder Gemeinsamkeit nicht zustande kommen würde. Versichern Sie dem anderen, wie Ihr Beitrag Probleme vermeiden bzw. minimieren hilft.

Dieser Mitarbeitertyp läßt sich am besten dadurch motivieren, daß man ihm klarmacht, in welche Schwierigkeiten er sich selber bringt, wenn er bestimmte Anforderungen und Erwartungen nicht erfüllt. Stellen Sie sicher, daß die in Aussicht gestellten Probleme und Sanktionen realistisch und glaubwürdig sind. In Meetings neigen diese Personen dazu, ständig über Probleme zu reden anstatt über Ziele. Lernen Sie, diese Beiträge in Grenzen zu halten.

Welche Referenzen werden herangezogen?

Es gibt zwei grundsätzliche Möglichkeiten, Personen, Situationen, Ereignisse oder Dinge zu bewerten: internal und external.

Menschen, die eine *internale* Referenz haben, bewerten Dinge auf der Basis ihrer eigenen Kriterien, Werte und Meinungen. Sie haben ihren Kopf für sich, treffen ihre eigenen Entscheidungen und haben ihre eigenen Beweggründe. Sie entscheiden für sich selbst, was und wie sie etwas tun. Sie haben Schwierigkeiten, von anderen Menschen Befehle bzw. Anweisungen zu akzeptieren und tun sich schwer, kritisches Feedback entgegenzunehmen. Sie sind durchaus in der Lage, Informationen und Meinungen von anderen zur Kenntnis zu nehmen, aber sie entscheiden letztendlich auf der Basis ihrer eigenen Überzeugung.

Es gibt auch andere Wahrheiten als die meine.

Diese Menschen teilen Ihnen mit, wozu sie sich entschlossen haben. Sie teilen Ihnen mit, daß sich dieses oder jenes für sie richtig anfühlt bzw. daß sie wissen, daß es richtig ist. Diese Menschen lassen sich zwar informieren, aber entscheiden dann auf der Basis dieser Informationen selbst. Diese Menschen rebellieren sofort, wenn jemand versucht, für sie zu entscheiden.

Betonen Sie in Verhandlungen mit dieser Personengruppe, daß sie sich natürlich ihr eigenes Urteil bilden wird, und daß sie für sich selbst im Inneren weiß, daß sie recht hat. Benutzen Sie Formulierungen wie: "Natürlich ist das Ihre Entscheidung" oder "Nur Sie können wissen, ob …" Erzählen Sie diesen Menschen auf gar keinen Fall, was andere Leute denken. Diskutieren Sie mit ihnen ihre Meinungen. Fragen Sie, wie Sie ihnen helfen können, ihre Entscheidung zu treffen.

Weil diese Menschen gerne selbst für sich entscheiden, sind sie nicht leicht zu managen. Diese Mitarbeiter haben Schwierigkeiten, sowohl Lob als auch Tadel anzunehmen. Sie sind am besten in Situationen, wo sie kaum oder gar nicht kontrolliert werden.

Mangelndes Selbst-
bewußtsein erfor-
dert viel Geduld.

Menschen mit *externer Referenz* tendieren dazu, Dinge und Ereignisse auf der Basis dessen zu bewerten, was andere Leute darüber denken und meinen. Diese Menschen brauchen Führung und Motivation von anderen. Sie haben Probleme, für sich selbst zu entscheiden und suchen das Feedback von anderen, um zu wissen, ob das, was sie gerade tun, angemessen ist. Sie haben Schwierigkeiten, mit einer Aufgabe zu beginnen bzw. sie weiterzuführen, wenn ihnen nicht jemand anderes das Ziel, die Richtung und die Vorgehensweise vorgibt.

Diese Menschen haben es gerne, wenn andere für sie entscheiden. Sie verhalten sich so, als ob die Information, die sie erhalten, schon eine Entscheidung bzw. Anweisung wäre.

Betonen Sie, was andere Menschen, besonders geschätzte Autoritäten, zu diesem Thema denken. Argumentieren Sie mit Statistiken und anerkannten Datenquellen. Sagen Sie ihnen, was Sie selbst und andere wichtige Personen denken, wie sie entscheiden sollten. Geben Sie dieser Person Feedback und unterstützen Sie sie darin, sich mit der mit Ihnen zusammen entwickelten Entscheidung wohlzufühlen.

Diese Mitarbeiter wollen auch in Teams geführt werden. Sie möchten gerne wissen, was sie tun sollen und wie sie es tun sollen. Sie brauchen Lob und Tadel in angemessener Form, damit sie sich orientieren können. Ihnen geht es am besten, wenn man ihnen klare Standards vorgibt, an die sie sich halten können.

Wie wichtig ist für unsere Mitarbeiter "vergleichen"?

Menschen, die eher nach Vergleichbarkeit bzw. Gleichheit sortieren, sind mit ihrer Aufmerksamkeit ständig dabei, in ihrer Umgebung Dinge wahrzunehmen, die sie schon von früher kennen, die ihnen vertraut sind. Sie haben es gerne, wenn sich in ihrer Welt wenig bis gar nichts ändert. Sie mögen Veränderungen nicht besonders.

Diese Menschen werden Ihnen all die Dinge aufzählen, die gleich geblieben sind, die sich nicht verändert haben, und selbst wenn sie auf Unterschiede hingewiesen werden, werden sie Formulierungen benutzen wie: "Das stimmt schon, aber im Grunde genommen bleibt die Sache doch gleich."

Betonen Sie Themen, bei denen Sie gleiche oder gegenseitige Interessen haben, auf die Sie sich schon geeinigt haben. Betonen Sie die Ähnlichkeiten zwischen der gegenwärtigen und der früheren Situation. Erwarten Sie vom anderen wenig oder kaum Bereitschaft zur Veränderung.

Es sind die Einstellungen, die uns zu schaffen machen.

Betonen Sie die Kontinuität des Unternehmens und der Aufgaben und garantieren Sie diesem Mitarbeiter, daß er das gleiche machen wird wie in seinem früheren Job und daß sich daran auch in Zukunft nichts ändern wird. Menschen mit diesem Wahrnehmungsfilter träumen vom Beruf fürs Leben. Erwarten Sie von diesen Mitarbeitern nicht, daß sie von sich aus Arbeitsabläufe verändern werden oder daß sie Umstrukturierungsmaßnahmen gegenüber kooperativ sind.

Nichts ist so konstant, wie die Veränderung.

Andere Menschen, die diesen Wahrnehmungsfilter bevorzugen, achten zuerst auf Gleichheiten, auf Übereinstimmungen, und beginnen dann, Unterschiede und Differenzen wahrzunehmen. Sie haben es gerne, wenn sich die Dinge nur graduell und langsam verändern.

Sie werden ihr Augenmerk darauf richten, wie sich die Dinge im Laufe der Zeit allmählich verändert haben.

Betonen Sie in jeder Beziehung die graduellen Verbesserungen. Sorgen Sie dafür, daß dieser Mitarbeiter im wesentlichen das gleiche machen kann mit leichten Verbesserungen über die Zeit. Diese Mitarbeiter fühlen sich am wohlsten in einer Umgebung langsamen, evolutionären Wandels.

Andere Menschen lieben den Unterschied und die Veränderung.

Menschen mit diesem Wahrnehmungsfilter beobachten ihre Umgebung ständig unter dem Gesichtspunkt: Was ist anders als vorher? Ihr Lebensmotto könnte sein: "Nichts ist konstant außer der Veränderung." Wenn ihr Beruf selbst nicht genug Wandel und Veränderung mit sich bringt, werden sie häufig den Beruf wechseln. Sie möchten am liebsten alle 9–18 Monate neue Aufgaben, Arbeitsläufe haben.

Solche Menschen weisen unaufhörlich darauf hin, was sich schon alles geändert hat, inwiefern Dinge und Situationen nicht miteinander zu vergleichen sind. Sie benutzen ständig Worte wie neu, Veränderung, Unterschied, rasante Entwicklung, revolutionäre Neuerung usw.

Betonen Sie, daß sich alles total verändert hat, daß nichts so ist wie beim letzten Mal und vermeiden Sie es, auf Themen zu sprechen zu kommen, die

etwas mit Übereinstimmung zu tun haben. Stellen
Sie sich darauf ein, daß Ihr Verhandlungspartner
grundlegende Veränderungen, drastische Verbesserungen usw. erwarten wird. Ein idealer Querdenker für das Team.

Nutzen Sie die
Querdenker.

Sorgen Sie dafür, daß dieser Mitarbeiter so häufig
wie irgend möglich Abwechslung in seiner Tätigkeit erleben kann. Diese Mitarbeiter verlieren ihr
Interesse an einer Tätigkeit, sobald sie das Gefühl
haben, daß sie diese aus dem Effeff beherrschen.
Wenn Sie diesem Mitarbeiter nicht ständig neue
Anreize, Herausforderungen und Abwechlung bieten können, können Sie sicher sein, daß Sie diesen
Mitarbeiter nicht lange im Team haben werden.

Welche Neigung haben Menschen in ihren Handlungsweisen?

Menschen, die *optional* orientiert sind, lieben es,
neue Verfahrensweisen zu erfinden und alternative
Wege zu entdecken. Sie fühlen sich eingeengt und
in ihrer Kreativität beschnitten, wenn sie sich an
eine Prozedur halten sollen. Sie wollen flexibel
und variabel agieren.

Machen Sie diesem Mitarbeiter klar, daß es verschiedene Möglichkeiten gibt, die von ihm erwarteten Aufgaben zu erledigen. Bitten Sie ihn, sich
selbst entsprechende Gedanken zu machen. Erwarten Sie von diesem Mitarbeiter nicht, daß er
sich an Routinen hält. Erwarten Sie schon im voraus, daß dieser Mitarbeiter immer wieder festgelegte Abläufe umgehen wird.

Erwarten Sie nicht,
daß sich die Men-
schen ändern.

Prozedur orientierte Menschen sind sehr gut darin,
Anweisungen und Vorgehensweisen einzuhalten.
Sie fühlen sich wohl und sicher, wenn sie genau
wissen, wie sie etwas tun sollen. Sie glauben, daß
es für alles den richtigen bzw. den besten Weg
gibt. Sie sind prozeßorientiert.

Menschen mit diesem Meta-Programm werden Ihnen erzählen, wie es dazu kam, daß sie diese Entscheidung gefällt haben, aber auf eine Art und Weise, die sich anhört, als ob es überhaupt keine sinnvolle Alternative gegeben hätte.

Betonen Sie die Notwendigkeit eines systematischen Vorgehens für die Erreichung einer Vereinbarung. Vermeiden Sie es, Alternativen zur Entscheidung vorzulegen, organisieren Sie den Ablauf so, daß das Ergebnis vielmehr als logische Konsequenz erscheint.

Helfen Sie Ihren Mitarbeitern durch Ihr Verständnis.

Erklären Sie diesem Mitarbeiter genau, was Sie von ihm erwarten und wie Sie sich die Arbeitsabläufe im einzelnen vorstellen. Erklären Sie ihm, daß dies der beste Weg ist, die Aufgabe zu erledigen und daß dies schon immer so gemacht wird. Stellen Sie sich darauf ein, daß dieser Mitarbeiter Ihre Unterstützung braucht, wenn die bewährten Prozeduren versagen.

Wie verarbeiten wir Informationen?

Menschen haben Vorlieben, wie sie Informationen präsentieren und präsentiert bekommen möchten: vom ÜBERBLICK zum Detail oder vom DETAIL zu Überblick.

DETAIL – Menschen erzählen zuerst von den Details und sind, wenn man ihnen etwas erklären soll, auch zuerst an den Details interessiert. Sie fühlen sich besonders wohl und haben eine Begabung, sich viele Details zu merken. Für sie ist es eher schwer, den Überblick zu bekommen und für sie trifft das Sprichwort zu, daß sie den Wald vor lauter Bäumen nicht sehen. Daraus ergibt sich auch, daß es für diese Leute schwierig ist, Prioritäten zu setzen. Sie neigen dazu, Überblick-Typen für Schwätzer zu halten.

Den Wald vor lauter Bäumen nicht sehen.

Diese Menschen werden Ihnen zuerst alle Details erzählen, die ihnen wichtig erscheinen und werden dabei sequentiell einen Ablauf nach dem anderen erklären. Bei Erklärungen und Beschreibungen geben sie selten das Ziel und den Zweck an, sondern eher die Reihenfolge der einzelnen Schritte. Werden sie unterbrochen, beginnen sie häufig nochmal von vorne. Umgekehrt werden diese Menschen die Tendenz haben, nach vielen Details zu fragen.

Geben Sie diesem Mitarbeiter eine ausführliche und detaillierte Beschreibung seiner Aufgaben in logischer Reihenfolge. Erwarten Sie von diesem Mitarbeiter nicht, daß er in der Lage ist, zwischen den Zeilen zu lesen. Benutzen Sie qualifizierende und modifizierende Worte, um diesen Mitarbeiter genauestens darüber in Kenntnis zu setzen, was und wie er etwas zu tun hat, bis wann usw. Erwarten Sie nicht, daß dieser Mitarbeiter am übergeordneten Zusammenhang interessiert ist.

ÜBERBLICK – Menschen geben Ihnen als erstes immer einen Überblick und möchten auch als erstes einen Überblick, bevor sie an Details interessiert sind. Für sie entsteht Sinn durch die großen Zusammenhänge. Sie denken bei Projekten an das große Ganze und nicht so sehr an die einzelnen Schritte und Details. Diese Menschen reden oft auf einem so hohen Abstraktionsniveau, daß man das Gefühl haben kann, daß sie über gar nichts reden bzw. nur unverständliche Allgemeinsätze. Diese Menschen halten den Detail-Typ für einen kleingeistigen Buchhaltertypen und sind nach kurzer Zeit von den vielen Details gelangweilt, weil sie diese nicht in einen größeren Bedeutungszusammenhang einordnen können.

Es geht nicht nur mit Logik. Häufig entscheidet auch der Bauch.

Sie beginnen immer mit dem Überblick, ohne auf die Details einzugehen. Sie beschreiben die Situation eher zufällig und springen häufig von einem Aspekt zum anderen, ohne sich an eine bestimmte Reihenfolge zu halten. Wenn sie zuviele Details bekommen, sind sie leicht gelangweilt und werden Fragen nach deren Bedeutung im großen und ganzen stellen.

Als Teamleiter geben Sie diesem Mitarbeiter am besten einen großen Überblick darüber, was Sie von ihm erwarten und welche Ziele er zu erreichen hat; überspringen Sie die Details. Sie können sich darauf verlassen, daß dieser Mitarbeiter die nötigen Details selbst einfügen wird, allerdings auch in einer Weise, die Ihren Vorstellungen nicht unbedingt entsprechen muß.

Visionäre brauchen analytische Partner.

Wie werden Entscheidungen getroffen?

Menschen treffen aus vier Gründen Entscheidungen: Weil es richtig aussieht, überzeugend klingt, sich richtig anfühlt oder Sinn ergibt.

Die Menschen sind doch sehr verschieden. Versuchen Sie sie zu verstehen.

Menschen mit diesem Wahrnehmungsfilter SIEHT RICHTIG AUS *(visuell)* produzieren im Inneren visuelle Repräsentationen (Bilder oder Filme), die bestimmte unbewußte Kriterien erfüllen und damit richtig aussehen. Diese Menschen bevorzugen es, die Dinge, über die sie eine Entscheidung treffen sollen, zu sehen und haben daher eine Vorliebe für grafische Darstellungen von Daten und Prozeßabläufen.

Menschen mit diesem Wahrnehmungsfilter KLINGT ÜBERZEUGEND *(auditiv)* repräsentieren die Argumente für oder gegen eine Entscheidung als inneren Dialog. Für sie klingt eine bestimmte Argumentation richtig. Sie bekommen die Dinge gerne erklärt und hören gerne zu. Beispiel: "Das klingt richtig."

Für manche Menschen FÜHLT SICH vieles RICHTIG AN *(kinästhetisch)*. Diese Menschen bekommen bestimmte Körperempfindungen, wenn sie sich vorstellen, sich für oder gegen etwas zu entscheiden. An der Art dieser Körpersensation wissen sie dann, ob es sich richtig oder falsch anfühlt. Sie bevorzugen es, Dinge zu tun bzw. auszuprobieren, zu gebrauchen und zu benutzen. Beispiel: "Dabei habe ich ein gutes Gefühl."

Für andere steht im Vordergrund: "ERGIBT SINN." Diese Menschen produzieren eine innere Repräsentation mit Hilfe von Worten und Bildern, die bei ihnen ein bestimmtes Gefühl hervorruft, was sie als sinnhaft erleben. Der Ausdruck "Das ergibt Sinn" bezieht sich ebenfalls auf ein Gefühl. Diese Menschen lieben Fakten, Daten, Dokumentationen und Begründungen. Beispiele: "Das ist eine sinnvolle Erklärung." "Das verstehe ich."

Kommunikation hat viele Spielarten.

Die Beschäftigung mit Metaprogrammen und Verhaltensstrukturen unserer Mitarbeiter und Teammitglieder führt in der Regel zu viel besserer Kommunikation und Verständigung im Team und sollte daher zu jedem Führungs- und Teamtraining gehören.

6. Die Vision von der Selbstmotivation und der mentalen Stärke von Teams

6.1 Auf zur Spitze

> Wir dürfen nicht aufhören, besser sein zu wollen, denn wer aufgehört hat, besser sein zu wollen, hat aufgehört, gut zu sein.
> v. Lichtenberg

Der Mensch im Mittelpunkt

Wer zu stark abspeckt, verliert an Kraft und hört auf zu leben.

Was ist denn so neu an Gruppenarbeit, an neuen Führungskonzepten, an der Zertifizierung und Dokumentation von Abläufen und Verfahren? Das berühmte Harzburger Modell der 70er Jahre mit sogenannter kooperativer Führung, Delegation von Verantwortung, Management durch Zielvereinbarung (oder -Vorgabe), Management durch Motivation, durch Kontrolle, durch Mitarbeiterbesprechungen - das reicht vielen Bossen noch heute aus, um ihre Positionen zu sichern. Allerdings: "Einer muß sagen, wo es lang geht, und die Gruppe muß es umsetzen." Mit diesen Methoden sind die von uns erwarteten Quantensprünge nicht zu realisieren.

Lust auf Leistung durch höhere Motivation.

"Der Gruppenarbeit liege der gleiche Gedanke zugrunde wie bei den Kühen, die mit Musik berieselt werden, damit sie mehr Milch geben", so formulieren einige ketzerisch. Für die Unternehmer mag die "Milchleistung" im Vordergrund stehen, für die Mitarbeiter aber zählen die Grundlagen und Rahmenbedingungen der Gruppenarbeit:

- mehr Abwechslung in ihren Tätigkeiten

- ein besseres Klima des Vertrauens

- mehr Verantwortung und Eigenständigkeit und dadurch mehr Spaß und Freude an der Arbeit

- mehr Mitsprache und Beteiligung an Entscheidungen

- weniger Abhängigkeit vom Vorgesetzten

- mehr persönliche Entwicklungsmöglichkeiten

- weniger Frust und mehr Stolz auf eigene Leistungsfähigkeit.

Das hat zur Folge,

- daß die Probleme dort abgestellt werden, wo sie entstehen und wo ihre Ursachen verstanden werden,

- daß die Verantwortung zur Qualität bei jedem einzelnen liegt und auch übernommen werden kann,

- daß das Problembewußtsein durch mehr Erfahrungs- und Informationsaustausch gefördert wird,

- daß die Kostenverantwortung durch Kostentransparenz unterstützt werden kann,

- daß kooperative und synergetische Prozesse verstärkt werden,

- daß unsinnige Tätigkeiten eigenständig und selbstverantwortlich durch Verbesserungsvorschläge eingegrenzt werden.

Und unterschätzen wir nicht, was es bedeutet, daß die Mitarbeiter neben der fachlichen Kompetenz auch ihre soziale Kompetenz erheblich steigern können (vgl. Kapitel 5):

Die soziale Kompetenz ist so wichtig wie die fachliche.

Kontaktfähigkeit,

Kommunikationsfähigkeit,

Problemlösefähigkeiten,

Kollegialität bis hin zur Kameradschaft und Freundschaft,

Verantwortungsbereitschaft,

Selbstbewußtsein,

Akzeptanzbereitschaft,

ein besseres Konfliktverhalten

sind die Fähigkeiten, die in alten hierarischen Strukturen häufig verkümmert oder zumindest nicht ausreichend gefördert wurden.

Wie kann Gruppenarbeit konkret eingeführt werden?

Gruppenarbeit ist nicht von heute auf morgen zu realisieren oder nur zu deklarieren. "Laßt uns doch Gruppenarbeit machen", das alleine reicht nicht. Sondern es müssen einige wesentliche Voraussetzungen geschaffen werden:

Die Rahmenbedingungen für Gruppenarbeit müssen stimmen.

• Gruppen- und Teamarbeit braucht einen realistischen Zeitrahmen von mindestens ein bis zwei Jahren.

• Gruppenarbeit kostet Geld und muß also budgetiert werden. Erst wenn Gruppenarbeit etabliert ist, wird sie zu entsprechenden Einsparungen führen.

• Gruppen und Teams müssen zu allen erforderlichen Informationen Zugang haben und wiederum selber umfassend informieren.

• Es müssen ausreichend Räume für Gruppenarbeit zur Verfügung stehen, eventuell Besprechungsinseln vor Ort, die gegen Störungen von außen geschützt sind. Für wichtige Trainings sollten eher Hotels gewählt werden.

• Die Vorschläge für Gruppengrößen, Gruppensprecher oder Koordinatoren (siehe weiter vorne) sollten möglichst genau umgesetzt werden.

• Die Gruppen sollten gezielt immer wieder trainiert werden, um ihre Kommunikations-, ihre Konflikt- und Teamfähigkeit zu verbessern, aktives Zuhören, regelmäßiges Feedback zu kultivieren. Nur wer miteinander reden kann, kann auch effizient miteinander arbeiten.

• Gruppenarbeit muß unterstützt werden durch eine offene Unternehmenskultur.

• Gruppenziele müssen offen und eindeutig diskutiert und entschieden werden, so daß sie alle Mitglieder verstehen und unterstützen. Sie haben sich an den strategischen Zielen des Unternehmens zu orientieren, die natürlich der Gruppe bekannt sein müssen.

• Gruppenleistungen sollen vom Unternehmen entsprechend gefördert, unterstützt und belohnt bzw. honoriert werden.

• Für die Gruppenarbeit müssen insbesondere durch die Führungskräfte die nötigen Freiräume geschaffen werden.

• Aus unserer Erfahrung sollten solche neuen Prozesse von Beratern unterstützt werden, die das nötige Wissen zu Moderation, Kommunikation, Problemlösungstechniken, Gruppendynamik authentisch, fachkundig und kompetent vermitteln. Fangen Sie bitte nicht an, herumzustümpern, mal zu probieren, mal ein bißchen zu üben. Die Mitarbeiter nehmen Ihnen solche Halbheiten nicht ab, sie wollen gleich qualifiziert durchstarten.

• Gruppenarbeit ist ein Prozeß, der nie enden sollte.

(vgl. Lung, S. 127 ff)

Wir sind in unseren Projekten immer wieder überrascht, wie kreativ Menschen werden, wenn sie eigenverantwortlich gefordert werden. Dieser Prozeß wird vorrangig durch das veränderte Bewußtsein der Mitarbeiter getragen, sei es im Hinblick auf effizientere Abläufe, auf Qualitätsverbesserungen, ef-

Jeder sucht Zufriedenheit, auch am Arbeitsplatz.

fektivere Problemlösungen oder sei es alleine aus Zufriedenheit jedes einzelnen mit seiner Situation am Arbeitsplatz oder mit dem allgemeinen Betriebsklima.

Auch Verbesserungen, die unter dem Begriff "schöner wohnen" fallen, z.b. Farbe, Möbel, Dekoration und Anordnung am Arbeitsplatz, funktionierende und saubere Sanitäranlagen sind für Ihre Mitarbeiter äußerst wichtig und helfen, die Produktivität zu steigern. Wenn Sie solche Verbesserungen nicht unterstützen und ernst nehmen, werden Sie viel mehr Zeit und Kosten benötigen, aber auch viel weniger Engagement und Nutzen im Prozeß erzielen.

Kontinuierliche Verbesserungsprozesse (KVP)

Das Unternehmen kann durch KVP nur gewinnen.

Es gibt inzwischen genügend Erfahrungen mit KVP und Teamarbeit, und es wird berichtet von äußerst positiven Ergebnissen für die Unternehmen, die eigentlich **immer** vom Vorschlagswesen der Mitarbeiter profitieren. Und die Mitarbeiter empfinden es in der Mehrzahl als Chance und als Anerkennung, durch besondere Ideen und Leistungen am Erfolg des Unternehmens beteiligt zu sein.

Erstaunlich ist, wieviele Ideen zur Veränderung und Verbesserung von den Mitarbeitern immer wieder geliefert werden, die weit über die Ideen der professionellen Produkt-, Betriebs- und Organisationsplaner hinausgehen (übrigens auch Ideen zur Verbesserung des zwischenmenschlichen Klimas). Werden diese Ideen dann auch noch realisiert - gute Umsetzungsquoten liegen bei über 80 % -, dann sind die Mitarbeiter in ihren eigenständigen und selbstverantwortlichen Prozeß eingebunden, was ihre Arbeitszufriedenheit erheblich steigert.

Sich in Teams zusammensetzen, zuhören, diskutieren, gemeinsame Ideen entwickeln, Meinungen austauschen, Lösungen beschreiben und sie auch gemeinsam umsetzen, das sind die wesentlichen Motivations- und Beweggründe im KV-Prozeß. Nur die Teilnahme zählt, nicht der Sieg.

Exzellenz lebt nicht von der Tradition

Exzellenz und Qualität sind nicht allein Sache der Führung, und sie sind dennoch "Chefsache". Der charismatische Führer, dessen Visionen, dessen Energie, dessen absolute Erwartungen die Mitarbeiter vorbehaltlos umsetzen, ist sicherlich auch ein Garant für Exzellenz. Was ist aber, wenn er nicht (mehr) da ist? Was ist, wenn es dann an selbständigen und selbstverantwortlichen Potentialen der Mitarbeiter mangelt, an gemeinsam vereinbarten Zielen? In unserer harten Konkurrenzgesellschaft umgeben sich viele Manager gern mit weniger kompetenten Mitarbeitern, damit sie selbst größere Chancen auf den Sieg besitzen. Darin liegt eine große Gefahr.

Lassen Sie stattdessen Ihre Mitarbeiter die Ziele gemeinsam vereinbaren:

* Wir wollen hervorragende interne Kunden-Lieferanten-Beziehungen.

Gemeinsame Zielvereinbarungen werden besser verinnerlicht.

* Wir wollen unser Kunden so bedienen, daß sie uns "die Türen einrennen".

* Wir wollen unsere Produkte und Dienstleistungen so gestalten, daß sie zukunfts- und kundenorientiert den höchsten Nutzen garantieren.

* Wir wollen zwischenmenschliche Beziehungen so positiv gestalten und Probleme sofort und offen ausdiskutieren, daß unsere Motivation, Kreativität und Leistungsbereitschaft für das Unternehmen optimal genutzt werden kann.

* Wir wollen bei Fehlern vor allem Ursachen finden und nicht Schuldige suchen.

- Wir glauben daran, daß unsere Prozesse immer wieder zu hinterfragen und permanent zu verbessern sind.

- Wir wollen auch die Organisation so gestalten, daß wir flexibel und selbstorganisierend jederzeit Veränderungen und Verbesserungen umsetzen können.

- Wir wollen niemals von der Idee der 100%igen Qualität ablassen (Null-Fehler-Strategie).

- Wir wollen nicht planlos arbeiten, sondern gemeinsame, erreichbare und erstrebenswerte Ziele vereinbaren und umsetzen.

- Wir wollen uns gemeinsam unterstützen, um diese Ziele zu erreichen.

Wenn Sie das als Führungskraft - mit oder ohne das vielzitierte Charisma - mit Ihren Mitarbeitern vereinbaren können und dies dann auch authentisch leben, dann haben Sie schon sehr viel erreicht. Wie gesagt, Sie müssen es auch vorleben:

Visionen und Ziele müssen authentisch vorgelebt werden.

– Halten Sie Ihre Türen offen.

– Gehen Sie regelmäßig zu Ihren Mitarbeitern. (Management by walking around)

– Hören Sie aktiv zu.

– Halten Sie Ihre Zusagen.

– Seien Sie dankbar für Kritik.

– Sehen Sie Kritik als Chance.

– Geben Sie Fehler zu.

– Sparen Sie nicht mit Lob, wenn es berechtigt ist.

Angst macht unfrei.

Jede Veränderung erzeugt auch Widerstand und Ängste bei den Mitarbeitern, d.h. jeder möchte am liebsten am Gewohnten und Vertrauten festhalten. Vorsicht bei Neuem ist uns anerzogen. Diese Bedenken der Mitarbeiter sind natürlich auch bei der Einführung von Gruppen- und Teamarbeit vorhanden, und sie können auch nur im Laufe des Prozesses abgebaut werden, sobald die ersten kleinen Erfolge bewußt werden.

Zielvorstellungen und Führung

Wenn sich Gruppen und Teams bilden oder gebildet werden mit konkreten Zielen und Aufgabenstellungen oder mit vagen Vorstellungen über Ergebnisse und Nutzen, dann werden sich in der Regel gewisse Startschwierigkeiten ergeben, weil es sich ja um einen ungewohnten Prozeß handelt.

Sie können die Teams in dieser Phase durch eine Reihe offener Fragen aktivieren und ihnen helfen, in ihren Zielvorstellungen und konkreten Schritten klarer zu werden:

Statt "Gleich und gleich gesellt sich gern", auch "Gegensätze ziehen sich an".

• Was stellen wir uns eigentlich unter Gruppen- und Teamarbeit vor?

• Was kann sich im Vergleich zur jetzigen Zusammenarbeit in der Organisation verbessern?

• Welche Chancen, welche Risiken sehen wir in der Gruppenarbeit?

• Was kann uns fördern, was kann uns hindern, ein Super-Team zu werden?

• Welche Rahmenbedingungen erwarten wir, damit die Gruppenarbeit effizient wird und wir uns von der Gruppe zum Team entwickeln?

• Was kann unsere Motivation steigern?

• Welche Anforderungen an unsere Vorgesetzten haben wir im Sinne einer optimierten Gruppenarbeit?

• Wie können wir uns in den KVP-Prozeß einbringen?

Fragen helfen, selbst klarer zu werden.

• Wo und mit wem erwarten wir Schwierigkeiten und warum? Was wollen wir ändern?

• Was können wir zur Verbesserung der Qualität im weitesten Sinne im Unternehmen beitragen?

• Wo sind Problemschwerpunkte? Wen brauchen wir zur Unterstützung?

• Wo vermuten wir die größten Veränderungspotentiale?

Ein Moderator hilft der Gruppe, ihre Visionen, ihre Ziele zu erreichen, ihre verkrusteten Verhaltensformen abzulegen und neue, dynamische, zukunftsorientierte Energien einzubringen. Er soll nicht nur moderieren, sondern auch vermitteln zu den koordinierenden oder steuernden Instanzen, er soll logistische Aufgaben übernehmen, den Erfahrungsaustausch mit anderen Gruppen unterstützen, soll interne Problemstellungen sofort ansprechen und klären und Information beschaffen bzw. weiterleiten.

Gute Teams brauchen eigentlich keinen "Chef" oder Teamleiter. Sie verteilen ihre Rollen entsprechend den Kompetenzen von selbst. Jeder Kompetenzträger wird darin akzeptiert und anerkannt, wenn es um Leitung, Präsentation, Informationen einbringen, Kontakte herstellen geht. Teamführung nur dann, wenn unbedingt erforderlich und dann aber selbstgewählt statt zugeordnet.

Gruppensprecher sollten regelmäßig wiedergewählt werden.

Dennoch kann es sein, daß Gruppen mit der Leistung ihrer zugeordneten oder selbstbestimmten Gruppensprecher/Moderatoren unzufrieden sind. Wenn die Gruppe dann in einem fairen und offenen Diskussionsprozeß jemanden als Gruppensprecher abwählt und dieser dann auch noch in der Gruppe verbleiben und weiterhin engagiert mitarbeiten kann, dann haben wir schon eine hohe Kultur der Teamarbeit erreicht. Vielleicht sollte man grundsätzlich alle halbe Jahre den Teamsprecher wiederwählen oder bestätigen lassen, damit nicht ein besonderer politischer Akt daraus wird.

Gruppengespräche können nicht in der Mittagspause, zwischen Tür und Angel auf dem Flur oder ständig nach Arbeitsende (in bezahlten Normal- oder Überstunden) geführt werden. Gruppenarbeit ist Arbeit und bedarf daher auch klarer Regelungen und Vereinbarungen in bezug auf Arbeitszeit, Entlohnung, Kompetenzen und Inhalte. Hier sind Betriebsrat, Personalabteilung, Vorgesetzte, Geschäftsführung und vor allem die Gruppenmitglieder selbst gefordert, für das Unternehmen dem normalen Arbeitsprozeß angemessene Lösungen zu entwickeln.

In vielen unserer Projekte sind insbesondere die Vorgesetzten zunächst die kritischsten Hinterfrager, was denn durch Gruppen- und Teamarbeit anders und besser werden sollte. Sie geben letztlich auch einen Teil ihrer bisherigen Position und Aufgaben an die Gruppe ab. Die Gruppe erhält mehr Verantwortung und Eigenständigkeiten in der Problem- und Aufgabenlösung.

Ein Großteil der Manager verbringt mehr als 50% seiner Arbeitszeit damit, die eigene Existenz zu sichern und zu verhindern, daß andere am eigenen Stuhl sägen. Je höher sie kommen, um so einsamer werden sie. Solchen Managern fehlt häufig der Mut, Veränderungen zuzulassen. Sie müssen erst lernen, die Herausforderungen kreativ mit ihren Mitarbeitern aufzugreifen, auch den Mitarbeitern zu helfen, aus deren Unsicherheiten und Abwehrhaltungen herauszufinden zum neuen kooperativen, partnerschaftlichen Stil der Zusammenarbeit, zu gemeinsamer Synergie.

Kooperation statt Konfrontation.

Führen heißt die-
nen.

Insbesondere sollte dem Vorgesetzten klar werden, daß er sich durch Gruppenarbeit Freiräume für seine eigentlichen Führungsaufgaben schaffen kann. Er selbst muß Gruppenarbeit wollen und das seinen Mitarbeitern vermitteln. Er muß einsehen, daß er an den Erfolgen der Gruppenarbeit seiner Mitarbeiter gemessen wird.

Woran messen wir Effizienz und Effektivität?

Neben den harten Meßgrößen, z.b. der Produktivität, der Termineinhaltung, der Qualität, gibt es aber auch eine Reihe "weicherer" Faktoren, die als Maßstab für Effizienz und Effektivität der Gruppen und auch für die nicht-produktiven Funktionsbereiche der Unternehmen geeignet sind. Stellen wir den Teams doch einmal folgende Fragen nach weiteren Meßgrößen im Veränderungsprozeß:

Wie können wir uns
messen an Kunden,
Wettbewerbern,
Lieferanten?

• Wie und mit welchen Reklamationen unserer Kunden haben wir uns beschäftigt?

• Wieviele Neukunden haben wir gewonnen, wieviele Kunden sind "abgewandert"?

• Was sind die hauptsächlichen Meßgrößen für den Vergleich mit den Aktivitäten der Wettbewerber?

• Wann und welche Kontakte hatten wir zur Konkurrenz?

• Welche wesentlichen Beurteilungskriterien in bezug auf Qualität, Ausschuß, Zuverlässigkeit beobachten wir bei unseren Lieferanten?

• Welche Verbesserung in der Zusammenarbeit mit den Lieferanten oder Kunden haben wir bewirkt?

• Welche Qualifizierung der externen Kunden-Lieferanten-Beziehungen wurde von uns erreicht?

ODER bezogen auf den eigentlichen Teambildungsprozeß:

• Welche Gruppenaktivitäten haben stattgefunden, welche waren besonders erfolgreich?

Wie funktioniert der eigentliche Teambildungsprozeß?

• Wie groß ist unser Problem- und Themenspeicher in der Gruppe? (welche Arbeitserleichterungen, welche konkreten Auswirkungen, wieviel Vorschläge pro Mitarbeiter, welche Probleme sind noch in Bearbeitung, wie hoch ist die Umsetzungsquote bei Vorschlägen, wie schnell werden Veränderungen realisiert, wie hoch ist der Zufriedenheitsgrad der Betroffenen?)

• Wie hoch ist die Anzahl der Teamsitzungen? (wie häufig, Zeitaufwand, Anzahl der Teilnehmer)

• Wie oft haben wir Fremdunterstützung in Anspruch genommen? Wie eigenständig haben wir gearbeitet? Welche Bereiche wurden wie in die Problemlösung einbezogen? Wo fühlt das Team sich überfordert?

• Wie zufrieden sind wir mit der Moderation der Gruppe, wie wurde sie gestaltet? Was für Verbesserungen sind gewünscht? Woran mangelt es noch? Wie wurde der Gruppensprecher für seine Aufgaben von seinen anderen beruflichen Tätigkeiten freigestellt?

• Wie hoch und wie ausgewogen ist der Qualifizierungsgrad der Mitglieder im Team? Wie wird dem unterschiedlichen Leistungsniveau Rechnung getragen?

Persönlichkeitsentwicklung statt Personalentwicklung.

• Wie ist das Klima in der Gruppe? Wie hoch ist die Kreativität einzuschätzen? Brauchen wir neue Ideen und Methoden?

• Welche gegenseitigen Anregungen und Informationen haben das Verständnis füreinander gefördert?

Leistungen und Ergebnisse kommunizieren und visualisieren

Jede Gruppe muß wissen, was andere Gruppen erreicht haben.

Es ist wichtig, im Teambildungsprozeß Gruppenleistungen genauso wie Einzelleistungen zu kommunizieren. Infotafeln, Videospots, Mitarbeiterzeitungen, Statusberichte sind geeignete Mittel, um gemeinsam Erfahrungen zu sammeln und auszutauschen, Diskussionen zwischen den Gruppen anzuregen, den Teams auch von außen genügend Anerkennung, Motivation und "sportlichen" Ehrgeiz zu vermitteln. Sie sind gleichzeitig eine Chance für das Management, Selbstbewußtsein und Eigenverantwortung der Mitarbeiter zu beobachten und zu erfahren und bei zu großer Selbstzufriedenheit gegenzusteuern.

Diese offene Kommunikation der Ergebnisse der Gruppenarbeit fördert das Verständnis und die Transparenz der innerbetrieblichen Zusammenhänge und Leistungen, öffnet das Bewußtsein für Anregungen aus fremden Bereichen und führt weg von isoliertem Bereichsdenken, sie öffnet die Augen für andere Abläufe und erweitert den Blickwinkel.

Fördern, beraten, coachen des Teams

Gerade in der Anfangsphase sind neue Teams oft überfordert, allen Ansprüchen gerecht zu werden und Lösungsvorschläge selbst umzusetzen. Tips und Anregungen sind dann nicht nur nützlich, sondern "überlebensnotwendig", ehe das Team in Verzweiflung aufgibt. Hier ist Beratung und Coaching-Unterstützung gefragt. "Reißt Euch zusammen"-Appelle helfen hier nicht. Vielmehr geht es um:

Teamprozesse müssen aktiv unterstützt werden.

Fördern durch positive Sprache und Begeisterung, durch Erweiterung der Freiräume und Beseitigung bürokratischer Hemmnisse, durch Absprache mit Führungskräften, ausreichende Informationen und Ausbau von kollegialen Beziehungen.

Trainieren in kleinen Schritten, den Ausgleich von Defiziten sowie Anregungen und Feedback zu Methoden, um Zuhören und um Fragen stellen.

Beraten bei Enttäuschungen und Rückschlägen, ermuntern zu Vertrauen und Kreativität, zu Eigenständigkeit und Initiative.

Konfrontieren mit Rollenverhalten und Erwartungslücken, mit Ausflüchten und mit Entscheidungsverzögerungen, mit Konsequenzen und Zielvorgaben (vgl. Lung, S. 187 ff).

Diese Beratungsleistung kann zweifelsohne statt dem Vorgesetzten eher der externe oder interne Berater einbringen, ohne erhobenen "Zeigefinger". Er kann in einer offenen Vertrauensbeziehung, die nicht von betrieblichen, undurchsichtigen Abhängigkeiten belastet ist, eine sehr hohe Glaubwürdigkeit in die neue Art der Zusammenarbeit vermitteln. Gerade in der Anfangsphase eines Gruppenprozesses könnte hier sehr viel falsch gemacht werden, was dann nicht mehr zu korrigieren ist.

Die Unterstützung durch externe Berater ist um so notwendiger, je mehr der Umdenkungsprozeß in den oberen Hierarchiestufen noch zu forcieren oder zu stabilisieren ist, weil

– Machtfragen und -konstellationen den Prozeß tendenziös behindern,

> Viele Manager müssen lernen loszulassen.

– geheime, interne Strömungen und Zielsetzungen einen offenen Prozeß generell erschweren,

– die Unternehmensziele viel zuwenig konkret kommuniziert oder bekannt sind und wesentliche interne Rahmenbedingungen nicht berücksichtigen,

– die Offenheit im Unternehmen zu gering ist, um Fragen deutlich und klar zu stellen und vertrauensfördernde Antworten zu erhalten,

– der Prozeß unter viel zu großem Zeitdruck durchgedrückt werden soll,

– und die Kritikfähigkeit nur in einer Richtung gegeben ist.

Die Unternehmen sind geprägt durch Aufbau- und Ablauforganisation, durch Strukturen und Positionen, die es offenkundig häufig gegen Veränderungen zu verteidigen gilt. Und ehe solche Veränderungen offen und gemeinsam im Unternehmen diskutiert und somit auch von allen mitgetragen werden, müssen alle Führungskräfte und Manager erst einmal das "Loslassen" lernen.

Der "Unternehmer vor Ort" ist keine Vision, sondern durchaus Realität.

Wenn wir wirklich den "Unternehmer vor Ort" wollen, den selbstverantwortlichen, weitblickenden und den sorgfältig seine eigenen und die Ressourcen des Unternehmens verwaltenden Mitarbeiter wollen, müssen wir durch intensives Training und offene Diskussionen einiges im Bewußtsein der Mitarbeiter neu verankern. Mitverantwortung, Eigeninitiative und Risikobereitschaft der Mitarbeiter fordern Vertrauen von der Unternehmerseite. So etwas kann sich nicht von heute auf morgen, vor allem aber nur gemeinsam entwickeln, die meisten müssen ihre Unternehmenskultur entscheidend verändern.

6.2 Teamprozesse fordern Trainings

Wer sein Bewußtsein verändert, verändert automatisch auch sein Handeln. Das gilt in umgekehrter Richtung nicht unbedingt in der gleichen Weise. Stetiges Tun kann natürlich auch das Bewußtsein ändern, aber mit Betonung auf "*kann*".

Bewußtseinsänderungen geschehen nur durch intensives Training und Üben.

Was in den Köpfen entsteht, was an Visionen oder Vorstellungen bewußt wird, das führt sehr konsequent zu entsprechenden Aktivitäten. Die meisten Menschen stürzen sich in der Regel viel zu hektisch

in Aktionismus und Beweisführungen, in Abgrenzungen, Verteidigungen und Kompromisse. Deswegen sollten Veränderungen im Bewußtsein
durch intensives Training begleitet sein, Trainings
der Gruppen und Teams, der Gruppensprecher
und Moderatoren, aber vor allem auch der Vorgesetzten, die ihren neuen Rollen und Anforderungen
im Teamprozeß gerecht werden sollen.

Lernen durch Selbst-Entdecken, durch Selbst-Erfah-
ren und durch Selbst-Aneignen führt zu neuen
"Wahrheiten" für den einzelnen, die er persönlich
dazugewinnt und nicht im Seminar "mitgeteilt" bekommt. Diese neuen Erfahrungen sollten dann
möglichst in der Gruppe auch gleich angewendet
werden können.

Gruppentrainings

Gruppen und Teams sollten möglichst geschlossen
in ein Training gehen, mindestens zwei bis drei Tage, um den neuen Arbeitsstil gemeinsam und bewußt miteinander zu erleben, möglichst mit dem
Vorgesetzten zusammen, außerhalb des Betriebes,
ohne Störungen, im Seminarhotel.

Was sollen die Gruppenmitglieder hier erfahren?

– einen offenen, vertrauensvollen Umgangston,

– die Wirkung von Feedback und konstruktivem
Meinungsaustausch,

– die eigene Begeisterungs- und Integrationsfähigkeit und die der anderen,

– die persönliche Ausstrahlung und Einflußnah-
me in der Gruppe, das eigene Rollenverhalten und
das der anderen,

Was kommt auf uns
zu, was wird von
uns erwartet, worin
liegt der Nutzen?

– die Vielfalt und synergetische Ergänzung in der
Problemfindung und -bearbeitung in der Gruppe,

– den Einfluß von gut geleiteter Moderation und der verschiedensten Moderationstechniken in bezug auf Gruppenprozeß und -ergebnisse,

– verschiedene Problemlösungsmethoden,

– die Förderung der Selbstsicherheit der einzelnen Teammitglieder, die Erweiterung der sozialen Kompetenz des einzelnen und der Gruppe,

– die Regeln der Kommunikation und der Feedbacks sowie der Einfluß der Sach- und Beziehungsebenen und deren Wirkung auf den Kommunikationsablauf,

– die Förderung und Vermittlung von Konfliktfähigkeit, das Bewußtmachen des Konfliktverhaltens und der Konfliktbereitschaft,

– Zielvereinbarungen, Verbesserungsideen, Informationsbeschaffungen, Informationsvermittlung nach außen als Gruppenaufgaben, Transfersicherung der Trainingsinhalte und Gruppenarbeit,

– Regeln der Zusammenarbeit, Rahmenbedingungen, die neue Rolle des Vorgesetzten als Mitglied und als Förderer der Gruppe.

Teamprozesse müssen aktiv unterstützt werden.

Bei der Vielfalt der Themen und Methoden zweifellos eine große Herausforderung für den Trainer, der kreativ und flexibel sein Training nicht vor, sondern für und mit den Teilnehmern gestaltet und dabei die unterschiedliche Lernfähigkeit, die unterschiedlichen Interessen und die Bereitschaft zur Teilnahme des einzelnen berücksichtigen muß. (Siehe auch dazu Kapitel 5)

Trainings für Gruppensprecher und Moderatoren

Der Gruppensprecher, der ja aus der Mitte der Gruppe gewählt wird oder zumindest der Gruppe vorgeschlagen wird, hat insbesondere die Gruppengespräche und -sitzungen zu moderieren (siehe

Kapitel 3.6), ständig die Ziele im Auge zu behalten, Konflikte und Spannungen innerhalb der Gruppe zu beobachten und anzusprechen, Informationen einzuholen und weiterzugeben, mit anderen Gruppen Erfahrungsaustausch zu suchen und die Problemlösungen zu unterstützen (nicht selbst herbeizuführen).

In Unternehmen ohne ausgesprochene Erfahrung mit Gruppen- und Team-Arbeit sollte diese Aufgabe nicht unterschätzt werden. Hier ist intensive Schulung, Training und in der Anfangsphase Coaching erforderlich. Im wesentlichen müssen die Moderatoren auch die Aspekte und Erfordernisse des Gruppentrainings kennenlernen (siehe vorher) und später auch vermitteln können (z.B. Feedback, Beziehungskisten, Methodenübersicht, Kommunikationsvereinbarungen). Sie sollten aber auch lernen und aktiv erfahren

Coaching und train the trainer.

– wie bereite ich Gruppengespräche vor,

– wie wird protokolliert,

– wie lassen sich Konflikte bearbeiten,

– wie gehe ich mit Kritik an der eigenen Person oder an meiner Funktion als Moderator/Gruppensprecher um,

– wie werden Lösungen abgesichert,

– welche Problemlösungstechniken haben welche Stärken, Schwächen oder Nutzen,

Methodenkompetenz ist ein wesentlicher Erfolgsfaktor.

– wie funktioniert die Zusammenarbeit mit den Vorgesetzten,

– wie funktioniert das KVP,

– wie können wir die Ergebnisse in die tägliche Praxis transferieren?

Machen wir noch einmal klar: Wenn Sie im Bewußtsein der Mitarbeiter etwas bewegen wollen, dann müssen Sie Konsequenz in den Trainingsmethoden und im Aufwand dafür beweisen. Der Prozeß zur Qualitätssteigerung und zu ständigen Verbesserungen im Unternehmen ist nur dann auf Dauer abzusichern, wenn die Teilnehmer begeistert und engagiert sind und als Mentoren helfen, die Idee zu verbreiten und andere ebenfalls dafür zu begeistern. Diese Multiplikatoren helfen, daß auch andere Bereiche die Idee der Gruppen- und Teamarbeit aufnehmen und sie nicht als Einzelmaßnahme wieder versandet.

Trainings der Vorgesetzten

Das Feld aufbereiten für Gruppen- und Teamarbeit.

Neben einem klassischen Führungstraining mit den Themen von Führungsstrukturen und -aufgaben, über Führungsstile, Kritikgespräche, Feedback-Übungen, Konfliktverhalten, mit Übungen zu Selbst- und Fremdeinschätzungen, Erfahrungsaustausch, über Moderationsmethoden mit Coaching-Übungen und dgl. sollten vor allem die Ideen des Gruppenkonzeptes vertieft werden.

Der "neue" Vorgesetzte in seinen vielfältigen Funktionen als Führer, Macher, Berater, Motivator, Moderator und Initiator soll dabei lernen, eigene Aufgaben und Funktionen an die Gruppe abzugeben, das Zusammenspiel mit der Gruppe, mit dem Gruppensprecher, mit alternativen Geschäftsbereichen selbst innerlich neu zu verarbeiten und entsprechend zu unterstützen. Er ist nicht mehr der alleinige Entscheider, sondern der Promotor und Coach für die Gruppe und muß seine Positionierung zu verschiedenen Fragen neu überdenken und authentisch vermitteln:

Nur wer den Teamprozeß versteht, kann ihn aktiv unterstützen.

• Welche Ziele sollen erreicht werden?

• Wie sollen Zielvereinbarungen getroffen werden?

• Wie ist der konkrete Ablauf in der Gruppe?

- Welche neuen Funktionen gibt es in der Gruppe?

- Was schreiben eventuelle Betriebsvereinbarungen vor mit welchen Konsequenzen?

- Wie sind seine Erfahrungen und sein Know how in die Gruppe mit einzubringen?

- Wie soll er sich als Mitglied oder als Gast in der Gruppe verhalten?

- Wie stark soll er auf Problemlösungsprozesse Einfluß nehmen?

- Welche Trainings- und Schulungsbedürfnisse sind zu befriedigen?

- Wann soll er intervenieren?

- Welche organisatorischen Rahmenbedingungen will er selbst beeinflussen und fördern?

- Wie verträgt sich seine vertragliche Verpflichtung aus der hierarchischen Stellen- und Funktionsbeschreibung mit den neuen Aufgaben als Prozeßbegleiter und -förderer?

- Wie soll er sich in Konfliktsituationen der Gruppe verhalten?

- Welche nach innen und nach außen gerichteten Kommunikationsregeln erwartet er und lebt er selber vor?

- Was kann er tun zur Steigerung der Selbstsicherheit, des Selbstwertes, der Motivation, Begeisterung und Initiative seiner Gruppen?

Führungskräfte brauchen in diesem neuen Denk- und Verhaltensprozeß Supervisions- und Coachingangebote. Sie brauchen also auch Unterstützung bei der Klärung von Fragen, von Zweifeln und neuen Verhaltensregeln, bei der Förderung von Ideen, Methoden und Rahmenbedingungen. Dies kann für die Führungskräfte im Einzel- oder auch Gruppen-

Der top down-Prozeß muß dem bottom up-Prozeß zum Durchbruch verhelfen.

coaching geschehen, so daß eine solidarische, initiative und unterstützende Führungsmannschaft in diesem top down-Prozeß der Einführung und Verwirklichung der Gruppen- und Teamarbeit zur Verfügung steht.

Diesen Aufwand lohnt es sich mit Sicherheit zu investieren. Die eigenen Fähigkeiten der Beratung und des Coachings können durch einen selbst erlebten Beratungsprozeß wesentlich stärker gefördert werden. Leider machen viele Unternehmen und deren Führungskräfte den Fehler, daß sie selbstzufrieden meinen, sie haben es nicht nötig, es sei ihrer unwürdig, Trainingsbedarf anzumelden, sie hätten sich schon immer kooperativ und teamorientiert verhalten. Außerdem seien sie kraft ihrer Führungsfähigkeiten jederzeit in der Lage, entsprechende Impulse zu setzen.

Vorsicht vor zuviel Distanz!

Es gibt aber auch die abwartende, distanzierte Haltung der in ihrem Führungsverhalten direkt "Betroffenen", die erst einmal beobachten, ob ihre Mitarbeiter "ohne sie" überhaupt effizient und effektiv handeln können. In vielen keimt auch die Hoffnung auf ein Scheitern des Prozesses, weil sie sonst sich selbst, ihr Verhalten und ihr Denken zu sehr ändern müßten.

Hilfe zur Selbsthilfe

Man kann einen Menschen nichts lehren,
man kann ihm nur helfen,
es in sich selbst zu entdecken.

Galileo Galilei

Nicht selber machen, sondern führen, nicht managen, sondern initiieren, nicht vordenken, sondern Bewußtsein und Fähigkeiten beeinflussen, das sind die großen Herausforderungen, wie sie immer stärker praktiziert werden, um den Anforderungen der nächsten Jahrzehnte gerecht zu werden. Alles andere wird zur Mittelmäßigkeit führen. Selbstzufriedenheit, kurzfristiges Erfolgsdenken, passives Nachahmen oder Reagieren überlassen zuviel dem Zufall.

Aktive Unternehmen, in denen Spaß und Freude, ja selbst "Lust auf Leistung", zur wichtigsten Unternehmenskultur wurden, die ihre Mitarbeiter beteiligen und ihnen vertrauen, eigenständig und selbstverantwortlich ihre Arbeit zu leisten, sogar ihre Arbeitszeit, ihren Arbeitsstil und ihre Arbeitsmenge im Sinne einer totalen Kundenorientierung selbst zu bestimmen, die auf ihre Produkte und ihre Qualität stolz sein können, weil sie weit über dem Standard liegen - diese Unternehmen werden auch von Unternehmern und Managern freier und mit weniger Belastung geführt werden können, weil alle Mitarbeiter diesen Prozeß gemeinsam mittragen.

Mehr Selbstverantwortung der Mitarbeiter entlastet das Management.

Solche Visionen brauchen klare, deutliche Handlungsschritte. Nur dann werden sie auch für alle realisiert. "Die großen Probleme des Lebens sind nie auf immer gelöst worden. Ihr Sinn und Zweck scheint nicht in ihrer Lösung zu liegen, sondern darin, daß wir unablässig an ihnen arbeiten." (H. Lung, S. 212) Und das bestätigt wiederum, daß es sich um einen fortwährenden Prozeß handeln muß, der die Mitarbeiter von Anfang an einbindet, um die daraus resultierenden Anforderungen auch umzusetzen.

Im Prozeß gilt: "Der Weg ist das Ziel."

Dieser Gruppen- und Teamprozeß, fassen wir es nochmals zusammen, fordert

• die Struktur der Gruppenarbeit als qualitätsfördernde, mitarbeiter-orientierte Arbeitsform,

• einen kontinuierlichen Verbesserungsprozeß (KVP), der jeden Mitarbeiter zu neuen Sichtweisen in seinen und angrenzenden Arbeitsbereichen anregen soll,

• betriebliche Strukturen und eine offene Unternehmenskultur, die eine übergreifende Problembearbeitung fördern,

Kümmern Sie sich um die Erfüllung der Forderungen, und der Prozeß wird erfolgreich verlaufen.

• Informations- und Kommunikationssysteme, die den Wissens- und Erfahrungsaustausch im Unternehmen unterstützen,

• Arbeitsstrukturen, die die Eigenständigkeit und Eigenverantwortung der Mitarbeiter fördern,

• ein neues Verständnis der Vorgesetzten für ihre Rolle als Manager, Coach und Berater,

• neugestaltete Entlohnungssysteme, die die Mitarbeiter für herausragende Einzel- oder Gruppenleistungen auch belohnen,

• Berater oder Trainer, die in schwierigen sachlichen oder persönlichen Fragestellungen intern oder extern angefordert werden können,

• Visualisierungs-Instrumente, die die Arbeitsleistung, die Erfolge und auch die anstehenden Probleme für alle ersichtlich darstellen,

• räumliche und strukturelle Neuorganisationen, die den Qualitätsverbesserungsprozeß ganzheitlich unterstützen und sogar zu reduzierten hierarchischen Strukturen führen,

• die alternative Mitarbeiterqualifizierung im Gruppen- und Teamprozeß parallel zur Führungslaufbahn, als Chance für viele Nachwuchskräfte.

Alle Betroffenen zu Beteiligten machen. Die vertrauens- und verantwortungsbewußte Beteiligung aller Betroffenen, die ihnen ermöglicht, ihre Bedürfnisse, Werte, Ziele, ihr Wissen, ihre Fertigkeiten und Erfahrungen einzubringen, diese führt zur Selbstorganisation. Die Organisationen sind heute viel zu komplex geworden, um von einzelnen oder wenigen bis ins Detail geführt, gestaltet und beherrscht werden zu können.

Gegenseitige Unterstützung und Kooperation, quer zu Vorschriften oder Organigrammen, abseits der offiziellen Instanzenwege, unbürokratisch und ohne Zeitverlust fördern Phantasie und Ideen, fordern allerdings auch Motivation ("Wollen"), Kompetenz ("Dürfen") und Fähigkeiten ("Können") von allen Beteiligten.

Vergessen wir aber nicht, daß die Humanisierung der Prozesse und menschenwürdige Arbeitsbedingungen zwar die Qualität des Arbeitslebens für alle Mitarbeiter verbessern helfen, letztendlich aber auch die Wirtschaftlichkeit stimmen muß. Die Erfahrungen vieler Unternehmen zeigen jedoch, daß sich solche Veränderungsprozesse durch die Ergebnisverbesserungen sehr gut rechnen.

Wir müssen uns den Prozeß aber auch leisten können.

Visionen, Strategien, Ziele dürfen nicht fehlen

Ohne Träume verhungern Visionen,
ohne Visionen finden sich keine Ziele,
ohne Ziel gibt man auf, bevor begonnen wurde.

(W. Pechtl)

Jeder Mitarbeiter, jedes Team muß sich der Sinnhaftigkeit des eigenen Tuns sicher sein. Daher müssen Leitbilder, Leitsätze, richtungweisende Prinzipien, "Eckpfeiler" als Zielvereinbarungen den Mitarbeitern Identität vermitteln mit dem, was von ihnen erwartet wird und was sie auch selbst tun wollen, für alle laufenden und zukünftigen Entscheidungsprozesse. Visionen dürfen nicht im Kopf einer einzigen Führungskraft vorhanden sein, sondern müssen gemeinsam entwickelt, kommuniziert und vorgelebt werden. Nur das, was bekannt ist, kann auch gezielt verfolgt werden.

Visionen müssen allen Mitarbeitern bekannt gemacht werden.

Beziehen Sie doch als Unternehmer oder Führungskraft einmal mit folgenden Fragen der Selbstdiagnose und der eigenen Standortbestimmung Ihre Mitarbeiter in Gruppen- und Teamarbeit ein:

• Welche Werte und Normen werden bei uns hochgehalten?

• Worauf wird im Umgang mit Kunden besonders Wert gelegt?

• Welches Image haben wir bei Kunden, Mitbewerbern in ihrer relevanten Umwelt?

Wie sieht die Standortbestimmung des Unternehmens aus?

• Welchen Nutzen bringt unser Unternehmen/ Bereich für die Kunden?

• Wofür sollte unser Unternehmen/Bereich in drei Jahren bekannt sein?

• Welche grundsätzlichen zukunftsbezogenen Strategien gibt es?

• Welche neuen Anforderungen und Veränderungen kommen in nächster Zeit auf uns zu? (Szenarien)

• Welche radikal andere Struktur könnten wir uns für unsere Organisation/unseren Bereich vorstellen? Was wäre dann anders?

• Welche Koordinationsstrukturen gibt es, und wie funktionieren diese?

Darüber hinaus Fragen zu Mitarbeitern und Führung:

• Wofür erhält man bei uns Anerkennung, Lob, wofür wird man bestraft?

• Welche Aspekte der Arbeit werden besonders betont (Qualität, Schnelligkeit, Kosten, ...)?

• Wie ist die Personalentwicklung in unserem Haus organisiert, und wie findet sie statt?

• Welche Erwartungen bestehen an eine gute Führungskraft (aus Sicht der Mitarbeiter, aus Sicht der Geschäftsleitung)?

• Sind Funktionen, Aufgaben und Kompetenzen klar definiert?

• Für welche Funktionen fühlt sich niemand zuständig?

*   Wie kommen Entscheidungen zustande?

*   Welche Abläufe und Prozesse fördern Routine, Standardisierung, Vereinfachung, welche fördern Flexibilität?

    (vgl. Baumgartner, Häfele, S. 53 ff)

Wenn Sie diese Fragen gemeinsam durchdiskutiert und zukunftsorientiert beantwortet haben, dann sind Sie der Bewältigung der Zukunft und Ihren strategischen Zielen und Maßnahmen ein gutes Stück nähergekommen.

> Selbstanalyse ist der erste Weg zur Besserung.

Strategie ist vor allem ein gemeinsamer Denkprozeß in Gruppen- und Teamarbeit. Eine gemeinsame Vision, die uns nach vorne zieht. Auf zur Spitze!

6.3 Effektivität ist erlernbar

Stephen R. Covey (vgl. Covey, S. 70 ff) beschreibt den Weg zu einer höheren Effektivität in sieben Schritten, und diese Gedanken sollten Sie auch Ihren Teams und Gruppenmitgliedern nahebringen:

*   *Durch Pro-Aktivität zur Erfüllung der persönlichen Vision*

    Pro-aktiv sein, heißt nicht nur, die Initiative ergreifen, sondern es bedeutet vor allem, daß wir als Menschen selbst für unser Leben verantwortlich sind. Unser Verhalten ist dann eine Funktion unserer persönlichen Entscheidungen und nicht der gegebenen Bedingungen. Bei uns liegt die Initiative und die Verantwortlichkeit. Als pro-aktive Mitarbeiter wollen wir selber machen und nicht immer "gemacht" werden. Wir wollen selbst die Bedingungen schaffen und nicht nur reaktiv auswählen. Wir müssen allerdings damit auch die Verantwortung dafür anerkennen, daß die Dinge dann so geschehen.

    > Selbstverantwortung übernehmen.

Es gibt keine Opfer.

Viele Menschen fühlen sich bei Problemen immer mehr als Opfer ohne Einfluß und Kontrolle über ihr Leben und Schicksal. Sie suchen die Schuld an ihrer Situation immer bei außerhalb liegenden Kräften, bei anderen Menschen, bei schicksalsgegebenen Umständen, bei der Organisation. Sie fühlen sich gezwungen, Dinge zu tun, und nicht frei, eigene Handlungen zu bestimmen. Ihr Denken führt dabei immer wieder zu "sich selbst erfüllenden Prophezeihungen".

Meine persönlichen Veränderungen werden auch da draußen verändern.

Es liegt in unserem eigenen Einflußbereich, unsere Gewohnheiten, unsere Paradigmen, unsere Prinzipien zu verändern. Es liegt auch in unser Verantwortung. Wir sollten erkennen: Wir können anders sein, und dadurch bewirken wir auch positive Veränderungen in dem, was da draußen ist.

Motivieren Sie Ihre Gruppen dazu, sich als proaktive Menschen an folgende Regeln zu halten:

Regeln für pro-aktive Menschen

– Argumentieren Sie nicht mit den Schwächen anderer.

– Argumentieren Sie auch nicht mit den eigenen Schwächen.

– Wenn Sie einen Fehler machen, vertuschen Sie ihn nicht, geben Sie ihn zu, korrigieren Sie ihn und lernen Sie daraus - sofort!

– Geraten Sie nicht in eine beschuldigende, anschuldigende Stimmung.

– Arbeiten Sie an sich selbst, an den Dingen, über die Sie Kontrolle haben.

– Wenn Sie anfangen zu denken, das Problem sei außerhalb Ihrer persönlichen Einflußmöglichkeiten - "da draußen" -, dann halten Sie ein. Genau dieser Gedanke ist das Problem.

– Wir tragen selbst die Verantwortung für unsere
eigene Effektivität, für unser eigenes Glück und
letztlich wohl meist auch für die Umstände.

• *Jeder hat im Leben seine eigene Mission*

Bevor Sie eine Reise antreten, werden Sie sicherlich Ihr Ziel bestimmen und die beste Strek-
ke ausarbeiten. Das sollten Sie auch im
beruflichen Leben so realisieren. Bevor Sie die
Leiter des Erfolges erklettern, sollten Sie sicher
sein, daß die Leiter an der richtigen Wand steht.
Effiziente Geschäftigkeit alleine sichert nicht
den Erfolg, erst die effektive Vision vom erwünschten Ergebnis führt zum Erfolg. Nicht nur
die Dinge richtig machen, also managen, sondern die richtigen Dinge machen, also führen,
ist gefragt.

> Führen vor mana-
> gen, Vision vor Ge-
> schäftigkeit.

Zur visionären Umsetzung gehören Vorstel-
lungskraft und Kreativität, aber auch Selbstvertrauen und -bewußtsein, das auf unseren
Prinzipien und Werten beruht.

Der Prozeß einer Visionsgestaltung in einem
Team ist wichtiger als das Ergebnis. Nutzen Sie
dabei die linke, die logische, analytische Gehirnhälfte genauso wie die rechte, die für das
ganzheitliche, synthetische, kreative Denken
zuständig ist. Visualisieren Sie zum Beispiel die
Visionen durch Moderationstechniken, durch
Bilder und Skizzen, durch meditative Situations-
herbeiführung. Fast alle Weltklassesportler und
andere Spitzenkräfte sind Visualisierer. Sie sehen es, sie fühlen es, sie erfahren es, bevor sie
es tun. Wenn Sie dann in die Situation kommen, ist sie ihnen nicht fremd.

Trainieren Sie Ihr Vorstellungsvermögen als Ihre Fähigkeit zur Vision und zum Erkennen aller
Potentiale, zum gedanklichen Erschaffen dessen, was Sie noch nicht vor Ihren Augen sehen

> Das gedankliche Er-
> schaffen der Zukunft

können. Im Team fällt Ihnen das in der Regel viel leichter.

*   *Das Wichtige immer vor dem Dringenden*

    Wenn Sie schon Zeitmanagement-Seminare besucht haben, dann wissen Sie, daß eine wesentliche Regel ist, das Wichtigste vor dem Dringenden auszuführen. Das ist für viele eine Frage der Disziplin. Häufig flüchten wir uns in die drängendsten Probleme, wundern uns aber, daß die Dringlichkeiten kein Ende nehmen. Wir übersehen, daß die wichtigen Dinge stärker auf Ergebnisse Einfluß nehmen als die dringenden. Nach der berühmten Pareto-Regel erreichen Sie mit 20% Ihrer Aktivitäten, nämlich den wichtigen, 80% Ihres Erfolges, und entsprechend können Sie durch die Lösung der 80% lediglich drängenden Probleme nur 20% Ihrer Ergebnisse erzielen.

Präventionen sind gefragt, denn sie vermeiden Krisen.

Effektive Menschen denken in Möglichkeiten und nicht in Problemen. Sie denken präventiv, sie kümmern sich um die Vorbeugung und nicht um die Auswahl von Prioritäten und Dringlichkeiten. Die höchste Effektivität erreichen wir auch in Gruppen, wenn wir uns nicht mit den bereits eingetretenen Krisen, Problemen oder Terminverzögerungen beschäftigen, sondern mit den wichtigen, aber noch nicht dringenden planerischen Aktivitäten, mit den Visionen und Perspektiven, mit dem Erkennen von neuen Möglichkeiten, mit den Beziehungen, mit dem Vorbereiten und Trainieren von Fähigkeiten.

Wichtige Dinge sparen viel Zeit.

Solche Aktivitäten haben häufig derartige Auswirkungen, daß wir schier Quantensprünge vollführen, wenn wir sie endlich ausüben. Und zeitlich brauchen sie vielleicht auch nur weniger als fünf Prozent. Natürlich müssen Sie sich die Zeit von den "nicht wichtigen" Aufgaben holen, egal, ob sie dringend oder nicht dringend sind.

Wie pflegen wir unsere Beziehungskonten?

Versuchen Sie doch einmal, das, was Sie vom Umgang mit Ihren Bankkonten kennen und akzeptieren, gedanklich auf sogenannte "Beziehungskonten" zu übertragen.

Wenn Sie durch Höflichkeit, Freundlichkeit, Ehrlichkeit und Zuverlässigkeit "Einzahlungen" auf ihre Beziehungskonten vornehmen, dann bauen Sie Reserven auf, dann erhalten Sie mehr Vertrauen. Sie können es, wenn nötig, mehrfach beanspruchen, Ihre Kommunikation wird leichter, schneller, effektiver, Sie können sich sogar Fehler erlauben.

Neben den regelmäßigen Einzahlungen werden Sie auch Abhebungen vornehmen, ohne daß die Vertrauensbasis verlorengeht. Wenn Sie aber dabei übertreiben, wird man Sie vielleicht auf Ihren Konto-Stand ansprechen oder Ihnen sogar Abhebungen verweigern.Also kontrollieren und beobachten Sie Ihre Beziehungskonten gegenüber einzelnen, und machen Sie das auch in Ihren Gruppen bewußt.

Wer genügend einzahlt, darf auch abheben.

Was gibt es denn für wesentliche Einzahlungen auf das emotionale Konto?

• Versuchen Sie, den anderen Menschen wirklich zu *verstehen* in Situationen, die dem anderen genauso wichtig sind wie Ihnen.

• Geben Sie nicht *Versprechen*, die Sie nicht einhalten können. Daraus leiten sich nämlich Verpflichtungen ab, die vielleicht bei anderen Rahmenbedingungen nicht eingehalten werden können.

Verständnis aufbrin-
gen, Erwartungen
klären und Vertrau-
en rechtfertigen.

• Klären Sie die beiderseitigen *Erwartungen*. Die Ursache für fast alle Beziehungsschwierigkeiten liegt in widersprüchlichen und unterschiedlichen Erwartungen hinsichtlich Rollen und Zielen. Unklare Erwartungen führen eigentlich immer zu Mißverständnissen, Enttäuschungen und Vertrauensverlust.

• Zeigen Sie persönliche *Integrität* durch Ehrlichkeit, Offenheit, Beständigkeit. Halten Sie Ihre Versprechen, erfüllen Sie die Erwartungen, reden Sie nie über Abwesende schlecht. Das baut auch Vertrauen bei den Anwesenden auf. Behandeln Sie alle nach den gleichen Prinzipien.

• *Entschuldigen* Sie sich bei Abhebungen vom Beziehungskonto. Entschuldigungen von Herzen, mit aller Ehrlichkeit, sind gleichzeitig wieder große Einzahlungen.

Nutzen Sie jede Chance, das Guthaben auf den verschiedenen Beziehungskonten zu Ihren Mitmenschen zu erhöhen. Versuchen Sie möglichst auf ein einheitliches Konto zu buchen, um authentisch zu bleiben.

Gemeinsam sind wir stärker

• *Gewinn/Gewinn-Denken*

Die Kunst zu gewin-
nen und nicht zu
siegen.

Wir haben uns im Kapitel 5 bereits mit den o.k.-Positionen beschäftigt. Ich bin o.k. - du bist o.k. entspricht dem Gewinn/Gewinn-Denken, mit dem Partner mit Kopf und Herz versuchen, Vorteile immer für beide Seiten zu finden. Alle Parteien sollen sich mit der Entscheidung wohl fühlen und sich damit auch dem vereinbarten Vorgehen verpflichten. Erfolge des einen dürfen nicht zu Lasten des anderen gehen. Wenn nicht beide gewinnen, verlieren beide.

Ein Mensch mit typischer Gewinn-Mentalität denkt nur daran, seine eigenen Ergebnisse optimal zu sichern, und erwartet, daß sich die anderen um ihre eigenen kümmern. Eine Verlierer-Mentalität läßt sich leicht von anderen einschüchtern, ihr fehlt der Mut und die innere Überzeugung, sich mit Ideen einzubringen. Beide Mentalitäten sind eigentlich für eine effiziente Gruppenarbeit ungeeignet und sollten durch Training, offene Ansprache und Ermunterung, durch konsequentes Gewinn-Gewinn-Denken beeinflußt werden, ihre Einstellung zu verändern.

Wenn sich keine echte Gewinn/Gewinn-Situation erreichen läßt, tun Sie oft besser daran, kein Geschäft zu machen (Covey, S. 201). Diese Einstellung sorgt für enorme emotionale Freiheit. Lieber kein Geschäft, als daß der eine auf Kosten des anderen etwas auskostet und der andere sich benachteiligt fühlt. Das vermeidet eine Menge emotionaler Nachspiele. Zweifellos ist diese Konsequenz in der Teamarbeit nicht ganz einfach umzusetzen.

Gewinn/Gewinn
oder kein Geschäft.

Gewinn/Gewinn-Denken kann man nicht anordnen oder nur herbeiloben. Es kann sich nur in ständigen Prozessen entwickeln und festigen. Die beteiligten Team- und Gruppenmitglieder müssen lernen,

– Bedürfnisse und Fragen der jeweils anderen Seite wirklich zu verstehen und selber klar zu formulieren,

– eine beiderseitig annehmbare Lösung in Ergebnissen und Auswirkungen zu bestimmen und vorzuschlagen,

– über Hindernisse oder hemmende Kräfte nachzudenken und zu besprechen, welche sie regelmäßig oder in bestimmten Situationen vom Gewinn/Gewinn-Paradigma abhalten,

   – sich bewußt zu machen, wie sich verschiedene Verhaltensweisen als Einzahlungen
   auf die Beziehungskonten auswirken.

• *Zuhören, mit der Absicht zu verstehen*

"Erst verstehen, dann verstanden werden, das
ist der Schlüssel zu effektiver zwischenmensch-
licher Kommunikation."

Wer zuerst urteilt,
wird nie ganz
verstehen.

Die meisten Menschen haben beim Zuhören
nicht die Absicht zu verstehen, sondern schon
zu antworten. Sie fallen sogar ins Wort oder be-
reiten sich zumindest schon vor, zu sprechen.
Sie filtern das, was sie hören, nach ihren eigenen Paradigmen und versuchen, vornehmlich
ihre eigene Meinung alternativ entgegenzuset-
zen. Oder sie erwarten das Zuhören nur vom
anderen.

"Ich verstehe meinen Sohn einfach nicht. Er
hört überhaupt nicht zu", soll ein Vater mal ge-
klagt haben.

Mitfühlendes Zuhören führt nicht nur dazu, daß
Sie jemandem unbedingt zustimmen, sondern
diesen Menschen emotional wie intellektuell
vollkommen verstehen. Wenn dieser sich von
Ihnen verstanden, bestätigt oder anerkannt fühlt,
so haben Sie mit Ihrem mitfühlenden Zuhören
weitere Einzahlungen auf Ihr Beziehungskonto
geleistet.

Vielleicht erinnern Sie sich an die Übung "Aktiv
wahrnehmen" im Kapitel 5, die in bestimmten
Schritten helfen und vermitteln soll, daß Sie den
anderen wirklich verstanden haben und erst
dann auf ihn eingehen, argumentieren oder
reagieren können.

Mitfühlendes Zuhören braucht auch in Gruppen seine Zeit, aber es ist viel aufwendiger,
Mißverständnisse zu klären und auszubügeln,

wenn die Dinge schon ihren Lauf genommen haben. Menschen wollen verstanden werden. Sagen Sie lieber auch mal: "Es tut mir leid, aber ich habe Ihnen gerade nicht richtig zugehört, können Sie noch einmal wiederholen." Oder: "Habe ich Sie richtig verstanden, daß Sie hiermit Probleme haben, unsicher sind, Sorgen verspüren, enttäuscht sind, erregt sind, Glück empfinden, begeistert sind und dergleichen?"

• *Das Ganze ist größer als die Summe seiner Teile*

Wenn Sie zu denen gehören, die glauben, daß man anderen Menschen nicht trauen kann, haben Sie vielleicht noch nie Synergie erlebt. Vielleicht haben Sie es aber im Sport in guten Teams oder in Notsituationen und Krisen, wo alle plötzlich voller Energie zusammenstehen, einmal erlebt, daß Sie und Ihre Mitmenschen zu Leistungen fähig sind, die Sie als Summe aller Fähigkeiten nie erwartet hätten. So etwas nennt man Synergie. Es gibt Teams, die sich fast wie bei einem Wunder synergetisch zu phantastischen gemeinsamen Ergebnissen beflügeln: 1 + 1 = 4 oder 8 oder 20 oder noch mehr. Sie produzieren Lösungen, die besser sind als alle bisher vorgeschlagenen.

Synergie und Team-geist im Sport sind uns allen geläufig.

Eine solche Chance liegt übrigens auch im Gewinner/Gewinner-Denken. Gruppen kommunizieren im Dialog so lange, bis sie zu einer Lösung finden, mit der sich alle wohl fühlen. Und sie ist normalerweise besser als der bloße Kompromiß. Weg vom entweder/oder-Denken und mehr Akzeptanz für sowohl/als auch.

Ermuntern Sie in solchen Situationen Ihre Team-Mitglieder mit den Worten: "O.k., Sie sehen das anders. Helfen Sie mir zu sehen, was Sie sehen". Kommunizieren Sie doch lieber mit jemanden, weil er etwas anders sieht und nicht nur das gleiche wie Sie. Darin liegt doch für

Schaffen Sie eine Umgebung für Synergie.

beide eine große Chance zu erkennen und zu lernen. Sie müssen ihm ja nicht zustimmen, Sie können seine Aussagen einfach zur Kenntnis nehmen und versuchen, ihn zu verstehen. Sie nehmen einfach den Fuß von der Bremse und setzen damit Energie frei, die Sie sonst in die Verteidigung von Positionen investieren müßten.

Ein Großteil der Synergie liegt auch in Ihrem Einflußbereich. Geben Sie das Vertrauen, investieren Sie in die Entwicklung der Einheit des Teams, und nutzen Sie die Kreativität von Gruppen. Synergie funktioniert wirklich, dafür gibt es viele Beispiele.

In uns selbst investieren

Wer nicht liest, ist nicht besser dran als der, der nicht lesen kann.

Die meisten von uns meinen, sie hätten keine Zeit, etwas für sich selbst zu tun, keine Zeit, um ausreichend Sport, Bewegung, Entspannung zu suchen oder sich der Musik, Literatur, Kunst oder der Natur zuzuwenden. Gesundheit, körperliche Fitness, geistige und physische Energie, also Aktivitäten, die diese Aspekte unterstützen, werden sehr oft vernachlässigt. Es finden sich immer wieder genügend Ausreden, um sich anderen Aktivitäten zu verschreiben.

Ohne physisches und mentales Wohlbefinden keine Effektivität.

Auch die Mitglieder eines Teams werden sehr wohl erkennen, daß ihr physisches und mentales Wohlbefinden ganz entscheidend ihr Handeln bestimmt und damit ihre Effektivität und ihre Effizienz. Nur so werden sie ihre Selbstachtung, ihr Selbstvertrauen, ihr kommunikatives Verhalten, ihre aktive Kooperationsfähigkeit in ihrem sozialen und organisatorischen Umfeld wirkungsvoller einbringen können. Das gilt sowohl für den einzelnen als auch für die Gruppe als Ganzes. Der angeschlagene Jammerer und der überdrehte, ums Überleben kämpfende Dynamiker, sie werden in gleicher Weise dauerhaft wenig positiv bewegen und mitgestalten können.

Zum Prozeß der kontinuierlichen Verbesserung durch Teamarbeit gehört auch unbedingt, daß man, wie der Mann, der im Wald Bäume fällt, seine Säge oder seine Axt schärfen muß. 20% Werkzeugpflege erhöht die Effizienz um 100% oder mehr. Also akzeptieren Sie nicht, wenn die Gruppe sagt, sie habe keine Zeit, ihre "Säge zu schärfen". Ein Minimum von einer Stunde pro Tag für die Erneuerung der physischen, spirituellen und mentalen Kräfte jedes einzelnen, das liegt durchaus im Einflußbereich eines jeden und akzeptiert keine Ausreden.

Viel Erfolg im Team!

Literaturverzeichnis

Bales, R. F.	Assessment Center, Bamberg 1992
Berkel, Karl	Konflikttraining, Arbeitshefte Führungspsychologie, Sauer-Verlag, Heidelberg 1992
Drs. Baumgartner, Häfele, Schwarz, SohmOE-Prozesse.	Die Prinzipien systemischer Organisationsentwicklung, Verlag Paul Haupt, Stuttgart/Wien 1993
Bungard, Walter	Qualitätszirkel in der Arbeitswelt Verlag für Angewandte Psychologie, Göttingen 1992
Coenenberg, Adolf G. Fischer, Thomas M.	Turnaround-Management Schäffer-Poeschel Verlag, Stuttgart 1993
Covey, Stephen R.	Die sieben Wege zur Effektivität Campus Verlag, Frankfurt/Main 1996
Decker, F.	team working, Gruppen erfolgreich führen und moderieren, München 1994
Domsch, M. Hoffmann, M.	Das AC-Verfahren der Eignungs-beurteilung, Heidelberg 1993
DeMarco, Tom Lister, Timothy	Wien wartet auf Dich. Der Faktor Mensch im DV-Management Carl Hanser Verlag, München,Wien 1991
Eyer, E.	Leistungsentgelt bei Gruppenarbeit Personalführung, Heft 5/1994
Glasl, F. Lievegoed, B.	Dynamische Unternehmens-entwicklung Verlag Freies Geistesleben, Stuttgart 1993

Haas, Heidi Muthers, Helmut	Mitarbeiter als (Mit-)Unternehmer GABAL Verlag, Offenbach 1996
Handy, Charles	Im Bauch der Organisation Campus Verlag GmbH, Frankfurt/Main 1993
Imai, Masaaki	Kaizen Wirtschaftsverlag Langen Müller Herbig, München 1992
Jeserich, W.	Mitarbeiter auswählen und fördern Carl Hanser Verlag, München/Wien 1991
Katzenbach, J. R. Smith, D. K.	Teams. Der Schlüssel zur Hochleistungsorganisation Wien 1993
Kellner, Hedwig	Konferenzen/Sitzungen/ Workshops effizient gestalten Carl Hanser Verlag, München, Wien 1995
Kirsten, Rainer E. Müller-Schwarz, J.	Gruppentraining. Übungsbuch mit Trainingsaufgaben und Tests Rowohlt Verlag, Reinbeck bei Hamburg 1996
Krüger-Basener, M.	Kooperative Elemente im Assessment-Center bei unterschied- lichen Zielsetzungen und Teilneh- mergruppen, Handbuch der Mitarbeitsbeurteilung Wiesbaden 1992
Lincke, Wolfgang	Simultaneous Engineering Carl Hanser Verlag, München, Wien 1995
Lung, Helmut	Qualitätskompetenz. Systemische Strategien im Unternehmen Ernst Reinhardt Verlag, München, Basel 1995

Maier-Mannhard, Helmut   Lean Management
                                  Verlag Bonn Aktuell, Bonn 1994

Müller, Uwe Renald   Schlanke Führungsorganisationen
                                  WRS Betriebs-Praxis, Planegg 1995

Murphy, John A.   Dienstleistungs-Qualität in der
                                  Praxis Carl Hanser-Verlag, München,
                                  Wien 1994

Nagel, Gerhard   Durch Firmenkultur zur Firmen-
                                  persönlichkeit,
                                  Verlag Moderne Industrie, Lands-
                                  berg/Lech 1991

Ogger, Günter   Nieten in Nadelstreifen
                                  Droemersche Verlagsanstalt Th.
                                  Knaur Nachf.

Reinke-Dieker, Heinrich   Fordern und Fördern
                                  GABAL Verlag, Offenbach 1996

Rogoll, Dr. Rüdiger   Nimm Dich, wie Du bist
                                  Herder Verlag,
                                  Freiburg i. Breisgau 1988

Sallwey, Dieter   Mehr Erfolg durch Qualität
                                  Jünger Verlag, Offenbach 1994

Senge, Peter M.   Die fünfte Disziplin. Kunst und
                                  Praxis der lernenden Organisation
                                  Klett-Cotta, Stuttgart 1996

Schneider, Helmut   Team und Teambeurteilung
Knebel, Heinz   Wirtschaftsverlag Bachem, Köln 1995

Stroebe, Rainer W.   Kommunikation I, Arbeitshefte
                                  Führungspsychologie
                                  Sauer-Verlag, Heidelberg 1991

Stroebe, Rainer W.   Kommunikation II, Arbeitshefte
                                  Führungspsychologie
                                  Sauer-Verlag, Heidelberg 1992

Stürzl, Wolfgang — Lean Production in der Praxis
Junfermannsche Verlagsbuchhand-
lung, Paderborn 1992

Suzaki, Kiyoshi — Die ungenutzten Potentiale.
Neues Management im
Produktionsbetrieb
Carl Hanser-Verlag, München,
Wien 1994

Tunks, Roger — Der schnelle Weg zur Qualität
Carl Hanser Verlag, München,
Wien 1994

Warnecke, Hans-Jürgen — Aufbruch zum Fraktalen
Unternehmen
Springer Verlag, Berlin 1995

Zehetner, Reinhard — Ich muß bei mir selbst beginnen
Wirtschaftsverlag Carl Ueberreuter,
Wien 1995

Der Autor

Dipl.-Kfm. Dipl.-Ing. (FH) Norbert Ueberschaer ist Geschäftsführer der Unternehmensberatung Ueberschaer & Partner mit Sitz in Germering bei München. Er/das Unternehmen ist Mitglied im BDU.

Der Autor verfügt über 15 Jahre Berufserfahrung. Seit 1982 ist er Unternehmensberater, Trainer und Prozeßbegleiter bei der Entwicklung von Strategie- und Organisationskonzepten sowie von Controlling, Marketing und TQM, insbesondere in KMU. Er ist weiterhin Seminarleiter bei zahlreichen Seminarveranstaltungen.

Mit seinen Mitarbeitern verfügt er über ein Team von Beratern und Trainern mit betriebswirtschaftlicher und sozialer Kompetenz, das bereits in einer Reihe von Projekten die Strukturierung und Verbesserung der Teamarbeit durchgeführt hat.

Das Vier-Ebenen-Modell der ganzheitlichen Führung.

Zur nachhaltigen Sicherung ihrer Wettbewerbsfähigkeit müssen Unternehmen Erfolgspotentiale der Zukunft frühzeitig erkennen und zeitgerecht erschließen.

Die Autoren entwickeln in diesem Buch ein Vier-Ebenen-Modell der zukunftsorientierten Unternehmensgestaltung:

• Auf der Szenario-Ebene wird systematisch die Zukunft ausgelotet, mit dem Ziel, künftige Chancen und Risiken zu erkennen und so eine Basis für die Erarbeitung von Visionen und strategischen Handlungsoptionen zu schaffen.
• Auf der Strategie-Ebene werden Unternehmens- und Geschäftsstrategien entwickelt.
• Darauf aufbauend werden auf der Prozeß-Ebene die Leistungserstellungsprozesse strukturiert und gestaltet.
• Die System-Ebene ist der Raum für die Planung und Einführung von informationstechnischen Systemen.

Aus dem Inhalt:

• Die Herausforderungen des Wandels annehmen • Mit visionärer Kraft zu konkreten Projekten - ein ganzheitliches Führungsmodell • Szenarien - Systematische Entwicklung von strategischen Handlungsoptionen • Strategien - Wege in eine erfolgreiche Zukunft • Prozesse - Gestaltung der Leistungserstellungsprozesse • Projekte - Projektmanagement als Instrument für mehr Transparenz und Umsetzungsstärke • Systeme - Einführung von Informationstechnik in Unternehmen • Innovationen - Innovationsvermögen als Kernkompetenz der Zukunft

J. Gausemeier, A. Fink
Führung im Wandel
Ein ganzheitliches Modell zur zukunftsorientierten Unternehmensgestaltung - Von der Vision zum Erfolg
450 Seiten, zahlreiche Abbildungen.
1999. Gebunden
ISBN 3-446-21079-2

Die Autoren

Prof. Dr.-Ing. Jürgen Gausemeier ist Professor für rechnerintegrierte Produktion am Heinz Nixdorf Institut der Universität Paderborn. In seiner zwölfjährigen Industrietätigkeit war er Entwicklungschef für CAD/CAM-Systeme und Leiter des Produktbereichs Prozeßleitsysteme.

Alexander Fink ist Gründungsinitiator der international tätigen Beratungsgesellschaft Scenario Management International (ScMI AG). Er war fünf Jahre als wissenschaftlicher Mitarbeiter am Heinz Nixdorf Institut tätig.

Carl Hanser Verlag

Postfach 86 04 20, D-81631 München
Tel. (0 89) 9 98 30-0, Fax (0 89) 9 98 30-269
eMail: info@hanser.de, http://www.hanser.de

Fax (0 89) 9 98 30-269